rowohlt
BERLIN

Lamya Kaddor

DIE ZERREISSPROBE

Wie die Angst vor dem Fremden
unsere Demokratie bedroht

Rowohlt · Berlin

1. Auflage Oktober 2016

Satz aus der Freight bei Dörlemann Satz, Lemförde
Druck und Bindung CPI books GmbH, Leck, Germany
ISBN 978 3 87134 836 5

«Wenn der Wind der Veränderung weht,
bauen die einen Mauern und die anderen Windmühlen.»

Chinesische Weisheit

Inhalt

Vor der Zerreißprobe – ein Vorwort

Hass aller Orten. Im Netz kocht die Wut hoch. Auf der Straße stehen Unterkünfte in Brand. Deutschland scheint in Teilen zu einer Hassgesellschaft zu verkommen. Die Partei AfD zieht trotz oder wegen teils offen rassistischer Aussagen ihrer Mitglieder mit Pauken und Trompeten in ein Parlament nach dem anderen ein. In Österreich wird 2016 der Rechtspopulist Norbert Hofer fast ins höchste Staatsamt des Landes gewählt. In Frankreich wird der Vorsitzenden des rechtsextremen Front National prognostiziert, sie habe gute Chancen, 2017 in die Stichwahl zum Staatspräsidenten zu kommen. Die Europäische Union droht, auseinanderzubrechen. Was ist los in Europa und im geeinten Deutschland? Ein Vierteljahrhundert nach dem Fall des Eisernen Vorhangs und der Mauer? Siebzig Jahre nach dem Zweiten Weltkrieg?

Seit dem 11. September 2001 ist in meinem Berufsleben nichts mehr, wie es einmal war. In den neunziger Jahren fing ich mit einem Studium an, das damals als sogenanntes «Orchideenfach» galt: Islamwissenschaft und Arabistik. Arab-was? Jedes Mal wenn man mich fragte, was ich studierte, musste ich ausufernd ausholen, um mein Studienfach zu erklären und überhaupt eine Idee davon vermitteln zu können, was das ist und was das soll. In den meisten Kursen saß ich mit sehr wenigen anderen Studenten. Überfüllte Hörsäle gab es bei uns nicht. Ein «Orchideenfach» halt, ein ungewöhnliches, ein seltenes, ein ausgefallenes Studienfach.

Doch das änderte sich mit den Anschlägen in den USA 2001. Das kleine Fachgebiet wurde in den Folgejahren von zahlreichen Studienanfängern nahezu erstürmt, und die bisherige interessierte Aufmerksamkeit für ein unbekanntes Fach wich zunehmend der Ablehnung. Bereits unmittelbar nach dem 11. September bekamen wir am Institut Drohanrufe, Sachbeschädigungen wurden vermeldet.

Spätestens seit dieser Zeit bin ich von dem Thema Migration und Fremdenfeindlichkeit nicht nur persönlich – aufgrund der syrischen Herkunft meiner Familie – betroffen, sondern auch beruflich: als Wissenschaftlerin, als Lehrerin, als Funktionärin und als Autorin. Neben dem akademischen Blick von außen hilft mir der persönliche Blick, die Entwicklungen zur Fremdenfeindlichkeit in Deutschland, die Protagonisten und Diskussionen besser erkennen und verstehen zu können. Auch die Beweggründe für mich, dieses Buch zu schreiben, sind unmittelbares Ergebnis meiner alltäglichen beruflichen und persönlichen Erfahrungen – als Privatperson und als Person des öffentlichen Lebens.

Zu Anfang des Jahrtausends machte das altbekannte Motiv der Fremdenfeindlichkeit wieder mal eine Metamorphose durch: Es wurde zur Islamfeindlichkeit. Ein Begriff, ein Sachverhalt, den die Bevölkerung zuvor nicht kannte und angesichts der Anschläge vom 11. September sowie weiterer Attentate auch zunächst nicht verstehen wollte: Wieso sollten jetzt die Muslime bedroht sein? Die bedrohen doch uns! Diese Frage und die dazugehörige Ansicht, von einer ganzen Glaubensgemeinschaft bedroht zu werden, war es, die umtrieb – und es bis heute tut. Mehr noch: Immer stärker rückt diese Überzeugung in den Fokus vieler deutscher Bürger.

Doch es geht im Grunde nicht um Muslime. Diese bieten lediglich zum jetzigen Zeitpunkt und im Zuge jüngster Ereignisse und Entwicklungen eine besonders geeignete Angriffsfläche. Letztlich können die Anfeindungen, die von bestimmten politischen Gruppen und Parteien ausgehen, jeden treffen. In Deutschland wird dieser Tage aggressiv versucht, einen Konformitätsdruck zu erzeugen. Er soll politische Gruppen wie die Partei «Bündnis 90/Die Grünen» marginalisieren, wissenschaftliche Gruppen wie die Genderforschung, sexuelle Gruppen wie Homosexuelle, intellektuelle Gruppen wie Journalisten, religiöse Gruppen wie Kirchenvertreter etc.

Als Lehrerin arbeite ich mit Schülern unterschiedlichster Herkunft. In meiner Dialogarbeit – insbesondere mit jüdischen Kollegen – erlebe ich, dass neben den Muslimen auch viele andere Menschen mit einem vermeintlich fremden Merkmal in diesem Land Probleme im Zusammenleben mit der Mehrheitsbevölkerung haben. In meinen Vorträgen, Lesungen und Reden erfahre ich fast jedes Mal von einzelnen Personen im Publikum eine unbändige Starrsinnigkeit, gepaart mit Chauvinismus und bisweilen offenem Rassismus. Meine Verbandstätigkeit als Gründungsvorsitzende des Liberal-Islamischen Bundes, die Etablierung von islamischem Religionsunterricht, islamischen Universitätslehrstühlen und meine politischen Beratungstätigkeiten führen mich nicht nur mit Vertretern der großen Parteien in diesem Land zusammen, sondern zwingen mich auch, die Menschen, das Volk in diesem Land genauer zu betrachten.

Ebendiese Beobachtungen alarmieren mich nun schon seit geraumer Zeit. Überall fühlen sich Menschen bedroht –

überall muss ich das hören und lesen. Ich habe nie aufgehört, meine Antworten auf diese fatale Schlussfolgerung immer und immer wieder und in allen sozialen Schichten der Gesellschaft zu streuen. Ein Ende dieser Bemühungen ist nicht in Sicht. Nicht alle scheinen mich zu hören. Und allzu viele *wollen* mich nicht hören.

Diese «neue Fremdenfeindlichkeit» ist die Ausgangslage zu unseren aktuellen Debatten. Meine bisherigen Hauptthemen – Islam im Speziellen und Religion im Allgemeinen – sollen in diesem Buch nur am Rande eine Rolle spielen, denn sowohl der Islam als auch andere Religionen sind nur eine Facette dessen, was unsere Gesellschaft derzeit vor eine Zerreißprobe stellt. Eine Zerreißprobe im wahrsten Sinne des Wortes: Von der einen Seite ziehen die immer radikaleren und immer offener auftretenden völkisch-nationalistischen Gruppierungen und Sympathisanten, von der anderen Seite versuchen die Freunde einer offenen, freien, rechtsstaatlichen, auf Pluralismus und kultureller Vielfalt basierenden Gesellschaft dagegenzuhalten.

Dieses Buch hätte schon vor langer Zeit geschrieben werden können. Vieles von dem, was heute Diskussionsthemen im großen Stil sind, beobachte ich im Kleinen und auf fachlicher Ebene schon seit Jahren. Dabei kommt es auch darauf an, wie sehr man sich selbst in die Öffentlichkeit begibt: Wenn man aktiv an den Debatten zur Entwicklung der deutschen Gesellschaft teilnimmt – im realen Leben oder im virtuellen –, nimmt man diese Spannungen, diesen Druck, die Emotionen, die dieses Land vor eine Zerreißprobe stellen, zunehmend deutlicher wahr. Seit 2015 hielten immer mehr Menschen, die diese Öffentlichkeit selbst erleben, erschrocken inne. Erschrocken über den Hass, den sie da beobachten und erfahren, diese Menschenverachtung, diese längst überkommen geglaubte Nähe zur fatalen Vergangenheit dieses Landes.

Deutsche Menschen schwadronieren offen über das Anheizen der Verbrennungsöfen in den Vernichtungslagern der Nationalsozialisten, von der Wiedereröffnung von Treblinka, von Majdanek, von Auschwitz. Sie tun es im Internet, sie tun es auf offener Bühne. Der Autor Akif Pirinçci spielte bei der Kundgebung der Pegida-Bewegung in Dresden vor fünfzehntausend bis zwanzigtausend Teilnehmern mit diesen Gedanken: «Es gäbe natürlich andere Alternativen. Aber die KZs sind ja leider derzeit außer Betrieb», sagte er und stellte damit die Gegner der deutschen Asylpolitik auf eine Stufe mit den Verfolgten und Ermordeten des NS-Regimes. Dafür bekam er Applaus. Ungestört redete er weiter, sammelte weiteren Applaus und Jubelrufe seiner Zuhörer ein. Natürlich bleiben Äußerungen wie die von Pirinçci nicht ungestraft, auch das gehört zur Wahrheit: Akif Pirinçci hat mit dieser Rede seine berufliche Zukunft aufs Spiel gesetzt und sich isoliert, selbst Freunde und Mitstreiter distanzierten sich von ihm.

Die Staatsanwaltschaft verfolgt erste Hassparolen auf Facebook, ob von Privatpersonen oder Personen des öffentlichen Lebens. Menschen verlieren ihren Job, ihren Ausbildungsplatz, weil sie im Internet gegen Menschengruppen gehetzt haben. Journalisten stellen Privatpersonen öffentlich an den Pranger, die Flüchtlingen Tod und Verderben an den Hals wünschen. Das sind erste Schritte, um deutlich zu machen: Stopp! Es gibt Grenzen. Aber: Ist es nicht schlimm genug, dass immer mehr Bürger überzeugt sind, es sei legitim, solche Äußerungen zu tätigen? Dass es Bürger gibt, die so etwas für «Meinung» halten?

Es fällt schwer, hier von einer Diskussions-«Kultur» zu sprechen, es handelt sich vielmehr um eine Diskussions-«Dekadenz». Wir erleben eine Agonie des demokratischen Austauschs. Menschen haben sich zum Teil derart verrannt in ihre Überzeugungen, dass kein Zugang zu ihnen mehr möglich ist. Wie kann es dazu kommen? Warum geschieht so etwas gerade mit Menschen aus nahezu allen sozialen Gesellschaftsschichten? Warum sitzen auch Oberstudienräte, Ingenieure, Ärzte und Professoren bei der AfD in der ersten Reihe und klatschen frenetisch, wenn eine ganze Großgruppe von Menschen pauschal herabgewürdigt wird? Auf diese Fragen möchte ich ein paar Antworten geben.

Ich erlebe diese Hetze Tag für Tag. Und das inzwischen seit Jahren. Durch Anfeindungen im Internet, durch Anfeindungen bei meinen öffentlichen Auftritten. Dabei ist es unerheblich, was ich sage. Für die hasserfüllte Ablehnung, die mir entgegenschlägt, reicht es, dass ich überhaupt etwas sage. Denn es gibt genug Mitbürger, die mich als Mensch ablehnen, bloß weil ich arabische Wurzeln habe, und die mich als Mensch ablehnen, bloß weil ich mich trotzdem als Deutsche sehe. Und noch viel mehr Menschen haben ein Problem damit, dass ich es wage, mich mit solchen Voraussetzungen im Gepäck auch noch öffentlich zu äußern. Da werden Versatzstücke aus Reden und Äußerungen genommen und verdreht; wenn ich auf rassistische Vorstellungen hinweisen möchte und zur Veranschaulichung erkläre, dass Deutschsein eben nicht mehr allein heißen kann, blaue Augen und blonde Haare zu haben (das konnte es übrigens auch in der Vergangenheit nicht heißen), dann wird daraus ein Hype konstruiert, der bis ins Ausland schwappt: *Die Kaddor möchte Blonde ausrotten, die Kaddor beschwört ein Deutschland ohne Deutsche, sie ist eine Deutschenhasserin, eine «Antigermanistin»* (sic!). Wenn die Reaktionen dieser Menschen nicht so verstörend wären, könnte man glatt drüber schmunzeln. Ich meine, was soll ich sonst sagen, wenn ich mich mit schwarzen Haaren und braunen Augen auch als Deutsche sehe?

In jeder öffentlichen Debatte, die den Gedanken an eine völkische deutsche Nation entlang ethnischer und religiöser, sprich christlicher Linien auch nur am Rande berührt, stößt man heutzutage unweigerlich auf diese Hetze. Gewiss, ich könnte mich auch zurückziehen. Aber bislang bin ich ein Teil der öffentlichen Debatten, ich stelle mich diesen Herausforderungen, weil ich es als Bürgerin dieses Staates auch als meine Pflicht sehe, zum Gelingen unseres Zusammenlebens, zum Erhalt unserer Freiheiten beizutragen.

Also erlebe ich Menschen, die vorgeben zu diskutieren, aber nicht diskutieren wollen, sondern ganz im autoritären Sinne ihre Meinung zur Richtschnur erhoben sehen. Demokratie ja, aber nur wenn sie der eigenen Meinung zum Triumph verhilft. Und wenn das geschafft ist, werden anderslautende Stimmen ausgeschaltet. Ein klassisch diktatorisches Denken. Diese Menschen wollen ihre Grenzen abstecken, und alles, was jenseits dieser Grenzen liegt, wird abgelehnt. Natürlich betrifft das nur eine Minderheit in Deutschland – die AfD etwa steht in Wahlumfragen irgendwo zwischen zehn und fünfundzwanzig Prozent. Das heißt, fünfundsiebzig bis neunzig Prozent wählen derzeit keine AfD. Aber mit dieser Erkenntnis ist das Problem nicht erledigt, denn diese Minderheit der Autoritären injiziert ihr Gift in den breiten politischen Diskurs. Und dieses Gift wirkt weit über die eigentliche Gruppe dieser Aktivisten hinaus.

Etablierte Kräfte lassen sich von solchen radikalen Stimmungen treiben – nicht direkt, nicht offen heraus, nicht bewusst. Politiker, Journalisten, Intellektuelle: Für alle ist diese neue Radikalität eine Herausforderung. Und es gibt unterschiedliche Formen, damit umzugehen. Eine Strategie scheint der Versuch der «Widerspenstigen Zähmung» darzustellen. Man versucht, die Radikalen einzufangen, indem man ihnen teilweise nach dem Mund redet, sie als «besorgte Bürger» tituliert, nicht als Rassisten, wie es viele von ihnen in Wahrheit sind. Eine andere Handlungsweise ist die der Stigmatisierung: Radikale werden als solche bewusst ausgeschlossen aus den gesellschaftlichen Verhandlungen.

Meines Erachtens ist die erstere Idee, die des Appeasements, ein fataler Trugschluss. Erkennen wir an, dass man nicht mit allen Menschen reden kann. Es wird immer welche geben, die sich dem gesamtgesellschaftlichen Konsens der Mitte verweigern. Es gab sie auch schon immer. Aber seit uns das Internet Live-Berichterstattungen und Standleitungen zu den Stammtischen der Republik liefert, fühlen wir uns dazu gedrängt, daran teilhaben, darauf eingehen zu müssen. Nur: Rassistisches Gedankengut gehört als solches benannt. Niemand kann und sollte mit überzeugten Radikalen diskutieren, denn ihrer ist der sachliche Dialog nicht. Sie wollen nur eines: die Oberhand gewinnen. Hier bleibt nur noch: sich dagegen zu positionieren. Diese Positionierung zielt weniger auf die Radikalen selbst ab, diese Positionierung zielt auf den großen Teil der Mitte der Gesellschaft ab. Die Menschen in dieser Mitte müssen davon abgehalten werden, aufgrund von überbordender Propaganda und Gruppendruck einzuknicken. Dazu müssen aber auch die freiheitlich-demokratisch gesinnten Kräfte aktiv werden. Dafür müssen sie zum Teil dorthin, wo es schmutzig ist, wo es weh tut.

Von Friedrich Nietzsche stammt die Idee des «feinen Schweigens», der Historiker Fritz Stern hat sie dann in seinem gleichnamigen, lesenswerten Buch aufgegriffen. Das «feine Schweigen» beschreibt die vornehme, gewiss auch bequeme Haltung gebildeter und gut situierter Menschen

(Nietzsche nahm sich Goethe zum Beispiel), über das Vulgäre, Proletarische des gemeinen Volkes lieber hinwegzusehen. Fritz Stern nahm diesen Gedanken auf und übertrug ihn auf das Bürgertum der ersten Hälfte des 20. Jahrhunderts, als dieses sich pikiert von dem Theater, das die junge NSDAP auf den Straßen aufführte, abwandte, in der guten Hoffnung, der Spuk würde schon bald wieder vorübergehen.

Im Mai 2016 griff der «Spiegel online»-Kolumnist Georg Diez in seinem Beitrag «Sie taten liberal» auf diese Gedanken zurück und formulierte sie anklagend gegen das heutige Bürgertum beziehungsweise die gesellschaftliche Mitte, deren Vertreter wieder nur zusehen: «Sie weigerten sich, laut zu werden, sie waren sich zu gut dafür, in den Streit der Meinungen einzugreifen, sie überließen das Feld den Geiferern, sie taten liberal und hatten doch nicht gelernt, für diese Liberalität zu kämpfen.»

Zu dieser gesellschaftlichen Mitte, um deren Köpfe wir kämpfen und die wir aktivieren sollten, zähle ich für meinen Teil sowohl Teile der AfD (Alternative für Deutschland) als auch der MLPD (Marxistisch-Leninistische Partei Deutschlands), Wähler der NPD (Nationaldemokratische Partei Deutschlands) als auch Anhänger der Autonomen-Szene, sowohl Teile des Zentralrats der Ex-Muslime als auch Teile der muslimischen Fundamentalisten. Diese Mitte ist aus meiner Sicht ein sehr weites Feld, das sich allein dadurch abgrenzt, dass man, egal wo man selbst steht, eine gewisse ehrliche Offenheit für die Argumente der Gegenseite mitbringt. Erst wenn dieses Grundprinzip nicht mehr gilt, ist ein Mensch für mich radikal und von dieser Mitte abgerückt.

Die Herausforderungen, die auf uns als Gesellschaft zukommen, sind immens und müssen allen in aller Deutlichkeit und Schonungslosigkeit aufgezeigt werden. Wir müssen über

Rassismus, Fremdenfeindlichkeit, Deutschomanie sprechen, über all das, was permanent vor unseren Augen geschieht und doch nicht ernsthaft, sondern allenfalls oberflächlich thematisiert wird. Wir müssen raus aus der Komfortzone. Die Aufgaben, die auf uns zukommen, sind schwierig, und nicht alle werden diese Aufgaben für sich lösen können. Es wird eine Reihe von Verlierern geben. Aber jeder von uns hat die Möglichkeit zu entscheiden, auf welcher Seite er am Ende stehen will. Lassen wir die Radikalen spüren, dass sie sich selbst aus einem vernünftigen Diskurs verabschiedet haben. Sperren wir ihnen die Tür zu und machen sie erst wieder auf, wenn sie ihre Bereitschaft zum Dialog wiedergefunden haben. Bis dahin schicken wir nur noch die Polizei- und Justizbehörden zum Schutz der Gesellschaft zu diesen Leuten raus. Polarisierung sucht man sich nicht aus, Polarisierung ist das Ergebnis vereinfachten Denkens.

In meinem Buch «Zum Töten bereit» führte ich aus, dass Salafismus und Fremden- beziehungsweise Islamfeindlichkeit zwei Seiten derselben Medaille darstellen. Alle Radikalismen fußen auf demselben Sockel. Allein das äußere Erscheinungsbild ist anders. Die Mechanismen, die zur Radikalisierung eines Menschen führen, und die Mechanismen, diese Radikalisierung umzusetzen, sind sehr ähnlich, nahezu identisch. Die Auseinandersetzung mit dem gewaltbereiten Salafismus hat mich gelehrt: Um diese gefährliche Bewegung zu bekämpfen, muss man zugleich die grassierende Islamfeindlichkeit bekämpfen, denn beides dient einander als Legitimation und Triebfeder. Wir werden dem Salafismus niemals etwas Effektives entgegenstellen können, wenn wir nicht zugleich eine der zentralen Ursachen beseitigen beziehungsweise entschärfen. Dieses Muster lässt sich übertragen. Wir werden den Neonazismus nicht eindämmen können, wenn wir die Kriminalität und Radikalität von Ausländern nicht gleichsam bekämpfen. Wir werden Linksextremisten nicht einhegen können, wenn wir dem Raubtierkapitalismus keine Grenzen setzen.

Entsprechend dieser Logik ist es im Hinblick auf das Thema dieses Buchs lange, lange überfällig, sich endlich dem Streben einiger Landsleute entgegenzustellen, die lautstark vorgeben, auf dem Boden des Grundgesetzes zu stehen, und eine «völkische Gemeinschaft» fordern. Diese «Deutschomanie», wie ich es nenne, unterscheidet sich von den bisherigen Vorstellungen des Rechtsradikalismus. Beim Rechtsradikalismus ist das völkische Gedankengut ein fester Bestandteil. Ein weiterer fester Bestandteil des klassischen Rechtsradikalismus ist aber auch die Ablehnung demokratischer Werte und die Bereitschaft zur Gewalt. Diese Elemente jedoch lehnen Deutschomanen nach außen ab beziehungsweise würden ihre Zustimmung dazu nicht offen zugeben. In ihrer Vorstellungswelt ist die Demokratie dem völkischen Gedanken untergeordnet. Demokratie und Gewaltlosigkeit kann sich erst dann entfalten, wenn eine ethnisch weitgehend homogene Gesellschaft (wieder)hergestellt ist. Mitunter sind ihnen diese Zusammenhänge gar nicht bewusst, aber dadurch, dass sie permanent von Freiheit und Demokratie und Einhaltung des Grundgesetzes reden, sorgen sie im Rest der Bevölkerung für Verwirrung. Da das eben nicht zur herkömmlichen Vorstellung von Rechtsradikalismus passt, können viele dieses Phänomen bis heute kaum einschätzen. Diese Problematik ist zum ersten Mal durch Thilo Sarrazins Buch «Deutschland schafft sich ab» für alle wahrnehmbar zutage getreten. Das wochenlange Aufsehen um ihn und sein Buch erklärt sich auch mit ebendieser Verunsicherung über die Ausdifferenzierung des politischen Spektrums in Deutschland.

Die Stimmen dieser Gruppe, dieser Menschen und ihrer Sehnsucht nach dem «Deutsch-Deutschen» dürfen wir nicht überhören, diese Menschen dürfen wir nicht aus den Augen lassen. Sie sind heute eine der Hauptgefahren für Frieden und Freiheit und Demokratie in diesem Land. Was viele von ihnen betreiben, ist nicht weniger als: organisierter Hass. Hass ist ihr Antrieb und auch ihr Mittel. Mithin ist dieses Buch ein Appell an die Politik, endlich den nötigen Mut aufzubringen, sich mit dieser gesellschaftlichen Gruppe der «Deutschomanen» auseinanderzusetzen. Unsere Demokratie ist in Gefahr.

Ich möchte mich hier klar gegen die aussprechen, die sich jeder Annäherung, jeder differenzierten und abwägenden Diskussion vehement verwehren. Die, die die Brücken in die Mitte unserer Gesellschaft hinter sich abgebrochen haben und nicht bereit sind für ein Aufeinanderzugehen. Denn ein Aufeinanderzugehen – das ist wohl das Mindeste, was man einem jeden Mitglied einer freiheitlichen, demokratischen Gesellschaft, das wahrgenommen werden will, abverlangen können muss.

Dieses Buch soll all solchen Bürgern, die ganzen Gruppen von Menschen feindlich gesinnt sind, deutlich machen, dass sie keinen Platz in Deutschland haben werden – außer am Rande der Gesellschaft. Und dort ist es ungemütlich. Das Buch soll aber auch klarmachen: Wenn die Politik, wenn wir anderen Bürger nicht aufpassen, nicht aufwachen, wird sich diese Ungemütlichkeit vom Rand her in die Mitte der Gesellschaft bewegen – zum Schaden aller.

Ich schreibe dieses Buch aber auch, um Ängste abzubauen. Ängste von echten besorgten Bürgern, von Menschen, die sich um die Zukunft sorgen, die Angst vor der zunehmenden Veränderung der Gesellschaft haben. Das ist weder verwerflich noch problematisch. Jeder kann und darf solche Sorgen haben. Nur muss man sich damit auseinandersetzen. Sachlich. Denn anders als alle fanatischen, alarmistischen und angstschürenden Politiker und Aktivisten uns weismachen wollen, wandelt sich Deutschland nur sehr gemächlich – und dieser gemächliche Wandel ist seit Jahrtausenden ein Normalzustand für die Gesellschaften in Europa. Das deutsche Volk wird weder «ausgetauscht», noch findet eine «Umvolkung» statt, wie es in Kreisen rechtsradikaler und neonazistischer Scharfmacher immer wieder heißt.

Ich möchte also auch Antworten finden für Menschen, die zweifeln – selbst wenn diese Antworten nicht immer angenehm sein werden. Ich werde sicher auch schmerzhafte Wahrheiten benennen, denen wir trotzdem ins Auge blicken müssen. Das wird mir weiteren Hass einbringen, aber die Hoffnung, dass dieses Buch am Ende auch Gutes schaffen, etwas bewirken kann, überwiegt.

Schweigen, Wegducken, Ablenken – das darf keiner mehr tun, dem etwas an seinem Land liegt. Das wurde schon zu lange getan. Wir alle müssen uns verantwortlich fühlen und Verantwortung übernehmen. Müssen uns den aktuellen Entwicklungen innerhalb unserer Gesellschaft stellen und uns ihnen entgegenstellen. Und ich habe mir zur Aufgabe gemacht, genau das zu tun und niemanden von dieser Pflicht auszunehmen.

Dieses Buch ist eine Bestandsaufnahme, eine Streitschrift, eine Anklage und ein Vermittlungsversuch – von einer deutschen Verfassungspatriotin mit syrischen Wurzeln.

Das böse R-Wort

Wir haben ein Rassismusproblem in Deutschland. Lasst uns endlich öffentlich darüber reden.

Es gibt verschiedene Erklärungsmuster für das Entstehen von Rassismus oder Fremdenfeindlichkeit. Endgültig geklärt ist die Frage danach nicht, und sie wird es vermutlich auch nie sein, denn dazu ist der Mensch einfach ein zu komplexes Wesen. Ich möchte hier nicht umfassend in die theoretische Materie einsteigen, das können im Zweifelsfall auch die Soziologen in diesem Land besser. Aber ich halte es für wichtig, sich zu diesem Thema ein paar tiefergehende Gedanken zu machen, sich mit dem Begriff und seiner Bedeutung auseinanderzusetzen. Denn dadurch lernt man viel über einige Entwicklungen in unserer Gesellschaft.

Rassismus hat nichts mit menschlichen Rassen zu tun. Bereits dieser Gedanke deutet auf rassistische Ansichten hin. Oder wie es der amerikanische Journalist und Autor Ta-Nehisi Coates sagt: «Rasse ist das Kind des Rassismus, nicht seine Mutter.» Mein Verständnis von Rassismus gründet sich auf Stuart Hall und Robert Miles. Halls Vorstellung vom «Rassismus ohne Rassen» hat den biologischen Argumenten früherer Jahre meines Erachtens wirksam den Boden entzogen. Und Miles bringt die soziale Konstruktion des Rassismus treffend auf den Punkt, wonach Rassismus ein «Fall ideologischer Bedeutungsbildung» ist, «in dem eine soziale Gruppe als eine diskrete und besondere, sich selbst reproduzierende Bevölkerung konstruiert wird. Dies geschieht unter Bezugnahme auf bestimmte (reale oder vorgestellte) biologische Merkmale und durch eine Verknüpfung mit anderen negativ bewerteten (biologischen und/oder kulturellen) Eigenschaften.»

Nach solchen Definitionen sind auch Einwände wie etwa, Juden oder Muslime seien keine Rasse, könnten somit auch nicht Opfer von Rassismus sein, substanzlos. Rassismus kann von allen ausgehen – von Menschen, die in der Mehrheit sind, aber auch von Menschen, die in der Minderheit sind. Rassismus hat nichts mit Logik zu tun. Rassismus entsteht nicht im Kopf, sondern im Bauch. Es geht um Emotionen: Angst, Unsicherheit, Selbstzweifel, Unzufriedenheit, Minderwertigkeitsgefühle.

Schon in den neunziger Jahren ist es niemandem gelungen, einem Rassisten auszureden, dass Ausländer den Deutschen nicht die Arbeitsplätze wegnehmen. Unzählige Traktate, Medienberichte, Interviews, Stellungnahmen gab es zu dieser Frage. Und schon immer war klar, dass rein sachlich an dieser Feststellung nichts dran ist. Wir wissen, dass die Gastarbeiter ins Land gekommen sind, weil es in Deutschland zu wenig Arbeitskräfte gab beziehungsweise weil einige Bürger gewisse Arbeiten nicht mehr machen wollten, weil sie es zu mehr Wohlstand gebracht hatten. Wir wissen auch, dass Flüchtlinge nicht sofort auf den Arbeitsmarkt dürfen, wenn sie in Deutschland ankommen, und wir wissen auch, dass sie als letztes Glied der Kette bei der Vergabe eines Arbeitsplatzes zum Zug kommen würden. Das galt früher noch strikter als heute.

Aber nach wie vor gibt es in Deutschland gesetzliche Regelungen, wonach erst Deutsche, dann EU-Ausländer/innen und an dritter Stelle erst Menschen, die sogenannten Drittstaaten angehören, Anspruch auf einen Arbeitsplatz haben. Der Migrationsrat Berlin-Brandenburg zum Beispiel spricht für den Personenkreis von einem faktischen Arbeitsverbot, und zwar vor allem in einer Stadt wie Berlin mit hoher Arbeitslosenquote. Das heißt also, gerade dort, wo viele Menschen um eine Arbeitsstelle konkurrieren, haben die «echten Ausländer» die schlechtesten Karten auf eine Anstellung. Also nichts mit: «Die nehmen uns die Arbeitsplätze weg.»

Aber hat das den Rassismus, die Fremdenfeindlichkeit reduziert? Mitnichten. Wir müssen nur an die Ausfälle in Heidenau, Freital, Clausnitz und vielen anderen Orten in Deutschland denken – oder an Thilo Sarrazin mit seinem megaerfolgreichen Buch, das am Ende des Tages nur eines erreicht hat: die gruppenbezogene Menschenfeindlichkeit im Land weiter zu schüren. Wir können davon ausgehen, dass sowohl Sarrazins Thesen als auch die bisweilen positive öffentliche Verhandlung dieser Thesen (sie wurden ernst genommen, sie wurden als Diskussionsgrundlage genommen, bekannte Politiker, Intellektuelle und Journalisten – der Philosoph Peter Sloterdijk, die SPD-Politiker Helmut Schmidt und Klaus von Dohnanyi, die Journalisten Matthias Matussek, Jan Fleischhauer oder Michael Klonovsky – verteidigten seine Thesen, wenn auch nicht in allen Punkten) die Mitte der Gesellschaft motiviert haben, an Demonstrationen wie Pegida teilzunehmen.

Die eingefleischten Rassisten wissen natürlich, dass viele ihrer «Argumente» der Logik nicht standhalten. Aber sie wissen auch, dass sich ihre «Argumente» trotzdem und nach wie vor in der Bevölkerung verfangen. Warum? Weil die Bevölkerung, die für solche Thesen zugänglich ist, solche Aussagen nicht hinterfragen will und hinterfragen kann. Sie klingen möglicherweise für den Moment sogar nachvollziehbar: Mehr Ausländer im Land gleich mehr Konkurrenz um den Arbeitsplatz für die Alteingesessenen.

Rassismus hat zwei Dimensionen: die individuelle und die gesellschaftliche. Rassismus kann frühzeitig oder auch sehr spät im Leben eines Individuums zum Vorschein treten. Ich selbst kann beispielsweise schlechte Erfahrungen etwa in einer Beziehung mit einem «Ausländer» machen, und um diese Erfahrungen zu verarbeiten, projiziere ich meine Gedanken einfach auf die gesamte Gruppe, der ich diesen Menschen, der mich so verletzt hat, zuordne: Das können «die Russen» sein, das können «die Türken» sein, das können auch einfach «die Ausländer» sein.

Personen wie etwa Ayaan Hirsi Ali, Mina Ahadi oder andere haben in ihrem Leben schreckliche Erfahrungen mit der eigenen Familie oder dem eigenen familiären Umfeld gemacht. Hirsi Ali und Ahadi machen dafür «die» Religion verantwortlich – und mithin diejenigen, die dieser Religion anhängen. Solche Vorlagen sind wiederum Wegweiser für andere Menschen. Menschen, die selbst gar keine schlechten Erfahrungen mit «Fremden» gemacht haben, aber trotzdem zu Rassisten oder Fremdenfeinden geworden sind.

Die kritische Psychologie hat ebenfalls Erklärungsmuster für Rassismus erarbeitet. Menschen haben Angst vor einer Umgebung, die sich rasch und massiv zu verändern scheint. Denken wir nur an Stadtteile wir Duisburg-Marxloh oder Berlin-Neukölln: Menschen, die dort bereits seit dem Zweiten Weltkrieg oder noch länger heimisch sind, finden heute ein ganz anderes Umfeld vor als noch 1955. Auch hier fällt die

Vorstellung nicht schwer, dass einige mit so einer Veränderung besser umgehen können als andere.

Diejenigen, die nicht besser damit umgehen können, sind erst einmal hilflos. Sie suchen nach Erklärungen, nach Möglichkeiten, ihre neue Situation zu erfassen. An dieser Stelle werden ihnen nun Sündenbocke angeboten. Sie lernen von den gesellschaftlichen Debatten, wem man ganz gut die Schuld für die Veränderungen zuschieben kann. Nach dem Krieg waren es die Vertriebenen aus Ostpolen, dann kamen die Gastarbeiter, wahlweise unterteilt in «Itaker», «Polacken» oder «Kümmeltürken», in den neunziger Jahren kam dann die «Asylanten-Flut», seit den nuller Jahren fällt der Fokus auf die Muslime, und diesen Fokus teilen sie sich heute mit den Flüchtlingen. Auf wen das Augenmerk jeweils fällt, ist auch ein Produkt der öffentlichen Debatten, des Auftretens von Vorsprechern.

Wenn man solche Kurzschlüsse aus der Welt schaffen will, muss man anfangen zu erklären. Damit ist man bei vielen Menschen schon raus aus dem Spiel. Man ist immer im Nachteil gegenüber Populisten, denen die Logik egal ist und die sich am Ende in einer Diskussion einfach im Kreis drehen und wieder von vorne anfangen – es ist wie beim Wettrennen von Hase und Igel. Das Problem an vereinfachten Thesen ist, dass es immer vieler Exkurse, Differenzierungen und Querverweise bedarf, um sie zu entkräften. Und auf diese Umwege müssen die Menschen, die diese Vereinfachungen vertreten, mitgenommen werden. Man kann in einer Diskussion in einem freiheitlich-demokratischen Rechtsstaat aber nur die Leute mitnehmen, die freiwillig mitkommen wollen. Das sind also solche Leute, die zumindest eine grundsätzliche Bereitschaft aufweisen, sich Argumente anzuhören.

Auf die absolute Mehrheit in Deutschland treffen dieser

Wille und diese Bereitschaft zu. Auf einen gewissen Teil nicht. Letztere begeben sich immer wieder in meine Veranstaltungen. Ich erkenne sie nicht zuletzt daran, dass sie sich im Prinzip all ihre kritischen Fragen längst selbst beantwortet haben. In Veranstaltungen zum Thema Islam setzen sie sich aber trotzdem, um sich selbst, dem Publikum, vor allem aber mir zu beweisen, dass sie bereits eine «Lösung für das Problem» gefunden haben.

Ich erinnere mich an einen Vortrag in Bad Münder. Betitelt war die Veranstaltung mit: «Was ist der Islam?» Es war ein freier Vortrag ohne Skript und ohne die geplante Powerpoint-Präsentation, die ausfiel, weil die Technik versagt hatte. Nach den ersten Sätzen begann ein Mann in der ersten Reihe die erste «Frage» zu stellen. Es war aber keine Frage, sondern eine als Frage verklausulierte Aussage: «Was ist mit den gewaltverherrlichenden Passagen im Koran? Solange dies drinsteht, kann man nur zum Terroristen werden.»

In diesem Ton und mit dieser Art von «Fragen» ging es dann eineinhalb Stunden weiter. Immer wieder meldete er sich zu Wort:

«Was sagt denn der Koran zu Frauen? Er ist ja sehr frauenunterdrückend.»

«Wieso lehnen die Muslime die Scharia nicht ab? Solange sie dies nicht tun, besteht keine Hoffnung auf ein friedliches Zusammenleben.»

«Es kommen doch alle terroristischen Anschläge aus dem Islam. Also ist der Islam doch das Problem?»

«Wir leben in einer Demokratie. Wer außer dem Islam macht denn hier sonst Probleme?»

«Ich bin Psychotherapeut, und aus meiner Sicht ist der Islam als die Grundlage für extreme Taten und Handlungsweisen bei Muslimen verantwortlich.»

Solche Situationen demaskieren diese Menschen. Denn irgendwann wird auch dem Letzten im Publikum klar, dass hier jemand seine fremdenfeindliche Gesinnung hinter vermeintlich kritischen Fragen verstecken will. Nachdem der Mann aus Bad Münder mindestens fünfzehn dieser Kommentare und «Fragen» loswerden konnte, entwickelte sich im Publikum spürbar ein immer größerer Widerstand gegen seine Schwarz-Weiß-Sicht.

Aber auch ich komme bei solchen Dialogen, für die dies ein sehr typisches Beispiel ist, an meine Grenzen, denn es ist ein Ding der Unmöglichkeit, diese Zuhörer zu mehr Differenzierung zu ermuntern. Im Grunde genommen ist der Mann ein lebendes Beispiel dafür, wie gruppenbezogene Menschenfeindlichkeit funktioniert. Es war ihm völlig egal, dass ein gläubiger Muslim neben ihm saß, der sich weigerte, mit Islamisten gleichgesetzt zu werden. Auch eine weitere Muslima mit Kopftuch saß im Publikum und sprach sich vehement gegen solche Darstellungen aus. Aber nichts und niemand hätte diesen Mann an diesem Abend von seiner Haltung abbringen können.

Wenn man sich nun die Wahlergebnisse in westeuropäischen Ländern (bei den osteuropäischen Staaten ist die Sache etwas anders gelagert, hier muss man auch die unterschiedliche geschichtliche Entwicklung nach dem Zweiten Weltkrieg berücksichtigen) für rechtsradikale und rechtspopulistische sowie linksradikale und linkspopulistische Parteien anschaut, dann kann man über den Daumen gepeilt sagen: Die gruppenbezogene Menschenfeindlichkeit betrifft in etwa ein Fünftel bis ein Drittel der Bevölkerungen.

Radikale Verhaltensweisen haben in der Regel immer persönliche Ursachen. Oft stehen hinter solchen Verhaltensmustern schlimme Lebensgeschichten. Diese Probleme lassen sich nur in einer ganz intensiven persönlichen Arbeit aufbrechen. Denn gruppenbezogene Menschenfeindlichkeit basiert nicht auf logischen Überlegungen, sondern ist das Ergebnis emotionaler Defizite. Dieser Mangel an persönlichem Sicherheitsgefühl und Festigkeit im Leben lässt sich von außen nur schwer kompensieren.

Das bedeutet nicht, dass man diese Verhaltensweisen dulden darf. Man muss sich aber darüber im Klaren sein, dass es zwischen der Ablehnung bestimmter Haltungen und der Ablehnung eines Menschen als Person große Unterschiede gibt. Es gibt Menschen, die einfach nicht mehr bekehrbar sind, die tiefergehende psychische Probleme haben und deren Rassismus ein Ventil für ihren Selbsthass ist. Die Hilfe, die solche Menschen benötigen, kann die Gesellschaft nur bedingt leisten. Hier ist das persönliche Umfeld gefragt. Nur jemand, der der betreffenden Person nahesteht und sie auch im Alltag begleitet, kann hier effektiv helfen.

Reporter eines deutschen Fernsehmagazins machten 2015 einen Hetzer gegen Flüchtlinge auf Facebook ausfindig. Es handelte sich um einen 1-Euro-Jobber, einen im philanthropischen Sinn armen Menschen, schüchtern, mit ausgefallenen Zähnen, einen Verlierer dieser Gesellschaft, einen, dem das Leben offenbar nie wohlgesinnt war, seit der Wende arbeitslos, unzählige Bewerbungen ohne Erfolg. Ihm fehle nach eigenem Bekunden die Ausbildung. Auf den Hinweis der Reporter hin, dass die Flüchtlinge doch nichts dafür könnten, antwortet er ebenso ratlos wie schnell: «Aber ich doch auch nicht!» Das Beispiel zeigt, wie wichtig Schul-, Sozial- und Familienpolitik ist. Fast alle gesellschaftlichen Probleme nehmen hier ihren Ausgang. Später kann die Gesellschaft daran nur noch wenig ändern. Man darf solche Menschen nicht als Menschen verachten, was jedoch verachtenswert ist, sind ihre Äußerungen.

Die Aufgabe der Gesellschaft muss darin bestehen, gruppenbezogene Menschenfeindlichkeit gar nicht erst aufkommen zu lassen. Ist sie dennoch entstanden, muss man alle Ansätze in diese Richtung klipp und klar verurteilen. Rassismus lässt sich nicht wegdiskutieren, Rassismus kann nur jeder für sich selbst überwinden, wenn er bereit dazu ist. Wichtig ist nur, dass man Rassisten nie, nie aus den Augen lässt. Und es nicht verharmlost, wenn rassistisches Gedankengut als «Fremdeln» ausgelegt wird. Denn das bringt uns wirklich in Gefahr.

Wer sich bewusst jeglichem Zugang verweigert, der muss folglich abgegrenzt werden. So wie man gewaltbereite Salafisten abgrenzt, so wie man gewaltbereite Neonazis abgrenzt, und so, wie man gewaltbereite Autonome gesellschaftlich abgrenzt – solange sie sich nicht offen für Impulse von außen zeigen.

Menschen, die sich selbst ihrer menschenfeindlichen Auffassungen womöglich nicht bewusst sind, müssen aufgeklärt werden. Es darf nicht aus falscher Rücksichtnahme auf potenzielle Wähler oder Konsumenten geschwiegen werden. Wer anfängt, die Feindseligkeit gegenüber – egal welcher Gruppe von – Menschen zu relativieren, weil ein Teil dieser Gruppe sich tatsächlich etwas zuschulden kommen lässt, der öffnet die Tore für weiteres Anwachsen solch verachtenswerter Meinungsverbreitung.

Dass Rassismus vor allem im privaten Umfeld, in jeder einzelnen Familie, mit persönlicher Zuneigung vorgebeugt werden kann, zeigt eine andere Theorie. Der berühmte Verhaltensforscher Irenäus Eibl-Eibesfeldt verweist darauf, dass Fremdenscheu soziobiologische Ursachen habe, also eine anthropologische Grundkonstante bildet. Beobachtbar ist dies an Babys und Kleinkindern, die sich hinter Mama und Papa verstecken, wenn jemand Fremdes sie anspricht. Dieses gewisse Urmisstrauen lässt sich auch später noch feststellen, wenn sich einander fremde Menschen begegnen. Ethnologische Studien weisen darauf hin, dass natürlicherweise außerhalb des eigenen Stammes oder der eigenen Gesellschaftsgruppe Menschen abgegrenzt werden, oft auch abgewertet, die eben fremde Merkmale aufweisen.

Auch hier bedeutet die Theorie nicht, dass deshalb alle Menschen zwangsläufig zu Fremdenhassern werden, gibt aber einen umso deutlicheren Hinweis darauf, wie wichtig das persönliche Umfeld, die eigene Sozialisation ist. Und befördert darüber hinaus den Gedanken, dass man Rassismus und Fremdenfeindlichkeit mit Kontaktaufnahme zu den angefeindeten Individuen entgegenwirken kann, mit gegenseitigem Kennenlernen. So, wie auch Kleinkinder ihr Misstrauen ablegen, je mehr Kontakt sie zur unbekannten Person haben – und die so immer weniger fremd wird.

Ein letzter Aspekt zum Thema Rassismus und Fremdenfeindlichkeit knüpft wieder am Anfang an und schließt quasi den Kreis, in dem sich die bisher bekannten Ursachen bündeln lassen: die arbeitsmarktpolitische beziehungsweise die ökonomische Komponente. Es ist zwar so, dass die Aussage, Ausländer nehmen den Deutschen die Arbeitsplätze weg, so nicht stimmt. Dennoch gibt es durchaus ökonomische Erwägungen. Die Anfänge dieser Geschichte liegen im 19. Jahrhundert, wie der Politologe Werner Ruf ausführt. Genauer: an der Schnittstelle von industrieller Revolution beziehungsweise dem Beginn kapitalistischer Produktionsweisen – sprich industrieller Massenfertigung – und der Kolonialzeit.

Der Lebensstandard in Deutschland wuchs. Maschinen ermöglichten es, schnell, viel und günstig Ware herzustellen, die anschließend weiterverkauft werden konnte. Während wir dieser Tage erleben, dass immer weniger reine Arbeitskräfte benötigt werden, weil Computer und Technik viele Arbeitsschritte des Menschen übernommen haben, hatten wir vor hundertfünfzig beziehungsweise hundert Jahren noch die gegenteilige Entwicklung. Es wurden viele Arbeitskräfte benötigt, um die einzelnen Arbeitsschritte durchzuführen. Je mehr so eine Arbeitskraft in einem Betrieb an Lohn erhielt, desto geringer war der Gewinn der Betriebseigentümer. Die Rechnung war: Je günstiger die Lohnkosten, desto mehr Gewinn.

Da die Europäer zu diesem Zeitpunkt weltweit über Kolonien verfügten – Deutschland eingeschlossen –, stand den Industriellen ein riesiges Reservoir an billigen Arbeitskräften zur Verfügung, um die nötigen Rohmaterialien zu gewinnen. Denn selbstverständlich arbeiteten die Afrikaner in Deutsch-Ostafrika oder Deutsch-Südwestafrika oder die Melanesier in Deutsch-Neuguinea für deutlich weniger Geld als die Arbeiter im Deutschen Kaiserreich – wenn sie überhaupt Lohn für ihre Arbeit bekamen. Und obendrein konnte man anschließend die fertigen Produkte wieder an die Menschen in den Kolonien verkaufen.

Zum Teil funktioniert das Geschäft noch heute so. Mal abgesehen davon, dass man von Anfang an darüber stritt, ob diese Kolonialisierung tatsächlich einen wirtschaftlichen Gewinn für die Kolonialmacht darstellte, da man die Kolonien ja auch für viel Geld gründen und anschließend behaupten musste, ist für unsere Frage nach dem Rassismus vor allem eines von Bedeutung: das, was die Gesellschaft aus dieser Kolonialzeit gelernt hat. Und hier steht zu Buch, dass vor allem das Bild, das durch diese Zeit vermittelt wurde, bis heute noch in manchen Kreisen virulent ist: Die Menschen jenseits von Europa seien einfach, ungebildet, faul und in jedem Fall bei weitem nicht so zivilisiert wie die Europäer. Wenn man nun noch bedenkt, dass parallel der Grundstein für die biologistischen Rassismusdiskurse durch den französischen Grafen Arthur de Gobineau und den Deutsch-Briten Houston Stewart Chamberlain gelegt wurde, kann man sich vorstellen, welch desaströse Anschauung da verbreitet wurde, welch schwerwiegende Denkweise etabliert.

Ausdruck dieser vermeintlichen Überlegenheit sind die Völkerschauen gewesen, in denen Menschen von anderen Kontinenten den staunenden Europäern wie im Zoo und zum Teil tatsächlich in Zoos (wie dem Hamburger Tierpark «Hagenbeck» 1909) ausgestellt wurden. Ausdruck dessen sind auch die Romane von Karl May mit Zerrbildern und Klischees über die «Wilden» und sein Orientzyklus, der das Bild von Menschen aus der Türkei und dem Nahen Osten bei Generationen von Deutschen geprägt hat.

Diese Vorstellungen setzen sich im späteren Nachkriegsdeutschland fort. Wie gesagt, die Gastarbeiter kamen auch «nur», um in den Stahlwerken und Zechen bei Ruß, Dreck und Hitze zu malochen, um bei der Müllabfuhr tätig zu werden oder maximal einen Krämerladen aufzumachen, um Produkte an die eigenen Landsleute zu verkaufen, und im Sommer mit Kind und Kegel in ihrem alten Ford Transit – der «Türkenkutsche» – in die «Heimat» zu fahren. Wie sehr bitte fühlt man sich an all das erinnert, wenn man dann bei Thilo Sarrazin folgenden Satz liest: «Eine große Zahl an Arabern und Türken in dieser Stadt (...) hat keine produktive Funktion, außer für den Obst- und Gemüsehandel, und es wird sich vermutlich auch keine Perspektive entwickeln.»

Dass heutzutage Kinder der «Gastarbeiter» gesellschaftlich partizipieren, sogar politisch in vorderster Reihe mitbestimmen, Bücher schreiben, Reden halten als Juristen, Mediziner, Manager, Journalisten arbeiten, ist für manche alteingesessenen Deutschen kaum nachvollziehbar. Ergebnis dessen ist eine Neiddebatte: Wie? Plötzlich fahren die Türken keine Rostlauben mehr, sondern einen Mercedes S 500, einen 7er-BMW oder einen Audi A8? Das kann doch nicht mit rechten Dingen zugehen, wenn ich mir so ein Auto nicht leisten kann, aber *die* schon!

Im Kampf gegen Rassismus bedeutet das für uns: Wir müssen noch stärker deutlich machen, dass es inzwischen auch normal ist, dass «Ausländer» Akademiker sind und in führende Posten kommen. Und wir müssen in diesem Zuge auch in der Wirtschafts- und Sozialpolitik eine alte Forderung implementieren: gleicher Lohn für gleiche Arbeit, keine Dumpinglöhne. Das gilt im Verhältnis von Einheimischen und Ausländern genauso wie für das Verhältnis von Männern und Frauen. Da gibt es in Deutschland noch einiges zu tun.

Und um noch ein größeres Fass aufzumachen: Wir müssen auch in der globalen Finanz- und Wirtschaftspolitik viel mehr an fairen Beziehungen zueinander arbeiten. Seit Jahrzehnten sorgen wir mit Subventionen in der Landwirtschaft für Überproduktionen, und mit allem, was wir in Europa nicht mehr rentabel verkaufen können, schwemmen wir den Weltmarkt und drücken damit die Preise so weit, dass Kleinbauern in Afrika damit nicht mehr konkurrieren können. Eingeführte Produkte sind billiger als die der einheimischen Bauern. Das kann nicht so weitergehen.

Utopische Forderung? Naive Vorstellung? Wir erleben gegenwärtig die konkreten Auswirkungen unseres Nichthandelns, wenn wir den Zehntausenden Menschen, die sich in Afrika auf den Weg nach Europa machen – und die wir gerne abschätzig als «Wirtschaftsflüchtlinge» bezeichnen –, entgegensehen. Solange wir in Europa erfolgreiche, freiheitliche und reiche Nationen sind, werden wir Menschen aus ärmeren Nationen anziehen. Entweder wir werden selber arm – was wohl keiner wollen dürfte –, oder wir sorgen dafür, dass andere, schwächere Länder gestärkt werden, vor allem ein freiheitliches und wirtschaftlich genesendes Land werden.

Die Brachialmethode, Zäune hochzuziehen und Europa zu verbarrikadieren und die Menschen anrennen zu lassen – das dürfte jedem klar sein –, kann nur vorübergehend Schutz bieten. Die Verzweiflung wird immer stärker sein als die Mauer, die wir ziehen, als die Festungen, die wir bauen. Das zeigt uns die Geschichte.

Wenn wir dem Rest der Welt durch unsere Politik die Lebensgrundlagen in ihren Heimatländern entziehen, werden über kurz oder lang immer mehr Menschen nach Europa drängen. Es ist somit auch an uns Wählern, den Politikern zu verdeutlichen, dass uns solche globalen Fragen wichtig sind und wir die Auseinandersetzung mit ihnen einfordern.

Alte Ausländer, neue Ausländer

Ein Ausgangspunkt von Rassismus sind Vorurteile und Stereotype gegenüber Menschengruppen. Vorurteile und Stereotype sind aber nicht per se schlimm. Jeder von uns hat Vorurteile und Stereotype – auch gegenüber Ausländern. Es muss sich niemand gleich schlecht fühlen, wenn er sich selbst schon einmal dabei ertappt hat, dass er vorurteilsbeladen gedacht oder gehandelt hat.

Im Gegenteil. Vorurteile haben auch etwas Gutes. Wir leben in einer zunehmend komplexen Welt. Sie macht es uns unmöglich, alles immer differenziert zu sehen. Vorurteile, sprich Menschen in eine Schublade zu packen, helfen dabei, diese komplexen Strukturen zu reduzieren, handhabbar zu machen. Erst dadurch werden wir überhaupt bewegungs-, orientierungs- und lebensfähig in unserer komplexen Umwelt. Würden wir unsere mannigfaltige Umgebung immer konsequent hinterfragen, inhaltlich auseinandernehmen, bis in Details abwägen, würden wir verrückt.

Vorurteile haben noch weitere Funktionen. Sie helfen, uns in neuen Situationen besser und schneller anpassen zu können. Wir beobachten die Umgebung, ordnen die Menschen in Kategorien ein und handeln danach. Auf diese Weise können wir Belohnungen erzielen, etwa in Form von sozialer Zuwendung, und gleichzeitig verhindern, dass wir ausgegrenzt, selbst zum Außenseiter werden. Wir passen uns den vorherrschenden Werten und Normen in dem sozialen Umfeld an, in das wir stoßen.

Vorurteile und Stereotype helfen zudem bei der Identitätsfindung – und zwar nach dem Ausschlussprinzip: Wenn ich weiß, was ich nicht bin oder was ich nicht sein will, dann kann ich umgekehrt daraus schließen, was ich bin oder was ich sein will. Ich sehe einen schwarzhäutigen Menschen, bin aber weiß. Ich sehe eine Frau mit Kopftuch, die ich für unterdrückt halte, was ich nicht sein will. Indem wir uns von anderen Menschen abgrenzen, erkennen wir uns selbst.

Die amerikanischen Psychologen Kenneth und Mamie Clark fanden bereits in den 1940er Jahren heraus, dass schon Kinder im Alter von drei Jahren Vorurteile entwickeln. Sie führten mit ihnen ein Experiment mit Puppen durch. Dabei schrieben die Kinder weißen Menschen positive Eigenschaften zu und schwarzen Menschen schlechte. Das lag nicht etwa daran, dass die Kinder gezielt beeinflusst oder sogar indoktriniert worden waren. Sie hatten einfach gelernt, welche Vorstellungen in ihrem sozialen Umfeld verbreiteter sind, also häufiger vorkommen.

Das müssen nicht immer abwertende Vorstellungen sein. Manche Vorurteile und Stereotype beziehen sich auf vermeintlich harmlose Dinge, etwa dass schwarze Menschen besonders athletisch seien, besonders gerne Basketball spielen, besonders lebensfroh sind etc. All das kann man vielleicht sogar empirisch belegen. Aber das bedeutet nicht, dass diese Fähigkeiten, Talente oder Eigenschaften in den Genen angelegt sind. Wie immer spielt hier die Sozialisation, sprich der Einfluss der Umwelt eine maßgebliche Bedeutung.

All das kann uns einerseits beruhigen. Nicht bei jedem schlechten, negativ bewertenden Gedanken müssen wir uns einer Selbstkasteiung unterziehen. Gefährlich wird es, wenn Gruppendynamiken und Konformitätsdruck entstehen. Das hat der türkisch-amerikanische Konfliktforscher Muzaffer Şerif in den fünfziger Jahren eindrücklich dokumentiert.

Şerif gehört zu den Mitbegründern der Konflitkforschung. Er wurde durch das sogenannte «Ferienlager-Experiment» berühmt. Er organisierte eine Freizeit für zweiundzwanzig Kinder, die sich alle nicht kannten. Er teilte die Gruppe in zwei Lager ein: die Adler und die Klapperschlangen. Sie schlugen an unterschiedlichen Orten ihre Zelte auf, sie unterschieden sich durch ihre Kleidung, sie machten unterschiedliche Ausflüge. Muzaffer Şerif sorgte also dafür, dass ein Gruppendenken entstand. Dann ließ er Adler und Klapperschlangen in Wettkämpfen gegeneinander antreten. Es folgte, was folgen musste: Sie beschimpften sich gegenseitig und gingen sogar aufeinander los. Es hatten sich deutliche Vorurteile und Stereotype entwickelt.

Auch wenn Vorurteile nicht per se problematisch sind, so müssen wir doch darauf achten, dass wir sie kontrollieren. Die besten Methoden dabei sind zum einen persönliche Kontaktpflege und gemeinsame Unternehmungen, gemeinsame Erfolge. Wenn Lehrer beispielsweise eine Segregation in ihren Klassen wahrnehmen, sollten sie gezielt Aufgaben stellen, bei denen Mitglieder der voneinander abgewandten Gruppen nur gemeinsam zum Erfolg gelangen können, indem sie sich gegenseitig unterstützen. Genau das nämlich zeigte das eigentliche Ergebnis von Muzaffer Şerifs «Ferienlager-Experiment». Er zwang die Adler und die Klapperschlangen zu einer gemeinsamen Erfahrung, und am Ende rauften sie sich wieder zusammen.

Wir müssen also erkennen, wenn Vorurteile überhandnehmen und zur Basis unseres Handelns werden, unsere Gedanken tragen, sodass wir uns ungerecht und falsch verhalten.

Somit sind wir wiederum bei Thilo Sarrazin, der mit Hilfe des ihm gewährten medialen Trommelfeuers die These untermauerte, dass es unterschiedliche Schwierigkeiten mit unterschiedlichen Migrantengruppen in Deutschland gebe. Selbstverständlich hatte er sich die Türken, Araber, Menschen vom Balkan und Afrikaner ausgeguckt – oder wie er sie zusammenfasste: die Muslime –, als die Gruppen, die angeblich am meisten Probleme verursachten und die die meisten Probleme hätten. Sie wollten sich nicht integrieren, wohingegen es mit anderen Ausländergruppen wie beispielsweise Vietnamesen wenig bis keine Schwierigkeiten gebe. Mal abgesehen von der fadenscheinigen und strategischen Darstellung Sarrazins, dass jemand, der mit bestimmten Ausländergruppen sympathisiert, nach klassischer Denkweise ja bestimmt kein Ausländerfeind sein kann: Türken und Araber beziehungsweise Muslime stechen nur deshalb besonders hervor, weil sie zum einen die größte Minderheit in Deutschland ausmachen und zum anderen im Fokus öffentlicher Debatten stehen.

2012 lebten 1,6 Millionen Ausländer aus der Türkei in Deutschland, aber nur dreiundachtzigtausend aus Vietnam. Wie sollen diese Vietnamesen nennenswerte Parallelgesellschaften bilden? Außerdem reicht der Blick über die Grenze nach Polen: Erstaunlicherweise gelten dort gerade die Vietnamesen als sich abschottende Problemgruppe. Hören wir also auf mit solchem biologistischen Unsinn – selbst wenn er in einem (pseudo-)wissenschaftlichen Gewand daherkommt; auch Wissenschaftler sind Menschen, die mitunter nur ihre Ideologie verbreiten wollen und dazu ihren Beruf missbrauchen.

Schwierigkeiten, das zeigt die jüngere deutsche Geschichte, hatte man mit «Fremden» immer: «Am Anfang waren wir die ‹Badoglio›. Die ‹Verräter› ... dann, mit den Jahren, wurden wir ‹Spaghettifresser› und ‹Makkaronifresser›. Und auch wenn du versucht hast, darauf zu reagieren, zurückzufrotzeln und sie ‹Kartoffelfresser› zu nennen, tat es immer ein bisschen weh. Irgendwann haben sie dann angefangen, uns ‹Itaker› zu nennen. Warum, das weiß ich wirklich nicht, ich habe es nie verstanden.» So weit die Schilderung eines italienischen Gastarbeiters in Deutschland in dem Buch «Das Leben ist hier. Wolfsburg, eine italienische Geschichte» der Autorin Margherita Carbonaro.

Mit «Badoglio» ist übrigens die erste Regierung Italiens nach dem Sturz des faschistischen Diktators Benito Mussolini gemeint. Weil diese neue Regierung 1943 das Bündnis mit dem Hitler-Regime beendete, galten die Italiener vielen Deutschen als Verräter. Es ist ein Mythos, dass nur türkische Migranten aufgrund ihrer besonders fremden Kultur und/oder Religion in Deutschland ausgegrenzt worden seien oder Probleme bereitet hätten. An deutschen Gaststätten fanden sich Schilder mit der Aufschrift: «Proibito. Rigorosamento l'ingresso agli Italiani!» Und zugleich auf Deutsch: «Eintritt für Italiener verboten.»

Italiener galten als gewaltbereit, rückständig und faul. Mangels Geld und Vergnügungsangeboten für sie trafen sie sich oft an den Bahnhöfen – für viele Einheimische hieß das, sie «lungerten» dort rum und belästigten die jungen Mädchen. Die «Abendzeitung Nürnberg» schrieb im Mai 1966: «Seit etwa einem Jahr kann man in fast jeder politischen Veranstaltung auf bundesdeutschem Boden Beifall erzielen, wenn man sich nur recht abfällig über die Gastarbeiter äußert.»

Giuseppe La Torre, ein ehemaliger Gastarbeiter aus dem Ruhrgebiet, berichtet nach Angaben des «Westfälischen Industriemuseums»: «Die deutschen Kollegen, mit denen ich auf der Arbeit prima auskam, riefen, wenn wir Italiener einziehen wollten: ‹Italiener im Haus? Oh, Katastrophe! Die machen viele Kinder und noch mehr Krach!›» Die gleichen Erfahrungen schildert Anatoli Papasoglou dem WDR: Es sei unmöglich gewesen, mit vier Kindern ein Haus zu finden. «Alle sagten uns: «Nein, nein, nein!»

Warum diese Vorurteile? Der Sozialpsychologe Ulrich Wagner von der Universität Marburg sagte der «Frankfurter Allgemeinen Sonntagszeitung» am 26. Februar 2016: «Das liegt daran, dass das Bild von Einwanderern in Deutschland seit langem mit einem Gefühl von Bedrohung verknüpft ist.» Erst langsam änderte sich das Bild der Deutschen von den Italienern. Das hatte viel damit zu tun, dass mit dem Wirtschaftswunder die Urlaubsbegeisterung für Italien stieg. Übrigens ein weiteres gutes Beispiel dafür, dass Vorurteile abgebaut werden können, wenn man sich persönlich besser kennenlernt. Trotzdem kehrten am Ende fast neunzig Prozent der insgesamt rund vier Millionen Italiener, die im Rahmen des Anwerbeabkommens mit Italien 1955 nach Deutschland kamen, wieder in ihre Heimat zurück. Im Rahmen der europäischen Einigung fiel ihnen der Schritt leichter als vielen türkischen Gastarbeitern, die in ein Land außerhalb des europäischen politischen Kontextes hätten zurückkehren müssen.

Eine weitere Bevölkerungsgruppe flüchtete vor allem Ende des 19. Jahrhunderts zu uns, noch bevor später Portugiesen, Griechen, Italiener, Türken und Jugoslawen zum Arbeiten herbeigerufen wurden: Polnische Arbeiter – heute würde man «Wirtschaftsflüchtlinge» sagen – kamen, um in den frisch abgeteuften «Pütts» und neuen Walzwerken rechts und links des Hellwegs ihren Unterhalt zu verdienen. Sie kamen vor allem aus Schlesien, den Provinzen Ostpreußen und Posen. Ein Teil war katholisch, ein Teil protestantisch. Unter dem Begriff «Masuren» wurden sie subsumiert. Insgesamt kamen von 1840 bis 1910 fünfhunderttausend Menschen ins Ruhrgebiet; 3,5 Millionen Menschen verließen in dieser Zeit Polen. Das sind also durchaus beachtliche Dimensionen.

1912 lag der Anteil der Polen an der Gesamtbevölkerung der Provinz Westfalen bei fast sechzehn Prozent. In einzelnen Gebieten, wie etwa in Habinghorst, lag der Anteil der polnischstämmigen Bevölkerung bei mehr als fünfzig Prozent. Nur zum Vergleich: Der Anteil von Menschen mit türkischem Migrationshintergrund in Berlin beträgt fünf bis sechs Prozent; im berüchtigten Stadtteil Neukölln etwa neun Prozent. Die Zuwanderung war teilweise derart ausgeprägt, dass sich die Einwohnerzahlen ganzer Städte mehr als verdoppelten. Damals sprachen die Menschen noch nicht von «Klein-Istanbul», aber von «Klein-Warschau». Es erstaunt mich, dass sich selbst die Sprachspielereien seit mehr als hundert Jahren nicht verändert zu haben scheinen.

Das Ruhrgebiet, so wie wir es heute kennen, ist im letzten Jahrhundert zu einem Schmelztiegel geworden. In New York ist dieses Etikett ein Gütesiegel, in Deutschland ist die Haltung dazu höchst ambivalent. Viele Menschen zwischen Duisburg und Dortmund sind so engagiert, dass einem vor lauter Rührung die Tränen kommen; seit Jahrzehnten um Kontakte, Dialog, Verständigung und kulturellen Austausch bemüht. Krupp, Thyssen, Mannesmann – irgendwann wurde es normal, dass der Willi und der Ali gemeinsam beim Abstich schwitzen und dass auch Yilmaz und Özcan nach der Schicht ihr Feierabendbier an der «Bude» tranken.

Aber das Ruhrgebiet ist auch immer ein Ort gewesen, wo es Ablehnung und Hass gab. In den 1930ern galt Schalke verbreitet als «Polackenverein» – Helden wie Ernst Kuzorra, Fritz Szepan wurden verachtet. Die «Ruhrpolen» wurden mit Misstrauen, Abneigung und Ausgrenzung bedacht. «Wir sind doch hier bei Koslowskis», raunte man sich zu, wenn man sich über die Unordentlichkeit von Kindern mokierte, oder: «Grün und Blau, Pollacksfrau», wenn man sich über die angeblich geschmacklose und bunte Kleidung der «Ruhrpolen» lustig machen wollte. Die beschriebenen Muster erinnern mich stark daran, wie heute über Türken und Türkinnen gesprochen oder gedacht wird. Damals wurde ebenso über Parallelgesellschaften geschimpft wie heute – auch wenn man nicht den Begriff «Parallelgesellschaften» benutzte.

Und ich möchte gerne noch einen Schritt weiter in die deutsche Geschichte zurückgehen, um die Kontinuität sowohl des Zuzugs Fremder als auch fremdenfeindlicher Denkweisen zu verdeutlichen. Das Gebiet, auf dem sich Deutschland heute befindet, zieht schon seit Hunderten Jahren Menschen an. Im 16. Jahrhundert siedelte der große Kartograph Gerhard Mercator, einst in Flandern geboren, nach Duisburg über (wo ich heute lebe), weil in Duisburg damals eine Universität gegründet worden war, an der er günstige Arbeitsbedingungen vorfand. Etwa zur gleichen Zeit siedelte sich eine noch viel größere Gruppe auf dem Gebiet des heutigen Deutschlands an: die Hugenotten.

Die Hugenotten sind eine Glaubensgruppe von Menschen aus Frankreich, die sich im 16. Jahrhundert dem Protestantismus zuwandten. Sie wurde vor allem vom Reformator Johannes Calvin beeinflusst. Im katholischen Frankreich waren sie die meiste Zeit über Verfolgung und Unterdrückung ausgesetzt. Tausende wurden umgebracht, entrechtet, zwangskatholisiert. Zehntausende flüchteten aus Frankreich. Ein Großteil fand in den deutschen Herzogtümern und Kurfürstentümern eine neue Heimat. Insbesondere das Edikt von Potsdam von 1685 des Kurfürsten Friedrich Wilhelm von Brandenburg ist in diesem Zusammenhang von Bedeutung. Es führte zur Aufnahme von bis zu zwanzigtausend der Glaubensflüchtlingen. Um das Jahr 1700 war fast jeder fünfte Berliner ein Hugenotte. Aber auch andere Orte wie Hessen-Kassel oder das Rhein-Main-Gebiet nahmen Tausende Hugenotten auf.

Man könnte meinen, die Aufnahme sei ein reiner Akt der Nächstenliebe gewesen, doch es gab auch handfeste wirtschaftliche Erwägungen. Die Ländereien waren durch den Dreißigjährigen Krieg in Mitleidenschaft gezogen, die Bevölkerung hatte durch die vielen Toten hohe Verluste zu verkraften. Die Hugenotten galten als gebildet und vor allem als gute Kaufleute, und die deutschen Herzöge und Kurfürsten brauchten dringend Handwerksmeister, Gewerbetreibende, um die Wirtschaft wieder anzukurbeln. Das erinnert an die heutige Diskussion um den Fachkräftemangel, der nach Meinung von Wirtschaftsexperten und Politikern von ausländischen Arbeitskräften beseitigt werden soll. Und wie heute stießen solche Überlegungen auch damals in Teilen des Volks auf Widerstand, was der Geschichte der kontinuierlichen Ausgrenzung von einzelnen Bevölkerungsgruppen in Deutschland einen weiteren historischen Mosaikstein hinzufügt. Keinesfalls mit offenen Armen wurden auch die Hugenotten von der einheimischen Bevölkerung empfangen. So wurden sie zum Beispiel als «Nahrungsstörer» diffamiert – als Leute also, die sich unberechtigt in andere Gewerbe reindrängten und ihnen so widerrechtlich die Nahrung abschnitten.

Und wenn wir im Februar 2016 erlebten, wie etwa im sächsischen Bautzen Feuerwehrleute behindert wurden, als sie eine in Brand stehende künftige Flüchtlingsunterkunft löschen wollten, dann hat das in der Geschichte ungeahnte Vorläufer: Im Oktober 1718 standen in Magdeburg die Häuser von Hugenotten in Flammen. Als Feuerwehrleute den Brand löschen wollten, ließen einige Leute im Volk hören: «Lasset die Franzosen brennen!» – «Die Franzosen sind schlimmer als Juden, Muhamedaner und Katholiken.» Die hugenottischen Pastoren wurden als «allen Unfriedens erste Anstifter» bezeichnet. Man könnte denken, die Feindseligkeit ging angesichts der religiösen Konfrontationen von Katholiken aus. Doch auch die Lutheraner im Volk fühlten sich von den Glaubensgeschwistern gestört und machten aus ihrer Ablehnung keinen Hehl. Es gab auch damals nicht nur Ausgrenzung und

Ablehnung gegenüber den Neuankömmlingen. Viele Menschen aus dem Volk zeigten sich auch sehr hilfsbereit – es ist im Grunde wie heute.

Aber wer in die Fremde geht – ob gezwungen oder freiwillig –, ist naturgemäß zunächst einmal unsicher. Man kennt weder die Gepflogenheiten im neuen Land, noch kennt man die administrativen Abläufe und weiß diese und die neuen Mitmenschen nicht richtig einzuschätzen. Sprachbarrieren tun ihr Übriges. In so einer Situation voller Fremdheitsgefühle wirkt jede Anfeindung wie ein Katalysator, der die Unsicherheit verstärkt. Wenige negative Erfahrungen reichen aus, um Neuankömmlinge total zu verunsichern. Viele grenzen sich als Reaktion darauf von der Mehrheitsgesellschaft ab und suchen lieber die Nähe zu den eigenen Leuten. Deshalb reichen manchmal schon einzelne Anfeindungen aus, um dramatische Wirkungen zu erzeugen.

Die Geschichte der Hugenotten zeigt, dass auch kulturelle und religiöse Nähe sowie ein höherer Bildungsgrad von Einwanderern nicht ausreichen, um von der Mehrheitsgesellschaft besser angenommen und integriert zu werden. Entsprechend stumpf sind die heutigen Argumente, dass die Probleme der Integration damit zu tun hätten, dass Muslime oder Einwanderer aus Afrika der deutschen Kultur fernstünden. Denn an Integration müssen alle Seiten mitwirken.

Zusammenleben bedeutet immer Geben und Nehmen. Das gilt im Kleinen wie im Großen. Das gilt für Neuankömmlinge, aber auch für Alteingesessene. Wieso sollte ein Bundesbürger, dessen Familie seit vierhundert Jahren an Ort und Stelle wohnt, im 21. Jahrhundert noch mehr Rechte haben als ein Bundesbürger, dessen Familie seit vierzig Jahren an Ort und Stelle wohnt? Dieses alte Denken, das nach wie vor verbreitet ist – wie ich auf meinen öffentlichen Veranstaltungen immer wieder erfahre –, muss überwunden werden. Denn es wird nicht – im Sinne des kategorischen Imperativs von Kant – zu einem Ziel führen, auf das sich eine gesamte Gesellschaft einigen könnte.

Wenn ein deutscher Staatsbürger, der seit vierzig Jahren in Dortmund lebt, glaubt, mehr Rechte als ein deutscher Staatsbürger zu haben, der seit zwanzig Jahren dort lebt, dann wieder ein anderer eingreift, der bereits seit achtzig Jahren Deutscher ist, gegebenenfalls gar noch ein gewiefter Genealoge auf den Plan tritt, der beweisen kann, dass seine Familie schon seit sechshundert Jahren in Dortmund lebt, stellt sich die Frage: Wo bitte ist dann da die Grenze, die markieren soll, wer ein «echter, wahrer» Deutscher ist? Und wer legt sie fest? Der Gedanke eines Vorrechts, das nur auf Abstammung oder Wohnhaft beruht, ist naturgemäß zum Scheitern verurteilt – sofern man sich in einem Rechtsstaat bewegt. Wollte man solche Absurditäten trotzdem durchsetzen, ginge das nur mit Gewalt, und dann befänden wir uns auf der Straße in eine Dystopie.

Fest steht: Ablehnung des anderen, des Fremden gehört zum Menschsein in gewisser Weise dazu, also gehört es auch zum Ruhrpott, wohin besonders viele ausländische Gastarbeiter kamen, aber eben auch zu ganz Deutschland. Es gibt Deutsche, die Ausländer ablehnen. Und es gibt Ausländer, die Deutsche ablehnen. So simpel ist die Sache eigentlich. Das darf nicht geduldet werden, aber purer Alarmismus wäre ebenso verfehlt.

Das Problem mit den Fremden – a never-ending story

Deutschland hat nicht nur ein Problem mit Ausländern, sondern mit Fremden im Allgemeinen. Dieses Problem haben andere Länder auch, aber ich möchte über unseres sprechen. Das Problem hat nur zum Teil damit zu tun, dass Menschen kommen, die eine andere Kultur und/oder eine andere Religion haben.

Westdeutschland hatte nach dem Zweiten Weltkrieg ein gewaltiges Problem mit Fremden. Und diese Fremden sprachen dieselbe Sprache, hatten dieselbe Religion, denselben Bildungsstand, und sie folgten nur ein Jahr zuvor genauso enthusiastisch demselben Führer. Der einzige Unterschied bestand darin, dass sie aus einem anderen Teil des Deutschen Reichs kamen. Sie kamen aus dem Osten. Man nannte sie nicht Flüchtlinge, sondern Vertriebene. Sie mussten bei Bauern in der Scheune schlafen, sie mussten Unterschlupf in den nassen Häuserskeletten des Weltkriegsgeschehens finden, sie wurden in ihren zerschlissenen Klamotten – oft das Einzige, das ihnen geblieben war – missfällig von oben bis unten von den Einheimischen betrachtet. Für einige Vertriebene waren diese Blicke, diese Ablehnung der Tiefpunkt ihrer Erfahrungen.

«Die materielle Not und das Gefühl der Ausgrenzung und sozialen Deklassierung prägten das Flüchtlingsdasein noch für viele Jahre. Die Hoffnung auf Rückkehr in die Heimat war daher zumindest in der Anfangszeit für viele ein Rettungsanker in einer als feindlich empfundenen Umwelt», heißt es in der Handreichung «Flucht und Vertreibung» der Landesregierung Nordrhein-Westfalen. Was soll man davon halten, wenn selbst Deutsche von Deutschen derart mies behandelt wurden?

Auch nach dem Zweiten Weltkrieg wurden natürlich nicht alle Vertriebenen schlecht behandelt. Es gibt sehr viele positive Geschichten und niemals nur eine Konstante. Was aber von dieser Episode der Nachkriegszeit besonders haftenblieb, ist der Eindruck, den eben eine hasserfüllte Minderheit verursacht hat, nämlich dass die Vertriebenen im Westen auf Ablehnung stießen. Und schon damals war der Diskurs rassistisch und fremdenfeindlich durchsetzt.

Der Bezirksdirektor des Bauernverbands in Bayern und der Mitbegründer der Bayernpartei und spätere Fraktionschef im Landtag, Jakob Fischbacher, rief bei einer Veranstaltung am Ostersonntag 1947 seinen Zuhörern in Traunstein zu: «Die Preußen, dieses Zeugs, und die Flüchtlinge müssen hinausgeworfen werden, und die Bauern müssen dabei tatkräftig mithelfen. Am besten schickt man die Preußen gleich nach Sibirien.» Für Fischbacher war die Heirat eines Bauernsohns mit einer norddeutschen Blondine schlicht Blutschande.

Damals wie heute gab es zwar Proteste gegen solche Äußerungen, aber an der politischen Karriere des Mannes änderten sie nichts. Er wurde Parteivorsitzender und dann Ehrenvorsitzender. Seine Partei stellte in den Sechzigern als Koalitionspartner der CSU die bayerische Staatsregierung.

Der Historiker Andreas Kossert kommt in seinem Buch «Kalte Heimat. Die Geschichte der deutschen Vertriebenen nach 1945» zu dem Resümee, die Geschehnisse seien mit der Zusammenfassung «deutschen Rassismus gegen deutsche Vertriebene» korrekt beschrieben. Die Menschen wurden als «Polacken» und als «Flüchtlingsschweine» beschimpft. Insbesondere auf dem Land waren die Zustände schlimm.

2010 erschien der biographische Roman der einstigen Vertriebenen Ursula Dorn aus Königsberg «Das Wolfskind auf der Flucht». In einem Kommentar des Historikers Winfried

Halder zu den Schilderungen heißt es zusammenfassend über die Zeit, als Dorn Kempen am Niederrhein als künftiger Wohnort zugewiesen wurde: «Wir erlebten erneut Zwiespältiges, und auch dies dürften viele andere, die Ähnliches erfahren haben, nachvollziehen können: Einerseits sind die mittellosen Flüchtlinge willkommen, da sie als billige und leistungsbereite Arbeitskräfte geschätzt werden. Manche der neuen Nachbarn zeigen auch menschliches Mitgefühl und Hilfsbereitschaft. Andererseits aber gibt es nicht wenige Anfeindungen gegen die ‹Fremden› aus dem Osten. Das war beileibe keine Eigenart der einheimischen niederrheinischen Bevölkerung, vielmehr brachen in ganz Westdeutschland vielfach Ressentiments gegen Vertriebene und Flüchtlinge auf.»

Ursula Dorn kam ungefähr zu der Zeit in den Westen, als der Arbeiteraufstand in der DDR am 17. Juni 1953 gewaltsam beendet wurde. Dieser Tag war einmal offizieller Feiertag in Deutschland, eine Art Nationalfeiertag, bis er vom Tag der Deutschen Einheit abgelöst wurde. Die Ereignisse von 1953 trieben die Zahl der Übersiedler aus der DDR weiter in die Höhe. Und auch jetzt setzte sich das fremdenfeindliche Verhalten in Teilen der Bevölkerung fort.

Die Erinnerungsstätte Notaufnahmelager Marienfelde erklärt den Besuchern ihrer Internetseite: «Anders als die berufliche Integration verlief die soziale Integration oft weniger erfolgreich. Die Gründe waren vielfältig. Zu den Unsicherheiten der Neuankömmlinge kamen Arroganz und Ignoranz seitens vieler Westdeutscher hinzu. Oft machten ehemalige DDR-Bürger die Erfahrung, dass im Westen kaum jemand die Verhältnisse in der DDR kannte oder sich für ihr Schicksal interessierte.»

Genau diese Haltungen wurden übrigens einst prominent karikiert in der berühmten Fernsehserie «Ein Herz und eine

Seele», in der Ekel Alfred nicht nur abfällig über Ausländer sprach, sondern auch über die aus der Zone. In der Folge «Besuch aus der Ostzone» kommen die Eltern von Ekel Alfreds Schwiegersohn Michael zu Besuch. Michael siedelte noch rechtzeitig vor dem Mauerbau über, seine Eltern blieben in der DDR. Das heißt, in Westdeutschland war man nun sogar gegen diejenigen, die aus jenen Gebieten flohen, die nach dem Potsdamer Abkommen und der Abtrennung der deutschen Ostgebiete die Reste des ehemaligen Deutschen Reichs ausmachten – also die Teile, die nach 1945 unbedingt wiedervereinigt werden sollten. Rund drei Millionen DDR-Bürger siedelten von 1949 bis 1961 in den Westen über. Es waren Menschen, die einander kulturell kaum näher sein könnten, und trotzdem kam es zu Konflikten.

Parallel haben sich die kollektiven Ablehnungsbekundungen auf andere Menschengruppen ausgerichtet. Als die «Gastarbeiter» kamen, gab es breiten Widerstand in der Bevölkerung, in der Politik und Wissenschaft. Diese erste Einwanderergeneration, die Kinder, die mich hier großgezogen haben und heute Teil dieser Gesellschaft sind, bekamen das hautnah mit – und erzählen auch noch heute davon.

Im «Heidelberger Manifest» vom 17. Juni 1981 warnten Hochschullehrer unter Rückgriff auf die völkischen Theorien der Zwischenkriegsjahre vor der «Unterwanderung» und «Überfremdung» des deutschen Volkes. Bezeichnenderweise gehörte zu den Unterzeichnern auch Professor Theodor Oberländer, der Bundesminister für Vertriebene, Flüchtlinge und Kriegsgeschädigte von 1953 bis 1960 und später Bundestagsabgeordneter der CDU.

Der Verhaltensforscher Irenäus Eibl-Eibesfeldt sagte der Zeitschrift «Bunte» in der Ausgabe vom 30. September 1982: «Hier Christen – dort Moslems. Hier Emanzipation der Frau –

dort demutsvolle Unterwürfigkeit. Hier fortschreitende Dekadenz des Familienverbandes – dort straffe Sippenordnung. Hinzu kommt: Unser Land ist überbevölkert (...). Den willig bei uns arbeitenden Türken ist in Wirklichkeit kein Vorwurf zu machen. Die deutsche Wirtschaft hat sie nun einmal ins Land geholt, ähnlich wie vor hundert Jahren die Grubenarbeiter in Polen. Der Unterschied der Koslowskis, Miloczyks und Zylinskis war lediglich: Die Polen stammten aus dem gleichen europäischen Kulturkreis wie ihre deutschen Kumpel. Im eigentlichen Sinne ‹fremdartig› und integrationshemmend war anfangs nur die Sprache. Die Anpassungsfähigkeit der Türken ist dagegen eingeschränkt. Einmal, weil sich die meisten von ihnen hier nicht auf Dauer einrichten wollen. Des weiteren, weil sie sich nach Feierabend einfach wohler (geborgener, sicherer) in der unmittelbaren Nachbarschaft ihrer Landsleute fühlen. Wer also immer noch glaubt, daß Türken bei uns so leben können wie Deutsche, vergißt: Türken sind auch nur Menschen. Und zwar Menschen mit einer anderen Kultur.»

Intellektuelle und Wissenschaftler, auch große Denker aus Gegenwart und Vergangenheit, haben gezeigt, dass chauvinistisches und völkisches Denken nicht zwangsläufig eine Frage von Bildung ist. Der Schriftsteller Theodor Fontane schrieb im 19. Jahrhundert an den Pädagogen Friedrich Paulsen: «Überall stören sie [die Juden] (Viel viel mehr als früher) alles vermanschen sie (...). Es ist, trotz all seiner Begabungen, ein schreckliches Volk, nicht ein Kraft und Frische gebender ‹Sauerteig›, sondern ein Ferment, in dem die hässlicheren Formen der Gärung lebendig sind, ein Volk, dem von Uranfang an etwas dünkelhaft Niedriges anhaftet, mit dem sich die Arche Welt nun mal nicht vertragen kann.»

Und auch die Derbheit der Sprache über andere Menschengruppen, die uns manchmal als ein Phänomen der Moderne vorkommen mag, ist alles andere als neu. Den Philosophen Georg Wilhelm Friedrich Hegel kann man gewiss als einen der klügsten Deutschen bezeichnen. Ende des 18. Jahrhunderts schrieb er in «Der Geist des Christentums und sein Schicksal»: «Am Haufen der Juden musste [Jesu] Versuch scheitern, ihnen das Bewusstsein von etwas Göttlichem zu geben, denn der Glaube an etwas Göttliches, an etwas Großes kann nicht im Kot wohnen.»

Eigentlich kann es da niemanden wundern, dass auch hochangesehene Politiker von etablierten Parteien sich derart äußern. Was aber wundern sollte, ist, dass wir seit Jahrhunderten hier offenbar nicht oder nur mühsam vorankommen. «Spiegel online» enthüllte 2013 unter Berufung auf Geheimdokumente der britischen Regierung vom 28. Oktober 1982: «Kanzler Kohl sagte (...) Über die nächsten vier Jahre werde es notwendig sein, die Zahl der Türken um fünfzig Prozent zu reduzieren – aber er könne dies noch nicht öffentlich sagen. (...) Es sei unmöglich für Deutschland, die Türken in ihrer gegenwärtigen Zahl zu assimilieren. (...) Deutschland habe kein Problem mit den Portugiesen, den Italienern, selbst den Südostasiaten, weil diese Gemeinschaften sich gut integrierten.»

Der Unionsfraktionsvorsitzende Alfred Dregger sagte bei einem CDU-Treffen in Bonn am 21. Oktober 1982 ganz offen: «Ich möchte, daß auch in Zukunft Ausländer nach Deutschland kommen können. Das setzt aber voraus, daß die Rückkehr der Ausländer in ihre Heimat nicht die Ausnahme, sondern die Regel ist. (...) Es ist nicht unmoralisch zu fordern, daß der uns verbliebene Rest Deutschlands in erster Linie den Deutschen vorbehalten bleibt.» Etwa ein halbes Jahr zuvor in einer Bundestagsdebatte am 4. Februar 1982 erklärte Dregger: «Ich warne davor, die Welt in Inländer und Ausländer einzuteilen. Das ist zu simpel. Das berücksichtigt nicht die wesentlichen Unterschiede zwischen den verschiedenen Ausländergruppen. Ich unterscheide vier.» Dann führte Dregger diese Unterscheidungen ausführlich aus: Deutschsprachige aus anderen Ländern, Europäer, die Türken und die Asiaten und Afrikaner.

Wie breit diese Ansichten verankert waren, zeigt, dass auch beim großen politischen Widersacher der CDU, der SPD, ähnlich gedacht wurde. Bundeskanzler Helmut Schmidt sagte der «Zeit» Anfang 1982: «Mir kommt kein Türke mehr über die Grenze.» Ein Jahr zuvor hatte er laut «Spiegel» gesagt: «Es war ein Fehler, so viele Ausländer ins Land zu holen. Aber jetzt müssen wir aufpassen, daß wir nicht die Ausländer diesen Fehler entgelten lassen.»

Der SPD-Abgeordnete Thomas Schröer, dessen «Fachgebiet» die «Gastarbeiter» waren, sekundiert: «Das Ausländerproblem in der Bundesrepublik ist ein Türkenproblem. Dies muß deutlicher als bisher ausgesprochen werden.» Und weiter schwadroniert er: «Wer vermag schon zu unterscheiden zwischen einem türkischen Asylbewerber, der – weil ihm die Arbeitserlaubnis verwehrt wird – tagsüber in der Duisburger Bahnhofshalle ‹herumlungert›, und dem Türken, der seit fünfzehn Jahren als Facharbeiter bei Mannesmann beschäftigt ist?»

Der Politikwissenschaftler Jürgen Falter fand heraus, dass viele Menschen mit einem extrem rechten Weltbild auch zum Wählerpotenzial etablierter Parteien gehören. Demnach weisen vierzehn Prozent der SPD-Wähler, etwa siebzehn Prozent der Nichtwähler und etwa zwanzig Prozent der CDU-Wähler ein «geschlossen rechtsextremes Weltbild» auf. Und da wundern wir uns heute über Zuspruch für Thilo Sarrazin oder für Pegida? Warum wurden solche Studien nicht öffentlich breiter thematisiert, warum gab dazu nicht haufenweise TV-Talkshows und TV-Dokumentationen? Warum wurde Deutschlands offenkundiges Problem mit Fremdenfeindlichkeit nicht diskutiert?

«Der Spiegel» titelte schon in der Ausgabe 31 aus dem Jahr 1973: «Die Türken kommen – rette sich, wer kann». Im Text wird dann munter dramatisiert und alarmisiert: «Der Andrang vom Bosporus verschärft eine Krise, die in den von Ausländern überlaufenen Ballungszentren schon lange schwelt. Städte wie Berlin, München oder Frankfurt können die Invasion kaum noch bewältigen.» Weitere Überschriften im Text lauteten: «Fremdartiger Küchengeruch vertreibt die Deutschen» oder «Wenn gestochen wird, ist häufig ein Türke dabei». Schon damals kursierten «Witze» in deutschen Stammkneipen und auf deutschen Schulhöfen wie: «Was ist eine Mülltonne unter der Ampel? – Eine Türkendisco.» «Warum haben Särge für Türken nur zwei Griffe? – Weil Mülltonnen eben nur zwei Griffe haben!» «Was unterscheidet einen Juden von einem Türken? – Die einen haben es hinter sich.» «Kennst du den Unterschied zwischen einem Unglück und einer Katastrophe? – Sinkt ein Schiff mit tausend Türken an Bord, ist es ein Unglück. Können alle schwimmen, ist es eine Katastrophe.»

Nicht nur die einzelnen Worte sind unerträglich, der ganze Duktus, wie offenbar über Jahrzehnte in Deutschland über Menschen aus fremden Ländern gesprochen und gedacht wurde, offenbart schier Ekelerregendes. Und da wundern wir uns heute über die gegenseitigen Vorbehalte? Darüber, dass viele Menschen der ersten Einwanderergeneration Vorbehalte gegenüber «Deutschen» entwickelt haben oder zumindest unsicher sind, selbst wenn ein «Deutscher» heute vor ihnen steht mit guten Absichten?

Trotz der schon frühen Bemühungen eines Professors Eibl-Eibesfeldt, wonach gewisse Nationalitäten angeblich leichter zu integrieren seien als andere, ging es in der Bundesrepublik längst nicht nur gegen Türken. Es war auch in der achtziger Jahren schon von «Polenschwemme» die Rede. Obwohl die Polen überzeugte Katholiken waren – auch hier war «das Boot voll» für diese Menschen. So viele polnische Immigranten sind auf Dauer nicht zu verkraften, ließ der frühere schleswig-holsteinische Ministerpräsident Gerhard Stoltenberg und spätere Bundesfinanz- und Bundesverteidigungsminister von der CDU wissen. Nun könnte man auch eine Reihe von Polen-«Witzen» zitieren, die in nicht minderer Anzahl in Deutschland kursierten. «Woran erkennt man, dass es zu viele Polen in Deutschland gibt? Die Zigeuner fangen an, Hausratversicherungen abzuschließen.» Der Topos des Diebstahls wird in unzähligen Ausführungen thematisiert.

Heute kann sich auch noch fast jeder Erwachsene daran erinnern, wie einst über die Ossis und die Wessis nach der lang ersehnten Wiedervereinigung geschimpft wurde. Der Historiker Wolfgang Benz fasst es im Beitrag «Stereotype des Ost-West-Gegensatzes» für die Bundeszentrale für politische Bildung 2006 so zusammen: «Das Bild der Westdeutschen über die andere Seite war mindestens so unfreundlich und kam in stereotypen Wendungen zum Ausdruck wie ‹Es ist ein faules Volk›, die Ostdeutschen wollten ‹nur bedient werden›, sie hätten nicht arbeiten gelernt, seien charakterisiert durch ‹übergroße Faulheit und Aggressivität› und, das war die deutlichste Ausgrenzung der Ostdeutschen, ‹sie sind nicht so fleißig wie wir Deutschen›. Später kam der Vorwurf der Undankbarkeit hinzu, mit dem die westdeutsche Seite dem Osten die finanziellen Leistungen der Aufbauhilfe vorrechnete.»

Der heute allgegenwärtige Hinweis auf fremde, fremdere und noch fremdere Kulturen, die Integration erschwerten, ist nur eine Ausflucht von Menschen, die Vorurteile gegenüber bestimmten Menschengruppen haben. Man mag konstatieren, dass die Integration der Vertriebenen und DDR-Übersiedler schneller gelungen ist. Maßgeblich dafür verantwortlich waren aber gewiss nicht Kultur und Religion, sondern die fehlende oder deutlich niedrigere Sprachbarriere.

Ferner scheint der Hinweis auf kulturelle Fremde ein sich aufdrängendes und gerne angenommenes Argument zu sein, um Fremde ganz allgemein abzuwehren. Schon der große Philosoph Theodor Adorno hatte in den fünfziger Jahren festgestellt: «Das vornehme Wort Kultur tritt anstelle des verpönten Ausdrucks Rasse, bleibt aber ein bloßes Deckbild für den brutalen Herrschaftsanspruch.»

Die Bundesrepublik Deutschland und auch ihre Vorgängerstaaten hatten schon immer Probleme mit Fremden. Die Problematik weist weit zurück. Immer wurden Fragen der Kultur aufgeworfen (Preußen – Bajuwaren, Türken – Deutsche), dort wo es auch noch religiöse Unterschiede gab, wurden diese thematisiert (Katholiken – Protestanten, Judentum – Christentum).

Dieselben Spielarten, die wir bei den Vertriebenen oder den Gastarbeitern beobachten konnten, beobachten wir heute. Darüber müssen wir reden. Nicht immer über die Forderungen an die Fremden. Nein, wir müssen endlich über die Forderungen an die alteingesessene Bevölkerung reden.

Packt eure Koffer, wir wollen zurück in die Vergangenheit

Im Jahr 2014 hatten nach Angaben des Statistischen Bundesamtes rund 16,4 Millionen Menschen in Deutschland einen Migrationshintergrund. Das entspricht einem Anteil von 20,3 Prozent an der Gesamtbevölkerung. Anders ausgedrückt: Jeder fünfte Mensch in diesem Land hat einen Migrationshintergrund. 5,7 Millionen kommen aus EU-Staaten, die größte Gruppe nach derzeitiger beziehungsweise früherer Staatsangehörigkeit sind Türken mit 2,9 Millionen, gefolgt von 1,6 Millionen Polen und 1,2 Millionen Russen. Wobei die Gruppe der Türken diejenige ist, in der nur noch weniger als die Hälfte eine eigene Migrationserfahrung hat, also nicht in Deutschland geboren wurde.

Die Zahlen relativieren sich noch, wenn man in Betracht zieht, dass Deutschland eine auf dem Kopf stehende Bevölkerungspyramide hat. Das heißt, es gibt mehr ältere Menschen als jüngere. Wir haben ungefähr fünfzehn Millionen Kinder und Jugendliche bis neunzehn Jahre und fast zweiundzwanzig Millionen Menschen, die älter als sechzig Jahre sind, in unserer Bevölkerung. Die jungen Menschen bis neunzehn Jahren machen einen Anteil von rund achtzehn Prozent der Gesamtbevölkerung aus. Die jungen Menschen mit Migrationshintergrund in dieser Altersgruppe machen indes einen Anteil von achtundzwanzig Prozent aus. Bei den Älteren ist das Verhältnis in etwa genau umgekehrt.

Der Anteil der Bevölkerung mit Migrationshintergrund wird im Laufe der Jahre also nicht nur durch neue Zuwanderung steigen, sondern auch dadurch, dass eine größere Zahl von Senioren ohne Migrationshintergrund stirbt und eine größere Zahl von Menschen mit Migrationshintergrund heranwachsen wird. Genau dieses Phänomen kann man besonders gut beobachten, wenn man in die Schulen unseres Landes geht. Es gibt landesweit, mit Ausnahme von ländlich geprägten Gebieten, kaum noch Schulklassen, in denen keine Kinder mit Migrationshintergrund sitzen. Dafür gibt es gerade in Ballungsräumen Klassen, wo Kinder mit Migrationshintergrund längst in der Mehrheit sind.

Und haben Sie sich mal die Castingshows im deutschen Fernsehen angeschaut? Wie «Deutschland sucht den Superstar», «The Voice of Germany» oder «Das Supertalent»? Mit all den jungen Menschen, die Stars werden wollen? Und ist Ihnen dabei mal aufgefallen, wie bunt diese jungen Kandidaten sind? Aus welch unterschiedlichen Ländern ihre Familien kommen? Sie zeigen die Entwicklung unseres Landes an, eines bunten Landes, mit Bewohnern unterschiedlichster Kulturen.

Angesichts dieser Entwicklungen ist es höchst verantwortungslos, den Menschen in diesem Land vorzugaukeln, dass wir auch nur ansatzweise eine homogene Bevölkerung seien oder wieder sein könnten. Mal abgesehen davon, dass die weitgehend homogene Bevölkerungsstruktur in den ersten Jahren der Bundesrepublik Deutschland und der Deutschen Demokratischen Republik, die zumindest vielen älteren Menschen noch vor Augen schwebt, nicht zuletzt auch ein Produkt des Zivilisationsbruchs durch die Nationalsozialisten war, wollen einfach viele Bürger mittleren und höheren Alters glauben, dass es sich in einem Land, in dem alle weitgehend gleich denken und gleich sind, einfacher lebt, dass es dort weniger Konflikte und weniger Probleme gibt.

Als die Mitglieder dieser Altersgruppen zur Schule gegangen sind, sahen die Klassen noch weitgehend anders aus. Wer in den achtziger Jahren und früher die Grund- beziehungsweise Volksschule besuchte, der hat Mitschüler mit Migrationshintergrund – wenn überhaupt – als Ausnahme wahrgenommen, insbesondere außerhalb der großen Industrie- und Ballungsgebiete und in höheren Bildungsschichten. Denn die erste Generation der Gastarbeiter hat in der Regel nie eine deutsche Schule besucht, und die meisten ihrer Kinder starteten den Schulbesuch erst in den siebziger Jahren und später.

Gerade die Bevölkerungsschicht, die unser Land heute politisch, wirtschaftlich und kulturell führt, hat also aus eigener Erfahrung diesen gesellschaftlichen Wandel in ihren ersten Lebensjahren kaum miterlebt. Ähnlich wie man von «digital natives» spricht und ihnen ein natürliches Aufwachsen mit Computern und Internet anerkennt, kann man vielleicht auch von «immigration natives» sprechen, also von Menschen, für die die gesellschaftliche Vielfalt ein natürlicher Teil ihrer Sozialisation ist. Natürlich bedeutet das nicht automatisch, dass sich die Menschen der oben genannten Bevölkerungsschicht deshalb nicht auf diese Entwicklung einstellen könnten. Im Gegenteil. Die meisten können es natürlich, sonst würden die Ergebnisse bei Wahlen in Deutschland noch ganz anders aussehen. Aber diese Beobachtung – und es handelt sich hierbei nur um eine Beobachtung, mit evaluierten Zahlen kann ich das nicht belegen – gibt einen Hinweis darauf, warum es gerade Menschen aus ebendiesem Bevölkerungsteil Probleme bereitet, die zunehmende kulturelle Vielfalt anzunehmen, als natürliche Wirklichkeit ihres Landes zu akzeptieren.

Aus der Gruppe dieser Menschen stammen auch die meisten Anhänger der «Deutschomanie». Es sind vor allem Männer, aber auch Frauen mittleren und höheren Alters, die dieser Ideologie Leben einhauchen und sie an ihre Kinder und ihre Umgebung weitervermitteln. Schon ein Blick auf die

Teilnehmer der Pegida-Demonstrationen zeigt das. Es sind dort in überwiegender Zahl ältere Männer und ältere Frauen unterwegs. Mir selbst zeigt sich dieses Bild auch immer wieder bei Lesungen und Vorträgen. Und als ich mir die Teilnehmer des Bundesparteitags der AfD in Stuttgart im Frühjahr 2016 angeschaut habe, bestätigte sich dieses Bild auch dort.

Die gewaltbereiten Radikalen im Umfeld von Pegida und anderen gehören zwar zur jüngeren Generation, aber das entspricht grundlegenden soziologischen Erkenntnissen. Aktivität, Dynamik, Ausdruck sind Merkmale einer Sturm-und-Drang-Zeit. Und wie uns die Radikalisierungsforschung zeigt, wenden sich junge Menschen, die später zur Gewaltausübung neigen, weniger aus ideologischer Überzeugung der jeweiligen Szene zu, sondern aus sozialen und persönlichen Motiven wie der Suche nach Anerkennung und Respekt. Dass also auch jüngere Leute bei Pegida und anderen radikalen Gruppen mitmachen, ist kein Gegenargument für meine These über «immigration natives».

Bei vielen Älteren wirkt zusätzlich noch das Gift der achtziger und neunziger Jahre, als die Parteivertreter jeglicher Couleur den Menschen eingeredet haben, die Gastarbeiter würden wieder heimkehren und Deutschland sei kein Einwanderungsland. 1984 erklärte der FDP-Vorsitzende, Vizekanzler und Außenminister Hans-Dietrich Genscher: «Wir sind kein Einwanderungsland. Wir können es nach unserer Größe und wir können es wegen unserer dichten Besiedlung nicht sein.» Der damalige Bundeskanzler Helmut Kohl (CDU) sagte in seiner Regierungserklärung 1991: «Die Bundesrepublik Deutschland ist kein Einwanderungsland.» 1992 ließ sein Vorgänger Helmut Schmidt (SPD) gegenüber Medien verlauten: «Aus Deutschland darf kein Einwanderungsland gemacht werden. Das erträgt die Gesellschaft nicht.»

Ein Jahr später sagte er: «Es war sicher ein Fehler, so viele Ausländer ins Land zu lassen.» Und noch ein Jahr darauf mahnte er: «Wenn das so weitergeht, gibt es Mord und Totschlag, denn es sind zu viele Ausländer bei uns.»

Diese Äußerungen fielen übrigens in den gleichen Zeitraum der rechtsradikal motivierten Brandanschläge von 1992 in Mölln und 1993 in Solingen, bei denen Menschen starben, und in die Zeit, als 1991 in Hoyerswerda und 1992 in Rostock-Lichtenhagen wilde Mobs stattfanden, bei denen Übergriffe auf Unterkünfte von Flüchtlingen und Vertragsarbeitern verübt und von Mitbürgern am Rande beklatscht und bejubelt wurden. Im Nachhinein betrachtet, kann man die Reden von einem homogenen Deutschland nur als eklatant verantwortungsloses Verhalten beschreiben. Auch wenn ich Kohl, Schmidt und Genscher keine unmittelbare Schuld zuweisen will. Sie sind Kinder ihrer Zeit. Ich glaube sogar, dass sie in guter Absicht handeln wollten. Aber: Aus ihren Verfehlungen sollte zumindest die Politik heute lernen. Sie sollte erkennen können, dass – trotz aller Beschwörungen – die Aussage, Deutschland sei kein Einwanderungsland, nicht einmal ansatzweise wahr werden kann, wenn bereits heute jeder fünfte Deutsche einen Migrationshintergrund hat. Gerade diese Erkenntnis scheint den Bundesregierungen aber nach wie vor schwerzufallen, tönte etwa die CDU-Vorsitzende Angela Merkel noch 2004 auf dem Parteitag der CSU: «Die multikulturelle Gesellschaft ist grandios gescheitert.» Politiker müssen aufhören, einer völkischen Fiktion das Wort zu reden – und zwar schleunigst.

Denn es ist so: Die Veränderung der Gesellschaft ist «alternativlos», um an dieser Stelle ein inzwischen geflügeltes Wort Angela Merkels zu benutzen. Multikulturalismus, dieser mit Angst besetzte Begriff, ist ein gelebtes Faktum in Deutschland. Wir sehen neben Kirchen Synagogen, Moscheen und Tempelanlagen. Wir sehen indische Restaurants, chinesische, türkische, vietnamesische, sri-lankische. In Zeiten offener Grenzen, freien Warenverkehrs, globaler Finanzströme, multimedialer Vernetzung, verbreiteten Fremdsprachenerwerbs läuft alles auf Multikultur hinaus. Sosehr manche dieses Wort und sein Konzept auch hassen mögen: Es ist einfach da. Das ist unsere Wirklichkeit. Und sie nimmt niemandem die Chance, das zu pflegen, was man für traditionell deutsch hält. Das ist ja das Schöne an einem freiheitlichen Land: Es schafft Raum für Vielfalt. Multikultur bezeichnet keinen Verdrängungswettbewerb. Deutschland wird immer deutsch bleiben (aber dazu später mehr).

Kleinstaaterei ist nur noch eine blasse Erinnerung aus vergangenen Tagen. Selbst wenn 2016 wieder Grenzzäune hochgezogen wurden, um die geflüchteten Menschen aufzuhalten, so ist doch klar, dass spätestens dann, wenn es erste wirtschaftliche Einbußen durch Grenzen geben und der internationale Handel leiden sollte, sie wieder durchlässiger werden. Man kann nicht die Vorzüge der Moderne ausnutzen und die Nachteile ausschließen. Wäre dies so, fänden wir uns in genau dem klassischen Dilemma der religiösen Fundamentalisten dieser Welt wieder: Auch sie laufen modernen Ideen hinterher, wollen Computer, Autos, Internet nutzen, versuchen aber gleichzeitig ein traditionelles Leben wie zur Zeit der Offenbarung ihrer Glaubensschriften vor Hunderten von Jahren zu führen. In beiden Fällen sind diese rückständigen Versuche so unmöglich wie falsch. Es ist eine Quadratur des Kreises. Fortschritt lässt sich nur gewaltsam unterdrücken. Vor allem für konservative Menschen bedeuten derartige Veränderungen eine ständige Herausforderung. Zeit, sich das zu vergegenwärtigen: Zu wissen, was man nicht will, ist das eine, zu wissen, was man wie erreichen kann, ist das andere.

Die Globalisierung wirkt vom Prinzip her ähnlich wie der technische Fortschritt. Der Preis für die Vorzüge der Globalisierung ist die Veränderung unseres Alltags, unseres Lebens, unserer Gesellschaften. Es ist nur so: Natürlich hat sich die Welt immer schon und fortwährend verändert. Wir leben ja schließlich auch nicht mehr in Höhlen. Glauben Sie, Ihre Urgroßeltern würden sich heute in unserer Welt ohne Schwierigkeiten zurechtfinden? Charles Darwin, der britische Evolutionstheoretiker, hat herausgefunden: «Es ist nicht die stärkste Spezies, die überlebt, auch nicht die intelligenteste. Es ist diejenige, die sich am ehesten dem Wandel anpassen kann.»

Das wichtigste Ziel für Politik und Gesellschaft ist es demnach, ihren Bürgern und Mitbürgern die Angst vor Veränderungen zu nehmen. Die Veränderung unseres Lebens lässt sich nicht aufhalten. Sie lässt sich allenfalls zu einem sehr hohen, blutigen Preis hinauszögern, wie man in Nordkorea oder dem Iran sieht. Auch in Myanmar war das zu erleben, doch im früheren Birma hat man inzwischen erkannt, dass das Ansinnen, eine bestimmte Zeit «einzufrieren», nicht funktioniert. Diese verändernde Kraft des Weltenlaufs ist einfach zu groß und mächtig. Wir können den Fortschritt, die Globalisierung und die damit einhergehende stärkere kulturelle Vielfalt nicht aufhalten.

Wie sähe wohl ein Versuch aus, sich der Globalisierung zu entziehen? Welchen Preis müssten wir dafür zahlen? Selbst wenn sich Deutschland komplett einig wäre, aus der Globalisierung auszusteigen, wäre diese Aufgabe zu groß. Sie wäre selbst für ein Land wie die USA oder wie China zu groß, es würde einen immensen Einbruch unseres Lebensstandards bedeuten, da die Wirtschaft längst auf Handelsräume ohne Grenzen eingestellt ist. Ein Ausstieg aus der Globalisierung ist natürlich keine realistische Option, schon die Versuche würden zu Katastrophen führen.

Deutschland ist kein klassisches Einwanderungsland, in dem die Gesellschaft aus vielen verschiedenen Minderheiten besteht. Deutschland ist ein Einwanderungsland mit einer ethnisch kulturellen Mehrheit und mehreren Minderheiten. Der Minderheitenanteil wird größer werden und die Mehrheit kleiner. Nach allen Berechnungen von Bevölkerungsstatistikern ist dies Fakt und ein Resultat der Globalisierung, die die Einwanderung befördert, ebenso wie die gewachsene Mobilität. Man kann heute in den Vereinigten Arabischen Emiraten arbeiten und jedes oder jedes zweite Wochenende zurück nach Deutschland fliegen.

Es ist auch ein Resultat des wirtschaftlichen Aufstiegs. Denn in Ländern, denen es wirtschaftlich gut geht, wo sich Menschen bilden können und gut bezahlte Jobs haben, sinkt überall auf der Welt die Zahl der Geburten. Und schließlich ist das Schrumpfen angestammter Mehrheiten in einem wirtschaftlich erfolgreichen Land ein Resultat des demographischen Wandels. 2060 werden in Deutschland nach Berechnungen des Bundesamtes für Statistik neun Millionen Menschen älter als achtzig Jahre sein, das sind fast doppelt so viele wie heute. Die Zahl der Null- bis Neunzehnjährigen wird im gleichen Zeitraum sogar leicht zurückgehen. Mehr ältere Menschen bedeuten zum Beispiel, dass mehr Altenpfleger nötig sind. Schon heute gibt es zu wenig. Wer soll also die Arbeit übernehmen, wenn nicht Menschen aus dem Ausland?

Die Gesamtbevölkerung Deutschlands wird von knapp einundachtzig Millionen auf knapp achtundsechzig Millionen im

Jahr 2060 zurückgehen, wenn der Erhebung eine schwächere Zuwanderungsrate zugrunde liegt. Wenn man eine stärkere Zuwanderung annimmt, dann werden es circa 73,1 Millionen sein. Es ist in jedem Fall besser und für jeden Einzelnen auch gesünder, sich darauf einzustellen und sich nicht mit dem Gedanken zu täuschen, man selbst oder seine Nachfahren würden auf ewig der Mehrheit angehören.

In den USA ist dieser Prozess schon heute erkennbar geworden. «Das Ende des weißen Amerikas» titelte «Die Welt» bereits 2015. Nach Berechnungen des konservativen «American Enterprise Institute», des liberalen «Thinktanks Brookings» und des linken «Center for American Progress» wird die weiße, protestantisch geprägte Mehrheitsbevölkerung des Landes bis 2060 auf vierundvierzig Prozent sinken. Im Jahr 1980 stellten sie noch achtzig Prozent. 2014 sind es noch dreiundsechzig Prozent.

Den größten Zuwachs wird die Gruppe der Latinos bekommen – also ausgerechnet jene, gegen die der republikanische Präsidentschaftsbewerber Donald Trump zu den Vorwahlen 2016 verbal besonders scharf geschossen hat. Latinos werden 2060 neunundzwanzig Prozent stellen, 1980 waren es sechs Prozent. Darüber hinaus steigt der Anteil der Asiaten und der Menschen aus anderen Staaten von zwei auf fünfzehn Prozent. Der Anteil der Schwarzen stagniert übrigens bei nur zwölf Prozent. Von der einst zweitgrößten Großgruppe der amerikanischen Bevölkerung werden die Afroamerikaner zur kleinsten werden. Bei den beiden Präsidentschaftswahlen mit Barack Obama als Sieger und spätestes bei der Wahl 2016 zeigten sich die Folgen – eine Präsidentschaftswahl in Amerika ist kaum mehr allein mit der weißen Bevölkerung der USA zu gewinnen. Ruy Teixeira vom Centre of American Progress glaubt allerdings nicht, dass wegen dieser Veränderungen das Zusammengehörigkeitsgefühl der Amerikaner leiden werde: «Es gibt eine Basis für einen neuen amerikanischen Patriotismus. Er wird kulturell weniger eng gefasst, offener und toleranter sein. Aber es wird weiterhin einen starken Patriotismus geben.»

Von diesem Gedanken sind wir in Deutschland noch sehr weit entfernt. Eines der größten Mysterien in dieser Debatte ist aus meiner Sicht, dass bei all den Forderungen der «Deutschomanen» nie bis zum Ende gedacht wird. Was ist die Schlussfolgerung von Aussagen wie «Wir haben zu viele Ausländer im Land!» oder «Araber, Türken, Afrikaner lassen sich am schlechtesten integrieren!»? Die naheliegende Antwort wäre zum Beispiel: «Wir müssen die Ausländer dann eben besser integrieren, indem wir ihnen als Gesellschaft offener begegnen und in ihre Partizipation auch Geld investieren – etwa für Sprachkurse, zusätzliche Lehrer an den Schulen etc.» Doch das reicht offenkundig nicht aus. Inzwischen wird ja in die Integration investiert, zahlreiche Menschen mit Migrationshintergrund sind längst fester Teil dieser Gesellschaft.

Dennoch agieren zu viele Menschen fortwährend fremdenfeindlich. Und das wird immer stärker wahrnehmbar. Nicht erst seit der Ankunft der Flüchtlinge. Lange davor war das zu erleben. Wenn jemand wie Ralph Giordano sagt: «Der Islam ist das Problem», und dafür gefeiert wird, was folgt dann aus dieser Aussage? Den Koran verbieten, wie es der niederländische Rechtspopulist Geert Wilders fordert? Minarette verbieten, wie es die AfD in ihr Parteiprogramm geschrieben hat? Gleich die ganze Religion auf den Index setzen? – Eine Weltreligion mit 1,5 Milliarden Anhängern? Muslime dazu zwingen, ihrem Glauben abzuschwören? Alle ausweisen? Giordano pflegte gute Kontakte zu AktivistInnen, die sich entweder vollständig oder weitgehend von der islamischen Glaubenspraxis abgewandt haben. Ist das das Vorbild für alle gläubigen Muslime in Deutschland? Und was ist dann mit dem islamfeindlichen Vorwurf, Muslime dürften Nichtmuslime belügen und betrügen? Oder sollen wir Muslimen «nur» ihre Rechte vorenthalten? Sollen wir sie also gezielt schlechter stellen als andere Menschen, weil sie Muslime sind? Da frage ich mich doch: Wie steht es eigentlich um die Verfassungstreue von Menschen, die solche Vorschläge machen? Und warum werden diese nicht öffentlich hinterfragt, sondern allzu oft schulterzuckend hingenommen?

Im April 2016 erlebte ich eine vielsagende Episode dazu. Gemeinsam mit Bundesinnenminister Thomas de Maizière, dem Fraktionschef der Partei Die Linke im Bundestag, Dietmar Bartsch, und dem Migrationsforscher Ruud Koopmans diskutierte ich am Sonntagabend in der ARD-Talkshow «Anne Will». Ebenfalls mit dabei war die Sprecherin des AfD-Bundesvorstands, also die Parteichefin Frauke Petry. Wie zu erwarten, war es ein schwieriges und zähes Gespräch mit ihr. Nach etwa vierzigminütigem Geplänkel fragte ich sie schließlich: «Wenn wir keine Moscheen hätten, wenn wir keinen islamischen Religionsunterricht in deutscher Sprache hätten (...), wenn wir nicht mehr schächten dürften, sind wir dann endlich genügend integriert für sie?»

Es folgte eine belanglose, allgemeine Ausführung über die Vereinbarkeit von konservativen Islampositionen mit dem Grundgesetz. Ich ging dazwischen, forderte eine klare Antwort auf die Frage. Frau Petry ließ sich aber demonstrativ nicht beirren und setzte ihre Ausführungen fort. Ich hakte weiter nach. Nichts. Und dann rettete sie das Ende der Sendung. Die Frage, ob es dann endlich genug sei, wenn die Muslime alle Forderungen der AfD erfüllen würden, blieb also offen.

Was für ein vielsagender Schluss. Schon Thilo Sarrazin kam immer damit durch, dass er die zentrale Frage nicht beantworten musste: Was ist die Konsequenz aus all den Forderungen gegen Türken, Araber und Afrikaner? Was steht am Ende? Was ist das Ziel?

So viel ist klar, Muslime, die sich für Reformen im gelebten Islam einsetzen, reichen AfD-Vordenkern, den Pegidisten und anderen sogenannten «Islamkritikern» nicht aus. Der Islamwissenschaftler, AfD-Landtagsabgeordnete in Sachsen-Anhalt und bekennende Anhänger der Identitären-Bewegung, Hans-Thomas Tillschneider, ließ die Anwesenden beim AfD-Bundesparteitag in Stuttgart von der Bühne aus wissen: «Eine Aufklärung des Islam ist weder realistisch noch wünschenswert.» Wenn der Islam also so wie er ist nicht akzeptabel ist und zugleich Veränderungen nicht realistisch oder wünschenswert sind, dann kann diese Weltreligion nach AfD-Duktus logischerweise keinen Platz in Deutschland haben. Ergo: Ein zentrales Element des Grundgesetzes, jener Verfassung also, die Deutschland seit fast siebzig Jahren Frieden und Freiheit beschert, soll eingestampft werden: das Recht auf Religionsfreiheit.

Wer an seinem Glauben festhalten will, hat bei Deutschomanen verloren. Das sage ich aus eigener Erfahrung als Mitbegründerin und Gründungsvorsitzende des ersten Zusammenschlusses von liberalen Muslimen, dem Liberal-Islamischen Bund (LIB e.V.). Diese Vereinigung bekennt sich sowohl offiziell als auch durch permanente Äußerungen ihrer Mitglieder zum Grundgesetz, sie stellt keine sogenannte Scharia darüber. Das tun andere Verbandsvertreter zwar auch, aber der LIB e.V. hält das für eines seiner prägenden Merkmale. Da könnte man meinen, das müsste dann doch akzeptabel sein. Ist es aber nicht.

Ich bekomme beinahe täglich übelste Beschimpfungen zugeschickt, die mich sonst wohin wünschen. Ich sei ein «U-Boot», das verdeckt mitten in die Gesellschaft fährt, um dann irgendwann aufzutauchen und mein wahres Gesicht zu zeigen. Ich sei ein eingewanderter Gast in diesem Land und habe das Gastrecht, das mir die «Deutschen» gewährt hätten, verwirkt. Es heißt nicht selten, ich solle gefälligst dahin zurückgehen, wo ich herkomme.

Womit nicht Ahlen in Westfalen gemeint ist.

Deutsche Zustände

Wir sind de facto ein Einwanderungsland.

Unsere Gesellschaft zeichnet sich durch Pluralität aus.

Die freiheitlich-demokratische Grundordnung stellt
unsere gemeinsame Lebensgrundlage dar.

Diese drei Aussagen stellen für mich eine Selbstverständlichkeit in und für Deutschland dar. Doch so eindeutig und selbstverständlich diese drei Sätze für mich und für all jene sind, die mit offenen Augen und nicht verblendet durch das Leben gehen, so schwer tun sich viele unserer MitbürgerInnen damit.

Die jetzigen deutschen Zustände bringen große Risse zum Vorschein. Parteien, Initiativen und Bürgerbewegungen machen diese Risse nicht nur sichtbar, sie befördern sie geradezu. Je lauter und skurriler die Rufe nach weniger Rechten für bestimmte Gruppen dieser Gesellschaft, desto stärker die Polarisierung. Wenn beispielsweise Pegida-Anhänger rufen «Wir sind das Volk», so demonstrieren sie selbst dadurch am stärksten, dass sie es gerne sein wollten, es aber nicht sind.

Andreas Zick, Leiter des «Instituts für interdisziplinäre Konflikt- und Gewaltforschung» an der Universität Bielefeld, und Anna Klein sprechen von einer «fragilen Mitte» in unserer Gesellschaft, deren Mechanismus sie in einer Studie für die Friedrich-Ebert-Stiftung von 2014 unter ebendiesem Titel «Fragile Mitte – Feindselige Zustände. Rechtsextreme Einstellungen in Deutschland» wie folgt beschreiben: «Es ist dieses Momentum der Zuschreibung von Ungleichwertigkeit, das die bindenden und integrativen Kräfte zerbrechlich, also fragil macht, auf die eine demokratisch verfasste Gesellschaft vertrauen muss. Es öffnet die Schleusen für Diskriminierungen und desintegrative Kräfte, die immer wieder mühsam zu bearbeiten sind, denn da wo Ungleichwertigkeit in Erscheinung tritt, ist ein demokratischer Staat gefordert, dagegen etwas zu tun. (...) Hier erscheint die Ungleichwertigkeit als eine Überzeugung, andere Gruppen oder Personen, die ihnen angehören, seien weniger wert, weniger zur Gesellschaft passend, bedrohlicher, abweichender, abstoßender als andere. Vor dem Hintergrund dieser Ideologie der Ungleichwertigkeit kann sich die ganze Macht von Stereotypen, Vorurteilen und politischen Ideologien der Minderwertigkeit von Gruppen entfalten. Sie ist ein Tor wie auch ein Türöffner für die Zusammenkunft von Menschenfeinden, vor allem von solchen, die dazu eine politische Ideologie haben und diese Ungleichwertigkeitsideologie zur Legitimation ihrer Macht und Dominanz benötigen (...).»

Zick und Klein benennen damit sehr genau eine Angst, die mich stark umtreibt. Es geht jetzt um den «Umschwung einer Handlung in Glück oder Unglück», glaube ich ebenso. Es liegt in unserer Verantwortung, wie wir uns als Gesellschaft weiterentwickeln. Wie wir unsere Werte verteidigen und sie als Kitt für ebendie Risse nutzen, die unsere Mitte durchziehen. Sehen wir uns zunächst die «deutschen Zustände» genauer an.

2015 war das Jahr der Einwanderung und des Terrors in Europa. Man könnte auch sagen: Es war das Jahr des Verschlafens. Etwa eine Million Schutzsuchende und Einwanderer kamen in diesem Jahr nach Deutschland. Mit großer Herzlichkeit und überwältigender Hilfsbereitschaft empfing ein Teil der Gesellschaft die Neuankömmlinge. Und plötzlich wurden wir Deutschen weltweit für unsere vermeintliche Willkommenskultur gelobt und gerühmt. Die Welt bewunderte uns, weil wir Menschlichkeit in Zeiten der Unmenschlichkeit zeigten, Empathie und Toleranz in Zeiten, in denen zu vielen diese Fähigkeit abhandengekommen scheint, in Zeiten der Intoleranz. Angesichts solcher humaner Einstellungen war man wieder froh, Deutscher zu sein.

Doch es gibt einen Teil unserer Gesellschaft, der genau dagegen Stimmung macht. Im Nachbarland Frankreich kam es 2015 zu zwei furchtbaren, gewaltigen Terroranschlägen, und uns allen stockte der Atem. Seither wird der Riss durch unsere Gesellschaft immer deutlicher, und auch Angela Merkels Worte «Wir schaffen das» konnten ihn nicht überwinden. Im Gegenteil: Vollends manifestiert hat sich dieser Riss schließlich zur Jahreswende 2016: die Silvesternacht. Ein Mob von vermutlich tausend Männern, vornehmlich aus Nordafrika stammend – anfänglich vermutete man viele Flüchtlinge aus Syrien und dem Irak –, fiel geradezu über Frauen auf dem Kölner Bahnhofsplatz her. Die Opfer wurden berührt, angemacht, beraubt, sexuell belästigt.

Laut dem Innenministerium in Nordrhein-Westfalen wurden in Köln eintausendfünfhundertsiebenundzwanzig Straftaten erfasst. Sie wurden von eintausendzweihundertachtzehn Opfern angezeigt, sechshundertsechsundzwanzig Menschen zeigten Sexualdelikte an. Diese Ausmaße sind schon enorm. Unfassbar, dass so etwas in Deutschland passiert. Die Wut, die Empörung ist absolut verständlich. Diese widerlichen, sexistischen Straftaten müssen dringend aufgearbeitet werden. Die Täter sind hart zu bestrafen – und ja, wenn eine Abschiebung von Tätern nach geltendem Recht möglich ist, dann sollte auch hier nicht gezögert werden.

Doch statt sich auf die kriminalistische und juristische Aufarbeitung dieser Verbrechen zu konzentrieren, um so etwas künftig verhindern zu können, werden die Opfer instrumentalisiert von deutschomanen Interessengruppen. Von geifernden Männern, die vorgeben, mit ihrem Aktivismus Frauen beschützen zu wollen, aber Feministinnen mit anderen Meinungen ohne zu zögern eine Gruppenvergewaltigung an den Hals wünschen. All jene, die «schon immer gewusst haben», dass Nordafrikaner und Araber per se ein Problem mit Sexualität und Frauenbildern haben, fühlten sich bestätigt. Denn der arabische Mann ist in ihrer Wahrnehmung selbstverständlich «gewaltaffin und frauenverachtend». Entscheidende Details und Informationen spielten bei dieser Bewertung kaum eine Rolle. Vielen spielte der Vorfall in die fremdenfeindlichen Karten. Dabei trugen sie ihre Vorurteile so erfolgreich in die Öffentlichkeit, dass ein Großteil der an sich wichtigen Debatte über Frauenverachtung von rassistischen Grundgedanken geprägt wurde.

Fünf Wochen lang diskutierte Deutschland darüber, ob und wie es zu den Ereignissen der Kölner Silvesternacht kommen konnte. Obwohl der tatsächliche Informationsfluss und die Erkenntnis selbst nach zwei Wochen eher gering ausfielen, überschlug sich die Öffentlichkeit geradezu mit Spekulationen. Selbst Gegner von Verschwörungstheorien zogen in Betracht, dass die Vorfälle in Köln und anderen Großstädten Deutschlands ein gezieltes und geplantes Vorgehen islamistischer Kräfte darstellten. Die Autorin Alice Schwarzer hielt es sogar für möglich, dass IS-Sympathisanten durch diese sexuellen Übergriffe unsere angebliche Willkommenskultur schwächen wollten.

Wir verurteilten zu Recht das Vorgehen der Kölner Polizei, die zunächst nicht die Herkunft der Täter bekannt gab – und so die Debatte um die Herkunft der Täter noch intensivierten. Aber einmal abgesehen davon, hätten wir nicht dieselbe Herkunftsdebatte geführt, wenn wir von Anfang an gewusst hätten, dass die Täter überwiegend Nordafrikaner waren? Hätten Rechtspopulisten diesen Vorfall dann weniger für ihre Zwecke benutzt? Ich bin mir sicher, dass genau das geschehen wäre. Denn auch die Silvester-Ereignisse sind jenseits der eigentlichen Taten ein weiterer Ausdruck für den zunehmenden völkischen Impuls in Deutschland.

Die Geschehnisse 2015 sind von viel Leid und Schmerz und starken Emotionen geprägt. Zweifelsohne war 2015 ein sehr aufwühlendes Jahr, eines, das die Gemüter erhitzte – und gespalten hat. Von der Metaebene aus betrachtet, stellen die Ereignisse rund um die Silvesternacht einen «turning point» in unserer neueren deutschen Geschichte dar. Diese Ereignisse waren der Tropfen, der das Fass zum Überlaufen brachte. Denn die Debatten wurden danach deutlich aggressiver, die Stimmung angespannter. Menschen, die sich sonst zu den gemeinhin bekannten polarisierenden Themen (wie Einwanderung, Nahost, Religion etc.) zurückgehalten hatten, wunderten sich, wie sie auf einmal verbal attackiert wurden, wenn sie aus Versehen das «Falsche» zu den Ereignissen in Köln gesagt hatten.

Beim Thema Frauen, so schien es, war die Toleranzgrenze erreicht. Bei jenen, denen es um Schutz und Verteidigung der deutschen Frauen vor den fremden Männern geht. Aber auch bei jenen, die die eigene Frau als etwas beinahe Eigenes, im

Sinne von Besitz, verstehen. Beides ist gleich schräg, lässt sich aber wunderbar für die eine oder andere Richtung missbrauchen. Diese Ereignisse sorgten dafür, dass sämtliche Berufsgruppen und Interessenvertreter dazu zu Worte kamen: Politiker, Feministinnen, Soziologen, Polizisten, Juristen, Journalisten, Religionsvertreter, Männer, Frauen.

Das eigentliche Problem ist: Sexismus ist ein globales Männerproblem. In der Diskussion um die Silvesternacht, in der teils überaus engagiert gefordert wurde, sich von bestimmten missliebigen Männergruppen (Nordafrikaner, Araber, Inder, Latinos etc.) zu distanzieren, und diese pauschal verurteilt wurden, fand dieser Fakt kaum Eingang. Eine Differenzierung, so schien es, war nach den Ereignissen der Silvesternacht für viele Menschen im Land kaum mehr möglich. Es wurde nach Belieben geschimpft, beleidigt, gehetzt – als ob endlich die ersehnte Zeit, von der an ungehemmtes Pöbeln, und sich dabei auch noch im Recht zu fühlen, gekommen war. Die Ereignisse dieser Nacht rechtfertigten das, so glaubten viele. Fast musterhaft.

Gewiss ist die Belästigung von Frauen in anderen Ländern ein größeres Phänomen als in Deutschland. Aber das lässt sich eben nicht auf einen bestimmten Kulturkreis fokussieren. In Ländern der arabischen Welt kommt es immer wieder zu Übergriffen auf Frauen. Frauen werden im glimpflichsten Fall anzügliche Bemerkungen zugerufen. Sie werden aber in Ländern der arabischen Welt auch im Gedränge von Märkten oder Bussen und U-Bahnen begrapscht, manchmal massiv angegangen – bis hin zur Vergewaltigung in der Öffentlichkeit. Es gibt junge Männer, die sich verabreden, bei Massenveranstaltungen übergriffig gegenüber Frauen zu werden. Es gibt politisch gesteuerte Übergriffe auf Frauen bei Großveranstaltungen, um Frauen einzuschüchtern. Dieses Phänomen hat im Arabischen eine eigene Bezeichnung: «taharrusch dschama'i» – gemeinschaftliche Belästigung.

Offenbar hat es zu Silvester genau diese Verabredungen zur gemeinschaftlichen Belästigung gegeben. Die glimpflicheren Formen der sexuellen Belästigung kenne ich selbst aus meinen Aufenthalten in der arabischen Welt. Es muss mir also niemand unterstellen, ich würde das Problem herunterspielen wollen. Diese Phänomene haben ihre Ursache in den spezifischen gesellschaftlichen Bedingungen eines Landes oder eines Kulturkreises – als da unter anderem patriarchale Strukturen, geschlechtsgebundene sexuelle Reglementierungen, religiöse Einstellungen wären.

Aber es ist eben weder ein größeres noch ein kleineres Problem eines bestimmten Landes oder Kulturkreises. Aus dem hinduistischen Indien erreichen uns immer wieder Meldungen brutaler Gruppenvergewaltigungen, aus dem überwiegend buddhistisch oder konfessionslosen China werden Infantizide an Mädchen gemeldet, weil Mädchen eine ökonomische Belastung sind oder nicht in den Ahnenkult passen, aus Südamerika kommen erschreckende Meldungen über Femizide.

Anna Schulte und Olga Burkert schreiben in den «Lateinamerika Nachrichten»: «Entscheidende Ursache des Femizids ist das noch immer von Macho-Denken und patriarchalen Strukturen geprägte Rollenverständnis in den Gesellschaften der Region. Das Bild der Frau ist geprägt von Unterordnung und Minderwertigkeit. Wird die patriarchalische Geschlechterrolle des Mannes und die daraus resultierende Machtverteilung zwischen den Geschlechtern in Frage gestellt – sei es durch emanzipatorisches Verhalten oder eine Betätigung der Frauen, die ihnen wirtschaftliche Autonomie ermöglicht –, ist die Gefahr groß, dass es zu Konflikten (innerhalb der Familien) und Gewaltanwendung kommt.» Einiges aus der Begründung trifft auch auf Europa zu, auf Südeuropa mehr als auf Nordeuropa.

Was sagt uns nun dieser Exkurs in globaler Misogynie? Niemand kann sich in irgendeiner Region zurücklehnen und glauben: Das betrifft mich nicht. Und keine Region ist nur schlecht. Nur ein Beispiel: In Ruanda ist der Frauenanteil in der ersten Parlamentskammer beinah doppelt so groß wie in Deutschland. In chauvinistischer Manier ganze Regionen gegeneinander zu bewerten ist angesichts der Umstände weder zielführend noch sachdienlich. Somit ist das reflexhafte Beschuldigen und die Inhaftnahme ganzer Bevölkerungsgruppen im Hinblick auf die Kölner Straftaten in keiner Weise zu akzeptieren: Wir dürfen nicht zulassen, dass sie dazu benutzt werden, um plumpen Rassismus zu verstecken.

Wozu es führt, wenn rassistische Diskurse zugelassen werden, lässt sich beispielsweise an der Großrazzia in Düsseldorf Mitte Januar aufzeigen. Die Polizei nennt das Sondereinsatzkommando tatsächlich nach der marokkanischen Metropole «Casablanca» – und das, obwohl wir im Rahmen des NSU-Terrors bereits ähnliche Diskussionen über die Bezeichnung «SoKo Bosporus» oder «Döner-Morde» geführt haben. Rund dreihundert Beamte stürmten in Düsseldorf Geschäfte, Restaurants und andere Räumlichkeiten rund um die Ellerstraße. Bisher kannte man dieses Viertel als «Klein-Marokko», inzwischen haben die Medien es in «Maghreb-Viertel» umbenannt. Um das Problem noch etwas größer aussehen zu lassen, als es ohnehin schon ist? Sämtliche Zeitungen haben den erfundenen Namen des Viertels völlig unkritisch übernommen.

Bei dem Polizeieinsatz wurden gut zwei bis drei Dutzend Personen festgesetzt. Kurz danach wurden sie wieder auf freien Fuß gesetzt. So viel Aufwand für ein so dürftiges Ergebnis? Es bleibt der Eindruck zurück, dass hier seitens des Staates ein Exempel statuiert werden wollte, zur Abschreckung. Zur Abschreckung einer ganz bestimmten Bevölkerungsgruppe, deren Mitglieder in einem Land geboren und/oder aufgewachsen sind, dessen bekannte Metropole Casablanca heißt.

Die Hintergründe zu den Ermittlungen kenne ich nicht, unabhängig davon aber, was zur Entscheidung zu diesem Polizeieingriff geführt hat, reicht schon die Namensgebung der Aktion aus, um festzustellen, dass hier indirekt nordafrikanischstämmige Gesellschaften unter Generalverdacht gestellt worden sind. Genau das aber ist in einer Zeit immer greller artikulierter Wut auf Fremde brandgefährlich. Unsere Gesellschaft darf kein Interesse daran haben, dass unter dem Deckmantel von Gewaltprävention oder Abschreckung eine Minderheit in diesem Land in eine solche Situation gerät.

Nicht zuletzt befeuert auch das die Überzeugung, rechtspopulistische und menschenverachtende Äußerungen für legitim zu halten, was sich gut an den seit der Silvesternacht 2015 immer drastischer werdenden Äußerungen von öffentlichen Personen ablesen lässt. Die AfD-Spitzenpolitikerinnen Frauke Petry und Beatrix von Storch sinnierten offen und ernsthaft über die Möglichkeit nach, zur Not auch von Schusswaffen an deutschen Grenzen Gebrauch zu machen, um Flüchtlinge am illegalen Grenzübertritt zu hindern. Und wenn Horst Seehofer von der CSU die Medienberichterstattung über Flüchtlinge kritisiert und davon spricht, dass «viel zu häufig die persönliche Überzeugung der Autoren der Maßstab für die Berichterstattung» ist, dann darf man schon mal laut fragen, wen der Parteivorsitzende der CSU damit eigentlich ansprechen will, und vor allem: welches Verständnis er von Journalismus und Pressefreiheit hat.

Ja, die Stimmung scheint zu kippen. Der Riss, der durch unsere Gesellschaft nach dieser letzten Nacht des Jahres 2015 ging, war lauter als das Silvesterfeuerwerk.

Lösungen à la Pegida? – Eine bitterböse, sarkastische Dystopie

«Deutschomanen», wie sie bei Pegida auflaufen und «Wir sind das Volk» brüllen, flirten offen mit rassistischen Ideen. Auch wenn die Pegidisten das nicht immer deutlich aussprechen, so ist die Analogie doch frappant zu Ansichten, wie sie die Funktionäre der NPD vertreten, wenn sie nach Angaben des Extremismusforschers Steffen Kailitz im Parteiverbotsverfahren vor dem Bundesverfassungsgericht die «ethnischen Nicht-Deutschen aus dem deutschen Volkskörper aussondern» wollen. Nicht mal die NPD traut sich, solche Äußerungen auf Wahlplakate zu drucken.

Parteien und Gruppierungen, die eine gewisse Nähe zur NPD haben, sich aber nach außen von ihnen abgrenzen wollen, äußern solche Gedanken erst recht nicht offen. Aber das ist keine gültige Rechtfertigung dafür, dass sich der Rest der Gesellschaft selbst sediert, indem sie diese Leute als «besorgte Bürger» verharmlost.

Die Meinungsfreiheit gestattet es zu Recht, auch solchen völkischen Unsinn zu sagen und zu schreiben. Daran darf auch nicht gerüttelt werden. Aber ich erwarte von allen Vertretern demokratischer Parteien, dass sie klar auf Abstand gehen, die Ablehnung zu diesen Haltungen deutlich und offen formulieren. Wer hier zaudert oder gar Nähe sucht, um gegebenenfalls Stimmen abzugraben, ist ein Teil unseres gesellschaftlichen Problems und wird auch als solches zu benennen und zu kritisieren sein. Denn wenn wir die Idee vom «deutschen Volkskörper», die auch vielen «Deutschomanen» sehr sympathisch ist, zu Ende denken, landen wir zwangsläufig wieder in der Barbarei.

Ich erwarte, dass Politiker und Medien hier nachfragen: Was ist die Konsequenz aus euren Forderungen und Aussagen? Kennt ihr sie, würdet ihr sie wissend in Kauf nehmen? Wenn wir bestimmte Ausländer für nicht integrierbar halten, wenn wir bestimmte Religionen pauschal für unvereinbar mit unserem Rechtssystem erklären, dann müssen wir sie aussondern?

Auch wenn die Umsetzung dieser Forderungen in Deutschland ein unrealistisches Szenario ist, so möchte ich das daraus folgende Prozedere dennoch einmal gedanklich ausführen – um ihre Abscheulichkeit und Dummheit vor Augen zu führen, um endlich den nötigen Widerstand aller demokratischen Kräfte selbst gegen bloße Anspielungen auf solche Ideen zu mobilisieren.

Eine Dystopie à la Pegida könnte also so aussehen:

> Man würde zunächst einmal, so wie es Donald Trump als US-Präsidentschaftsbewerber der Republikaner offen ausgesprochen hat, verhindern, dass bestimmte Menschengruppen – sagen wir muslimischen Glaubens, das ließe sich derzeit wohl am einfachsten durchsetzen – einreisen dürfen. Man müsste das ja auch nicht sofort explizit in ein Gesetz gießen, man kann ja für den Anfang die Exekutive erst einmal entsprechend handeln lassen. Der Ministerpräsident

des EU-Mitglieds Slowakei geht in dieser Richtung bereits mutig voran: Robert Fico sagte nach Angaben der Nachrichtenagentur TASR, dass Muslime unerwünscht seien, weil sie jahrhundertealte Traditionen verändern könnten. Seine Regierung werde es nicht tolerieren, dass Muslime eine kompakte Gemeinschaft in der Slowakei bildeten.

Ein Verhindern der Einreise würde aber natürlich nicht ausreichen, da schon so viele Muslime im Land sind. Um dem Traum der Völkischen näher zu kommen, müssten diese Menschen, die schon im Land sind, wieder raus. Mit den Flüchtlingen würde man beginnen. Erst die vom Balkan, dann die aus Nordafrika, dann die aus Afghanistan, dann die aus Eritrea, dann die aus Syrien, und dann sind sie alle weg. Das geht ganz einfach, wir müssen diese Staaten zum Beispiel nur zu sicheren Herkunftsländern erklären. Hinsichtlich des Balkans und Nordafrikas wurde das ja längst umgesetzt.

Weiter geht es mit kriminellen Ausländern: Bei entsprechend hohen Strafen darf man sie heute schon ausweisen. Aber man könnte einiges beschleunigen, würde man es ähnlich machen wie die Schweizer Volkspartei mit ihrer Durchsetzungsinitiative Anfang 2016 und die Schwelle so weit absenken, dass ein Nichtdeutscher im Ernstfall schon bei zwei Bußgeldern wegen Verstoßes gegen die Straßenverkehrsordnung des Landes verwiesen wird. Gut, diese Initiative in der Schweiz ist vom Volk abgelehnt worden, aber wir haben ja eine parlamentarische Demokratie.

Etwas problematisch mit der Ausweisung könnte es bei EU-Ausländern werden, die haben ja dank der europäischen Verträge eine besondere Stellung. Aber vielleicht kann man sich hier an der britischen Regierung orientieren. Die hat wegen der vielen Osteuropäer, die ins Königreich drängen, schließlich schon 2016 mit der EU ausgehandelt, dass EU-Bürger von bestimmten Sozialleistungen ausgeschlossen werden können. Gewiss, die Regelung sieht das nur für eine begrenzte Übergangszeit vor – aber was sagt das schon? Das kann man ja später bei einer günstigen Gelegenheit auch abschaffen – vielleicht in Form eines Junktims im Rahmen von Verhandlungen über andere Verträge oder Gesetzentwürfe.

Letztlich wird es gelingen, alle Ausländer abzuschieben oder durch Gesetzverschärfungen zu vergrämen, nur damit werden sich «Deutschomanen» auch nicht zufriedengeben. Angesichts diverser rassistischer Äußerungen bekennender Pegidisten müsste die Brechstange auch bei denen angesetzt werden, die unbequemerweise bereits einen deutschen Pass haben, aber leider «ethnisch nicht-deutsch» sind. (Übrigens, an dieser Stelle braucht nicht danach gefragt zu werden, was «deutsch» ist, denn das bestimmen die Deutschomanen im Zweifelsfall einfach nach Gusto.)

Zuallererst knöpft man sich dazu den Familiennachzug vor. Niemand im Land darf jemanden nachholen, der nicht zum «deutschen Volkskörper» gehört. Ehefrauen aus dem Ausland, Kinder aus dem Ausland haben Pech gehabt. Es ist ja schon heute so, dass wir Sprachtests von einreisewilligen Ehepartnern verlangen: «Wenn Sie als Ausländer zu ihrem Ehepartner nach Deutschland ziehen möchten, müssen Sie (...) grundsätzlich vor der Einreise bereits einfache Deutschkenntnisse nachweisen», besagt das Bundesamt für Migration und Flüchtlinge. Solche Regelungen ließen sich natürlich sehr leicht verschärfen. Nur würde es auch damit allenfalls gelingen, die Dynamik, den Zuwachs an Ausländern zu stoppen. Das reicht nicht.

Und nun wird es leider besonders unappetitlich. Aber was

sein muss, muss sein, schließlich gehört jeder in sein eigenes Land. Der sachsen-anhaltinische AfD-Landtagsabgeordnete Hans-Thomas Tillschneider erklärte anlässlich des zehnten Katholikentages in Leipzig auf Facebook: «Gott hat die Menschen nach Völkern erschaffen. Die Völker sind Gedanken Gottes; niemand hat das Recht, sie bis zur Unkenntlichkeit zu entstellen. Mit der Globalisierung und der zügellosen Masseneinwanderung erhebt sich der Mensch gegen die Schöpfung.»

Wenn wir schon gegen die göttliche Ordnung verstoßen, dann dürfen wir gewiss auch zu härteren Maßnahmen greifen. Also beginnen wir mit dem Entzug von Personalausweisen. Ähnlich wie vom französischen Parlament in Frankreich im Kampf gegen den Terror bereits beschlossen, wird mit Terroristen und Schwerverbrechern begonnen, dann – nach dem Schema der Schweizer Durchsetzungsinitiative – wird die Schwelle weiter abgesenkt. Bis hin zum Falschparken.

Leider können wir auf so einer Gesetzesgrundlage auch nicht alle «ethnisch Nichtdeutschen» erfassen. Dann müssen eben neue Gesetze her. Vielleicht eine bundesweite Deutschpflicht – wie sie der damalige FDP-Generalsekretär Christian Lindner und diverse andere Politiker schon mal für Schulhöfe angeregt hatten – im öffentlichen wie privaten Umfeld (übrigens: In der CSU gab es sogar schon Überlegungen, Migranten dazu anzuhalten, auch zu Hause Deutsch zu reden). Jeder, der sich dann nicht auf Deutsch unterhält, verlöre seinen Pass. So werden wir schließlich irgendwann auch alle Deutschen los, die sich haben einbürgern lassen.

Aber wären echte «Deutschomanen» damit schon zufrieden? Immerhin leben Millionen von Menschen mit ausländischen Wurzeln in diesem Land, die hier geboren wurden und schon mit ihrer Geburt einen deutschen Pass erhalten haben. Und wir sind nun einmal ein christlich-abendländisches Land. Davon geht schließlich auch unser Grundgesetz aus – zumindest nach Auffassung des Staatsrechtlers Karl Albrecht Schachtschneider. Gut, der Mann gilt vielen als nicht seriös aufgrund seiner rechtspopulistischen Umtriebe, aber dennoch: Auf diesen christlichen Werten müsste dann wohl konsequenterweise das Deutschsein beruhen und zur Folge haben, dass die Menschen, die im Land geboren wurden und deutsche Staatsbürger sind, aber einen anderen Glauben haben – einen muslimischen etwa –, gehen. Und aufgrund der Sorgerechtsregelungen auch gleich ihre Kinder.

Vielleicht müssen wir sie nicht sofort aus dem Land werfen. Das könnte vielleicht dem einen oder anderen zu hart erscheinen. Aber auf der Basis dieser christlich-abendländischen Charakteristik des Grundgesetzes könnte man damit beginnen, alle Nicht-Christlich-Abendländischen schon einmal schlechterzustellen. Die AfD hat ja bereits beschlossen, Minarette verbieten zu wollen, und innerhalb der Partei werden auch längst die Wünsche geäußert, den Bau und den Betrieb von Moscheen zu verbieten. Wir müssen also nur diesen Weg peu à peu weitergehen.

Nun sind wir schon sehr weit gekommen. Aber den richtigen Deutschomanen – eigentlich können wir inzwischen ja auch ruhig wieder von rassistischen Nationalisten sprechen –, denen würde das sicher immer noch nicht reichen. Was wäre mit denen, die mit «ethnisch Deutschen» verheiratet sind und längst hier leben? Vielleicht sollte man Zwangsscheidungen einführen? Es gab doch mal bei unserem wichtigen Geschäftspartner und Verbündeten Ägypten so eine Geschichte mit dem Islamreformer Nasr Hamid Abu Zaid, der ins Exil musste? Wegen seiner islamischen Reformbemühungen wurde er doch zum Apostaten erklärt. Seine ägyptische Frau, die ja noch «wahre Muslima» ist, musste man deshalb schützen. Und so kam die Idee mit der Zwangsscheidung auf. Das adaptieren wir einfach für Deutschland. Damit sind wir die Angeheirateten auch los.

Es ist zwar bitter, aber auch das reicht noch nicht. Dummerweise sind aus Verbindungen von ethnisch Deutschen mit ethnisch Nichtdeutschen schon Nachkommen hervorgegangen. Das ist heftig, aber die gehören der reinen Lehre nach auch nicht zum «deutschen Volkskörper». Es tut uns leid, aber die müssen ebenfalls raus aus Deutschland.

Da wir inzwischen schon so weit gelangt sind, brauchen wir uns spätestens jetzt rechtlich glücklicherweise keine großen Gedanken mehr zu machen. Die Ausweisung setzen wir einfach durch, und mit dem nötigen Kleingeld finden wir gewiss auch ein Land, mit dem wir ein Abkommen über die Aufnahme dieser Leute schließen können. Problematisch wird eher sein, herauszufinden, auf wen das zutrifft. Man wird wohl davon ausgehen dürfen, dass sich diese «Mischlinge» nicht alle freiwillig melden werden. Aber mit der Errungenschaft der Genetik dürften alle auszumachen sein, auf die das zutrifft.

Puh. Das war ein hartes Stück Arbeit. Sind wir denn jetzt am Ende angelangt? Ist der «deutsche Volkskörper» nun rein? Nein. Was ist mit denen, die noch länger hier sind? Die Nachfahren der «Ruhrpolen» etwa? Oder die Nachfahren der Hugenotten wie Thilo Sarrazin? Streng genommen ist der ja Franzose. Also so richtig zum «deutschen Volkskörper» gehört der auch nicht, oder? Na, das wird man dann sehen, wenn erst einmal alle Religionen außer dem Christentum, alle «linksversifften» Ideologien verboten worden sind.

Sicherlich wird es wegen all dieser wichtigen und notwendigen Gesetzesänderungen zum Schutz des «deutschen Volkes» gewaltigen Widerstand der Unbelehrbaren, auch von echten Bio-Deutschen geben. Aber wenn unser Sicherheitsapparat nur entsprechend gestärkt wird und die Gefängnisse entsprechend ausgebaut werden und jeden staatsgefährdenden Aufstand bereits im Keim ersticken, dann behalten wir auch das im Griff. Nicht so schön ist zwar, dass nun im Land Angst und Schrecken herrschen, Denunziantentum verbreitet ist, nur noch «Schurkenstaaaten» mit uns Handel treiben wollen, wir kaum noch Waren aus dem Ausland beziehen können, die Welt uns hasst, uns niemand mehr als Urlauber haben kann – aber jetzt ist der deutsche Volkskörper endlich wieder gesund! Das ist es doch wert, oder?

Beim Schreiben meiner eigenen Zeilen wird mir ganz anders. Klar, es ist eine Dystopie, eine böse Phantasie. Aber: Ich greife hier Meinungen und Vorstellungen auf, die in den letzten Monaten, Wochen öffentlich im Internet oder bei Veranstaltungen so oder ähnlich geäußert worden sind: keine Ausländer, keine Menschen mit Migrationshintergrund, keine Nichtchristen. Die Handlungen, Vorkommnisse und Gesetzesänderungen, die damit einhergehen müssten, müssten im Groben so wie von mir beschrieben aussehen. Und ja: Das ist so dermaßen rassistisch, so unerträglich menschenfeindlich und dumm, dass niemand behaupten darf, hier würden besorgte Bürger es schon «nicht so meinen», wenn sie derartige Gedankenbilder vor sich hertragen, sie seien nur «verunsichert» und «verängstigt». Über solche Äußerungen kann man nicht diskutieren, man kann sie nicht entschuldigen oder in irgendeiner Weise rechtfertigen. Staat und Gesellschaft müssen sich mit allen rechtsstaatlichen und zivilgesellschaftlichen Mitteln dagegen erheben. Die eigentliche Gefahr für unser Land geht von hier aus.

Dass Menschen, die so denken, nicht besonders weit denken, liegt dabei auf der Hand. Aber das ist kein Argument. Um Wähler rechtspopulistischer Vordenker zu sein, braucht man nämlich keinen Schulabschluss. So funktioniert letztlich diese Form von Politik. Die reichen, gut gebildeten Funktionäre populistischer Parteien bespielen die Klaviatur der Propaganda so lange, bis sie vom einfachen Volk die Stimmen in ausreichender Zahl bekommen haben. Das tun andere Parteien zwar auch, aber wer es auf die niederen Instinkte abgesehen hat, der hat es noch einfacher, wenn man ihn lässt.

Ebenso schwer, wie mir das Ausführen dieser Dystopie gefallen ist, trifft mich auch die Erkenntnis darüber, dass einige der hier skizzierten Stationen in gewisser Weise bedrohlich nahe Eingang in den politischen Diskurs gefunden haben. Reine Demokratien wie die Schweiz haben bereits das Minarett verboten, und vermutlich wird die SVP nach ihrer Niederlage bei der Durchsetzungsinitiative nicht geheilt sein und innehalten auf ihrem Weg. Nach dem Minarettverbot von 2009 gab es zwar einen großen internationalen Aufschrei – Menschenrechtsorganisationen und Völkerrechtsaktivisten meldeten ihre Ablehnung an –, aber was hat es gebracht? Nichts. Das Verbot wurde durchgesetzt. Was passiert, wenn in Frankreich Marine Le Pen vom rechtsextremen Front National die Präsidentschaftswahl 2017 oder später gewinnen sollte, ihr Parteiprogramm umgesetzt werden würde? Ist es nicht schon erschreckend, dass sie durchaus realistische Chancen hat, in die Stichwahl zu kommen?

Man darf davon ausgehen, dass manchen Anhängern der etablierten Parteien oder Bewegungen wie Pegida Teile dieser Dystopie durchaus zusagen werden – gewiss nicht die extremsten Passagen. Aber was wird morgen sein? Mit jedem Tabubruch werden die Grenzen ein Stück weiter nach hinten verschoben. Wer kann festlegen, wo die akzeptablen Grenzen sind, wenn es um die Vorstellungen von völkischen, rassistischen Krakeelern geht? Wer kann definitiv bestimmen, wer noch Deutscher ist, und wer nicht? Wer garantiert, dass es etwa bei der Abschiebung illegaler Flüchtlinge bleibt?

Eine moralische Grenze wurde bereits im Jahr 1998 überschritten, als Bayern den minderjährigen Intensiv-Straftäter «Mehmet», in Deutschland geboren, Eltern mit Aufenthaltserlaubnis, abschob. Damals sorgte der Fall für großes Aufsehen. Erst Jahre später kassierte das Bundesverwaltungsgericht die Ausweisungsverfügung, und «Mehmet» durfte zurückkehren. Der Fall zeigt, dass es immer Versuche geben wird, die Grenzen des geltenden Rechts zu verschieben. Und wer kann garantieren, dass durch eine künftig möglicherweise stärker werdende politische Bedeutung rechtspopulistischer Parteien wie der AfD nicht auch in Deutschland gesetzliche Grundlagen schmerzlich verschoben werden?

Wir müssen Politiker und Personen, die sich völkisch-nationalistisch äußern, öffentlich darauf festnageln, was das Ziel ihrer Vorstellungen ist, wie sie dieses erreichen wollen. Unsere öffentlichen Debatten kranken ganz generell oft daran, dass jemand nur sagt, was er nicht will. Da wird kritisiert, polemisiert, beschimpft, aber konstruktive und realistische Vorschläge zur Beseitigung von Problemen hört man nicht.

Warum wird da nicht mehr nachgehakt? Weniger Schwammiges, mehr Konkretes – das benötigen unsere politischen Debatten.

Wenn jemand sagt, er wolle nur die Einwanderung begrenzen, dann muss man nachfragen, wie es denn mit den «Fremden» ist, die bereits im Land sind? Und dabei sollte man selbstverständlich berücksichtigen, dass die Vordenker der Bewegung etwa in Interviews etablierter Medien stets darauf bedacht sind, seriös und bürgerlich zu erscheinen. Aber in den meisten Fällen reicht es «deutschomanen» Wählern nicht, dass «nur» die Einwanderung abgestellt wird. Was ist mit Bezirken wie Berlin-Neukölln oder Duisburg-Marxloh und anderen Stadtteilen mit hohem Ausländeranteil? Sind die Wähler von AfD und die Anhänger von Pegida etwa damit einverstanden? Im Dienste der Aufklärung ist es auch eine vorrangige Aufgabe von Journalisten, solche Fragen immer wieder zu stellen und rassistisches Gedankengut damit zu entlarven.

Staatsrechtlern und Politikwissenschaftlern werden beim Lesen dieser Dystopie die Haare zu Berge stehen: Natürlich und glücklicherweise wird aufgrund internationaler Verträge und Einbindungen in internationale Organisationen einiges so nie eintreten können. Diese Dystopie wird so niemals wahr werden. Worum es mir aber – neben der Entlarvung rassistischer Vorstellungswelten – geht: Die meisten Menschen im Land sind weder Staatsrechtler noch Politikwissenschaftler und halten auch weitaus abstrusere Ausführungen für überzeugend und logisch, wenn sie denn ihren Wünschen und Vorstellungen, ihrer Sache dienlich erscheinen.

Jeder hat das Recht, für eine völkisch-homogene Gesellschaft einzutreten, was auch immer darunter zu verstehen sein mag, solange man es mit den Mitteln der Demokratie tut und sich bei der Wortwahl im Rahmen des Rechtsstaats bewegt. Aber jeder, der sich so äußert, muss eben auch die Kritik und die Ablehnung durch andere einstecken können. Wer sich rechtsradikal äußert, muss sich rechtsradikal schimpfen lassen. Wer sich fremdenfeindlich äußert, muss sich fremdenfeindlich schimpfen lassen.

Im Zeitalter der Globalisierung gab es in Deutschland noch nie so eine heftige Meinungsschlacht wie um die aktuellen Ereignisse. Selbst bei der Bankenrettung und der Griechenlandkrise oder anderen bedeutenden historischen Ereignissen ließen sich die Gemüter der Deutschen nicht so schnell erhitzen und bewegen wie in der Flüchtlingskrise. Immer wieder erlebe ich bei Diskussionen und Vorträgen Personen, die nach der Veranstaltung schlichtweg keine anderen Meinungen stehen lassen können. Sie kommen zu mir, belagern mich, betonen noch einmal, was ich falsch verstanden habe.

Die Fähigkeit, Toleranz zu zeigen und wenigstens die Position des anderen zu dulden, scheint vielen nicht mehr möglich. Ganz im Gegenteil: Das Recht auf Meinungsfreiheit wird von ihnen nur noch auf sich selbst angewendet, um gleichzeitig dem Gegenüber selbiges Recht zu entziehen. Regelmäßig wird auf den Rechtsstaat verwiesen, nur um im selben Satz rechtsstaatliche Prinzipien einzuschränken. Heißt: Das Individuum macht etwa von seinem demokratischen Recht der Meinungsäußerung Gebrauch, aber erlaubt seinem Gegenüber nicht dagegenzuhalten.

Eine typische Diskussion meiner Vorträge:

«Wozu brauchen Muslime einen eigenen Religionsunterricht?»

– «Weil es wichtig ist, die religiöse Bildung von Kindern nicht mehr im Elternhaus oder in der Gemeinde stattfinden zu lassen, sondern auch an einem neutralen Ort wie der Schule.»

«Aber wir haben in einigen Bundesländern ja noch nicht einmal christlichen Religionsunterricht. Den müsste man doch zuerst einführen, bevor man einen islamischen Religionsunterricht einführen will?»

– «Zum einen ist die Einführung eines konfessionellen Religionsunterrichts Ländersache, und zum anderen ist das Recht auf Einführung eines Religionsunterrichts in Paragraph 7, Abs. 3 Grundgesetz verankert.»

«Aber in muslimischen Ländern gibt es doch auch keinen christlichen Religionsunterricht. Warum sollen die Muslime ihn dann hier bekommen?»

– «Weil es ihr gutes Recht ist, diesen zu erteilen. Hiesigen Muslimen immer wieder mit dem Beispiel der islamischen Länder zu kommen ist erstens unredlich und zweitens sachlich schlichtweg falsch. Muslime sind Staatsbürger dieses Landes und können nichts gegen Unrechtsregime in Saudi-Arabien oder Somalia ausrichten. Wir sind kein weltweites Kollektiv, das in Sippenhaft genommen werden kann. Unabhängig davon erhalten Christen beispielsweise in Syrien oder dem Libanon konfessionellen Unterricht.»

Ein wesensmäßiger Zug von Radikalen ist es, sich an irgendeiner Stelle die Scheuklappen aufzusetzen, kritische Stimmen von außerhalb auszublenden und über einen bestimmten Punkt hinaus nicht mehr selbst zu denken. Wenn auf einem eingeschlagenen Weg das argumentative Aus droht, wird schnell ein neuer Aspekt angesprochen. Wenn erneut das Aus droht, wird der nächste Aspekt ins Feld geführt. So dreht man sich im Kreis, Lösung ausgeschlossen. Möglich wird das Spiel immer dann, wenn eine Sache einen wahren Kern hat, doch dieser Kern verallgemeinert und übertrieben wird. Da, wo die Logik endet, hört die Argumentation auf und wird mitunter auch von purer Ignoranz abgelöst. Hier greifen Ideologien, die schlichtweg nicht vernünftig diskutiert werden können – weil sie durch und durch dogmatisch und extremistisch sind. Aber eben: Anhänger finden. Und wenn bei extremistischen Menschen auch die logische Überzeugungskraft nicht greifen mag: Diejenigen, die mit rassistischem Gedankengut sympathisieren, ohne es ganz durchschaut zu haben, vielleicht sogar von sich behaupten, eben nichts gegen «den Ausländer an sich» zu haben – genau ihnen und allen Mitgliedern unserer demokratischen Gesellschaft muss vor Augen geführt werden, wie fatal diese Äußerungen sind.

Genau deshalb muss die demokratische Politik auf die möglichen Konsequenzen aus «deutschomanem» Denken, das zunächst eben nicht offen rassistisch und fremdenfeindlich scheint, aufmerksam machen und das Engagement dagegen zwingend verstärken. Ungebremste «Deutschomanie» kann auch im 21. Jahrhundert nur in einer Katastrophe münden.

Opposition ist das Wesen der Demokratie

Als Deutsche mit Migrationshintergrund sind für mich die höchsten Güter die Meinungsfreiheit und der Minderheitenschutz. Genau dies zeichnet einen Rechtsstaat im gelebten Alltag aus: Jeder darf sagen, was er will, solange er dabei niemanden beleidigt oder gefährdet, und dem Schwächeren werden gleiche Rechte wie dem Stärkeren eingeräumt. Das garantiert der Staat seinen Bürgern, allein auf der Tatsache basierend, dass sie Menschen sind. Die ethnische Herkunft spielt da – natürlich! – keine Rolle.

Auch Minderheiten dürfen sich frei äußern und bekommen Rechte zugesprochen, und können diese sogar vor Gericht einklagen. Das war für meine persönliche Identität und auch meine Sozialisation im Jugend- und im Erwachsenenalter eine wichtige Erkenntnis. Das Recht auf freie Selbstbestimmung und das Recht auf persönliche Freiheit sind aber auch gerade für Minderheiten allgemein besonders wichtig. Gerade die absolute Mehrheit der Angehörigen von Minderheiten, denen immer wieder mal unterstellt wird, sie würden sich nicht an die demokratischen Regeln halten, die Mehrheit ausnutzen und subversiv handeln (früher wurde dies den Juden unterstellt, heute hört man dies zunehmend über Muslime), würde freiwillig diesen Schutz nicht einschränken wollen.

Warum? Weil entweder jeder jemanden persönlich kennt, der zu einer Minderheit zählt, die besonders unter Druck steht, oder aber selbst einer Minderheit angehört, deren Rechte geschützt werden müssen. Das gilt natürlich auch für die absolute Mehrheit der Mehrheitsbevölkerung. Wer sollte schon ernsthaft dagegen sein, dass beispielsweise syrisch-orthodoxe Christen, also Aramäer, und der Erhalt ihrer Sprache geschützt werden? Auch das Recht auf freie sexuelle Orientierung werden die meisten heute nicht mehr in Frage stellen. Kein Verfassungspatriot würde Kinder nicht unter besonderen Schutz stellen.

Wir merken aber gegenwärtig, dass die Feinde solcher Überzeugungen wahrnehmbarer geworden sind und dass damit ihr Einfluss wächst. Demokratien sind immer auch gefährdet – denn sie müssen auch ihren Feinden Freiheiten gewähren. Man hat beim NPD-Verbotsverfahren vor dem Bundesverfassungsgericht in Karlsruhe erleben können, wie unheimlich kompliziert es ist, zwischen Freiheit und Schutz der Freiheit abzuwägen. Minderheiten werden von Verfassungs- und Demokratiefeinden immer wieder beschuldigt, sie würden ständig etwas fordern und seien undankbar, sie würden es darauf anlegen, die Mehrheit ihrem eigenen Diktat zu unterwerfen, und so weiter.

Minderheiten befinden sich allerdings automatisch in einer Art Opposition zur Mehrheitsgesellschaft. Gerade wenn es um den Kern dessen geht, was die jeweilige Minderheit ausmacht, dann kann das logischerweise nicht der Mehrheit entsprechen. Minderheiten wird häufig unterstellt, sie seien Querulanten. Weil sie die Mehrheit immer wieder piksen, indem sie Forderungen stellen oder Kritik üben. Aber das hat eben nicht zwangsläufig mit Renitenz oder Unverfrorenheit zu tun, sondern ergibt sich naturgemäß aus der Rolle einer Minderheit. Wer Minderheiten vorwirft, dass sie sich kritisch bemerkbar machen, hat das Wesen der Demokratie nicht verstanden.

Die wichtigste Rolle in einem demokratischen System fällt eigentlich der Opposition zu. Ohne echte Opposition keine echte Demokratie. Das beste Beispiel dafür liefert gegenwärtig Ägypten. Man wählte einen Mann aus den Reihen der islamistischen «Muslimbruderschaft», Mohammed Mursi, zum Präsidenten, um die Zeit des Langzeitherrschers Hosni Mubarak zu überwinden. Wen hätten die Ägypter auch sonst wählen sollen außer Mursi? Etwa die Kandidaten, die von Europa und den USA befürwortet wurden? Also ausgerechnet jenen Staaten, die den verhassten Mubarak jahrzehntelang mit diplomatischen, militärischen und wirtschaftlichen Verflechtungen im Amt gehalten hatten und die sich – außer in Sonntagsreden – keinen Deut darum geschert hatten, wenn Menschen wegen nichts in Gefängnissen verschwanden? Und die den Arabischen Frühling nur widerwillig unterstützt hatten?

Versetzt man sich in die Lage der Ägypter, stand eigentlich keine andere wählbare authentische Kraft auf den Stimmzetteln als die Islamisten im Land, die über Jahrzehnte vom Regime besonders hart verfolgt worden waren. Sie waren die Hauptopfer des Mubarak-Regimes. Die wenigsten Ägypter haben in den Islamisten Heilsbringer oder Ähnliches gesehen, sondern eher das geringere Übel. Die Islamisten aber hatten die Demokratie nur bedingt verstanden, nämlich bis zur Bekanntgabe des Wahlergebnisses. Was machten Mursi und seine Mitstreiter nach dem Gewinn der Wahl? Sie feierten ihren Sieg, den sie ja tatsächlich demokratisch erlangt hatten, und dachten dabei, nun stehe ihnen – demokratisch legitimiert – die totale Macht zu, so wie einst Mubarak. Die Islamisten glaubten, mit der gewonnenen Wahl nun machen zu können, was sie wollten.

Sie hatten die Rolle der Opposition nie verstanden, hatten nie kapiert, dass eine Opposition Rechte hat. Gegen alle Einwände ihrer politischen Gegner wollten sie einfach nur ihre Vorstellungen kompromisslos durchdrücken. Wer aber die Opposition ausschaltet, und nichts anderes hat Mursi versucht, begibt sich auf den Weg in eine neue Diktatur.

In Ägypten wurde jegliche Kritik an der Demokratisierung beziehungsweise Aufhebung demokratischer Prinzipien brutal niedergeschlagen. So konnte Abd al-Fattah as-Sisi, der damalige Oberbefehlshaber der ägyptischen Streitkräfte, durch einen Militärputsch Mursi im Jahre 2013 stürzen. Das Ganze verlief erstaunlich reibungslos und unter dem Applaus der Massen auf dem Tahrir-Platz. Auch unter den Augen der restlichen Welt, die im Grunde auch ganz zufrieden war, dass dieser zur Demokratie unfähige Mursi von der Macht verdrängt worden war. Das Dilemma dabei war nur: Mursi war eben demokratisch gewählt worden. Wie will man Leuten

Demokratie schmackhaft machen, wenn man ihre Wahl nicht respektiert?

Die Opposition ist qua definitionem eine Minderheit. Übertragen auf unseren Kontext in Deutschland heißt das: Minderheiten in einer Gesellschaft sind in gewisser Weise ebenfalls eine Form von Opposition. Und so wie die Demokratie nicht ohne Opposition funktioniert, funktioniert eine Gesellschaft nicht ohne Minderheiten. Opposition und Minderheiten sind somit besonders zu schützen, wenn wir unsere Freiheiten behalten wollen. Geben wir den Schutz auf, ist unsere Gesellschaft in Gefahr. Denn eines sollte man bedenken: Niemand kann einem garantieren, dass man nicht irgendwann selbst zu einer Minderheit gehören wird. Das heißt nicht, dass man plötzlich Teil einer ethnischen Minderheit sein wird, aber wie schnell kann man nach einem Unfall behindert sein und plötzlich zur Minderheit der Menschen mit Behinderung gehören?

Von Islam-feindlichkeit und Deutsch-o-manie

Der Begriff der «Deutschomanie» kam mir in den Sinn, als ich zum ersten Mal den Eindruck bekam, in dieser Gesellschaft läuft etwas schief, sie steuere nämlich immer stärker auf ein «völkisches» Selbstbild zu. Hier hat mich die Auseinandersetzung mit dem Thema Islamfeindlichkeit geleitet, denn die Analyse dieses Phänomens zeigte, dass es in den seltensten Fällen tatsächlich um Religion geht. Das, was nach außen hin als «Islamkritik» verkauft wird, verdeckt in den meisten Fällen nur die klassischen Abneigungen gegenüber Menschen, die als Fremde im «deutschen Volkskörper» wahrgenommen werden, denn es lässt sich besser verkaufen als «Ausländerkritik» oder «Fremdenkritik». Erst die permanente Thematisierung des Islam als Problem führte im Laufe der Zeit dazu, dass Menschen tatsächlich glauben, von dieser Religion gehe Gefahr aus. Dabei geht die Gefahr immer nur von bestimmten Menschen aus.

Islamfeindlichkeit ist seit Ende der neunziger, Anfang der nuller Jahre die virulenteste Form der gruppenbezogenen Menschenfeindlichkeit in Deutschland und Europa. Man kommt um das Thema einfach nicht mehr herum, wenn es um die deutsche Gesellschaft und ihre Zukunft geht. In den frühen Jahren der Islamfeindlichkeit konnte ich mehrere erstaunliche Beobachtungen machen:

1. Da demonstrierten Menschen gegen eine Moschee in Köln. Sie lassen menschenverachtende Sprüche gegen Muslime los, sie schwenken demonstrativ Deutschlandfahnen, brüllen «Wir sind das Volk». Schaut man sich das aus der Ferne an, könnte man sie für Anhänger ausschließlich rechtsradikaler und rechtspopulistischer Gruppierungen halten. Paradoxerweise sieht man nur auch israelische Fahnen mit dem Davidstern, die nicht von Juden geschwenkt werden. Offenbar glauben einige, indem sie sich als Freund Israels tarnen, sich gegen den Vorwurf des Rassismus immun machen zu können.

2. Bis dato anerkannte und über fast jeden Zweifel erhabene Persönlichkeiten der neuen Bundesrepublik Deutschland, wie der inzwischen verstorbene Schriftsteller Ralph Giordano, treten öffentlich auf und überraschen mit verächtlichen Äußerungen über Menschen: «Auf dem Wege hierher musste ich einen Anblick ertragen, der meine Ästhetik beschädigt hat: eine von oben bis unten verhüllte Frau, ein menschlicher Pinguin.» Ein Mann, der zusammen mit seiner Familie unter dem NS-Regime gelitten hat, bekommt im Jahr 2007 für seine Äußerungen Applaus von Neonazis, Rechtsradikalen und Rechtspopulisten und muss sich mühsam gegen deren Vereinnahmung zur Wehr setzen. Wie ist das möglich? Was ist da passiert?

3. Menschen mit Migrationshintergrund, wie die somalischstämmige Aktivistin Ayaan Hirsi Ali, feiern publizistische Erfolge, obwohl oder vielleicht weil sie eine ganze Religion, einen ganzen Kulturkreis verächtlich machen und seine Angehörigen marginalisieren. War so etwas nach den blutigen Erfahrungen des 20. Jahrhunderts nicht zumindest verpönt, gleich eine ganze Gruppe von Menschen, eine ganze Religion herabzusetzen?

4. In öffentlichen Diskussionen ist auf einmal eine ungewöhnliche Radikalität wahrzunehmen, die zwar zu einem gewissen Aufschrei führt und Kritik nach sich zieht, aber zugleich auch prominente Befürworter findet oder zumindest Protegés, die den radikalen Aussagen entweder einfach keine Bedeutung beimessen oder nonchalant darüber hinweggehen. Die italienische Journalistin Oriana Fallaci feierte einen Megabucherfolg mit «Die Wut und der Stolz». Dabei finden sich darin Aussagen wie: «Unsere ‹ausländischen Arbeiter› (...) vermehren sich wie die Ratten. Mindestens die Hälfte aller moslemischen Frauen, die man auf der Straße sieht, sind von Kinderhorden umgeben und schwanger.»

Ungeachtet solcher Äußerungen wird die lautstark bekennende Atheistin von niemand Geringerem als dem damaligen Papst Benedikt XVI. im September 2005 zur Privataudienz empfangen. Oder gerade wegen solcher Äußerungen? Der römische Weihbischof Rino Fisichella erklärte jedenfalls der Zeitung «Il Corriere della Sera», es sollte keinen wundern, dass der Heilige Vater sich mit ihr austausche. Fallaci sei eine «Interpretin» der Gegenwart. Sie warne vor Gefahren und wolle deshalb vertraulich mit Benedikt sprechen. Das habe der schlicht akzeptiert.

In einem Interview setzte Fallaci 2006 noch eins drauf: «Überall wollen sie so verdammte Moscheen hinbauen. Wenn ich das noch erlebe, dann geh ich zu meinen Freunden. (...) Mit deren Hilfe schnappe ich mir Sprengstoff. Ich lass euch in die Luft fliegen. Ich spreng die Dinger! (...) Ich will diese Moschee nicht sehen, die wäre ganz in der Nähe von meinem Haus in der Toskana.»

Auch in Deutschland reibt man sich die Augen. Die Soziologin Necla Kelek erklärt im öffentlich-rechtlichen ZDF ganz nebenbei alle Männer einer bestimmten Gruppe zu

Sodomisten. Großes Aufheben wird darum nicht gemacht. Es bleibt einfach so stehen. Weil es schwer ist, die Aussage ohne Verfälschung zu paraphrasieren, zitiere ich sie im Wortlaut: «Ich sehe nach diesem Menschenbild, von dem ich vorhin gesprochen habe, was der Islam übrigens auch vorgibt. In der Erziehung, da gibt es ein Menschenbild, was konstruiert ist. Die Menschen haben nicht die Fähigkeit, ihre Sexualität zu kontrollieren, und besonders der Mann nicht, und der ist ständig eigentlich herausgefordert und muss auch der Sexualität nachgehen. Er muss sich entleeren, heißt es, und wenn er keine Frau findet, eben dann ein Tier. Das hat sich im Volk so durchgesetzt, das ist ein Konsens.»

Diese vier Beobachtungen zur frühen Phase der Islamfeindlichkeit in Deutschland beziehungsweise Europa verdeutlichen zweierlei: Die klassischen Vorstellungen von politisch rechts und politisch links haben sich offenkundig aufgelöst oder sind im Begriff, sich aufzulösen. Was klassischen Rechtsextremisten früher nie in den Sinn gekommen wäre, ist heute nicht ungewöhnlich: sich als Freund Israels auszugeben und sowohl «Ausländer» als auch «Juden» zu Kronzeugen ihrer Thesen zu erklären. Und: Der Islam ist eine neue Projektionsfläche von Menschenfeinden geworden.

Querfronten

Lange glaubten viele Menschen, dass dic politische Rechte und die politische Linke keinerlei Gemeinsamkeiten haben und sich diametral gegenüberstehen. Das stimmt in gewissen Punkten sicherlich auch immer noch, aber längst nicht mehr in allen. Am Beispiel des Islam lässt sich aber Erstaunliches erkennen.

Ein Zitat dazu: «Der Islam hat in der zeitgenössischen deutschen Ideologie geradezu camouflierend den Platz des deutschen Nationalismus eingenommen, wenn es um die feinsinnige Umwandlung des westlichen Egoismus in wahre Gemeinschaftlichkeit geht. (...) Einer der wenigen, ja bislang der Einzige, der sich überhaupt traute zu bemerken, welch routinierte Übung das Schönreden des Islam in Deutschland ist, der die höchsteigene deutsch-apokalyptische Grundhaltung bemerkt, die via dieser Schönrednerei sich Ausdruck verleiht, war Henryk M. Broder.»

Ein zweites Zitat: «Wer Broders Buch ‹Hurra, wir kapitulieren› gelesen hat, wusste, was ihn an erfrischender Überfremdungskritik in Chemnitz erwarten würde. (...) Broder hat eine scharfe Kehrtwende vollzogen und schlägt Töne an, die er selbst noch vor wenigen Jahren als ‹ausländerfeindlich› verteufelt hätte. Heute nimmt Broder aber kein Blatt mehr vor den Mund und klagt die Verständnishuberei der ewigen Ausländerfreunde an.»

Man könnte meinen, beide Würdigungen des «Welt»-Redakteurs, Buchautors und Vertreters der frühen «Islamkritik» Henryk Broder, auf dessen Äußerungen zum Islam auch der Attentäter von Oslo und Utoya, Anders Breivik, in der Phase seiner Radikalisierung aufmerksam geworden ist, stammten von ein und derselben Internetseite. Das zweite Zitat stammt aber aus einer Stellungnahme der NPD in Chemnitz, das erste ist aus einem Beitrag der Redaktion «Bahamas» entnommen – einem Szene-Magazin der linksextremen Antideutschen-Bewegung. Gegensätzlicher könnten die Positionen nach dem klassischen Rechtslinks-Schema wohl kaum sein. Und doch finden beide Pole in der Islamfeindlichkeit einen Schnittpunkt. Für diese Überschneidungen von klassisch rechten und klassisch linken Milieus hat sich der Begriff «Querfront» eingebürgert.

So paradox das alles klingt, so paradox zeigt sich bisweilen die gegenwärtige Realität. Der einstige linke Vorzeigeaktivist, ehemaliges Mitglied des Kommunistischen Bundes, Jürgen Elsässer, tritt etwa im Jahr 2015 bei einer Pegida-Veranstaltung in Leipzig (Legida) auf. Die Überwindung des klassischen politischen Lagerdenkens wird vor allem von traditionellen Rechten konkret befördert. Denn auch diese Strategie soll dazu dienen, das Image des «Neonazis» abzulegen und vielmehr nach außen zu demonstrieren: «Wir sind das Volk. Wir sind zwar nicht in allem einig, aber an dieser Stelle repräsentieren wir die schweigende Mehrheit.» Grenzen sollen verschwimmen.

Selbst in konservativen Kreisen reibt man sich die Augen angesichts der zunehmenden Schärfe, mit der die Auseinandersetzung von rechts geführt wird. «Gemäßigte Konservative werden neuerdings von rechts angefeindet und bezichtigt, mit dem ‹links-grünen Mainstream› zu kollaborieren oder selbst links beziehungsweise ‹linksliberal› zu sein», konstatiert der Politikwissenschaftler und Publizist Andreas Püttmann. Ein Paradebeispiel für diese Auseinandersetzung ist die Spaltung der AfD. Der Parteigründer und ehemalige Vorsitzende Bernd Lucke, nach dem Start der AfD selbst von politischen Beobachtern als Rechtsaußen qualifiziert – also zumindest rechts von der CSU eingeordnet –, wurde im Laufe des Jahres 2015 von rechts überholt von seinen ehemaligen Parteifreunden Alcxander Gauland und Frauke Petry. Luckes einstiger Vertrauter in der AfD, Hans-Olaf Henkel, führte die Entwicklung zu der erschrocken-selbstkritischen Feststellung: «Wir haben ein richtiges Monster erschaffen.» Der ehemalige Chef des Bundesverbandes der Deutschen Industrie führte aus, die AfD sei inzwischen eine Art NPD-light, vielleicht sogar identisch mit der NPD. Inzwischen gilt Frauke Petry als zu angepasst.

Ein weiterer Bruch im konservativen Milieu, der für eine gewisse Aufmerksamkeit gesorgt hat, war 2015 der Ausstieg von Michael Miersch aus dem mit Henryk Broder und Dirk Maxeiner gegründeten politischen Blog «Die Achse des Guten». In seiner Begründung, die am 20. Januar 2015 auf dem Blog veröffentlicht wurde, heißt es: «Auf der Achse hat sich eine Stimmung breitgemacht, die kaum noch etwas gemein hat mit der ursprünglich liberalen, weltoffenen und aufgeklärten Haltung dieses Autorenblogs. Als wir vor fast elf Jahren die Achse gründeten, waren die heute vorherrschenden Sichtweisen ziemlich genau das Gegenteil von dem, was wir wollten. Der kulturpessimistische, anti-westliche, national-konservative Gegenpol zur Achse wurde damals von Publizisten wie Konrad Adam und Alexander Gauland repräsentiert, die heute zur Führungsriege der AfD zählen. Beide Herren sind ihrer Weltanschauung treu geblieben und haben damit in jüngster Zeit viel Zulauf gewonnen. Ihr Erfolg geht leider so weit, dass sogar Achse-Autoren diese Partei und ähnlich gestrickte Protestbewegungen wie Pegida verteidigen. Einige sympathisieren ganz offen mit deren Zielen und erklären die Dresdener Demonstranten zum unterdrückten ‹Volk›, welches sich gegen das ‹System› wehren müsse. Diese Entwicklung hat dazu geführt, dass massenweise Leser aus dem AfD-Pegida-Umfeld angezogen wurden, die sich auf den Leser-Kommentarseiten der Achse entfalten. Viele dieser Leser-Kommentare können wegen ihrer Wortwahl und ihrem offen zur Schau getragenen Hass gar nicht erst veröffentlicht werden. Sie verhöhnen Autoren wegen ihrer nicht deutsch klingenden Namen und wüten gegen alles, was nicht in ihr geschlossenes Weltbild passt. Ich bezweifle, dass man deshalb Leute verteidigen oder gar unterstützen muss, die ‹Islamkritik› sagen und ‹Ich hasse alle, die anders sind als ich› meinen.»

Gut, dass Michael Miersch das erkannt hat und seine Konsequenzen daraus gezogen hat. Allerdings frage ich mich schon, warum er noch so lange vor diesem Schritt zurückgeschreckt ist, nachdem bereits 2014 auf «Die Achse des Guten» Folgendes zu lesen war: «Die Theorie von einfühlsamen (deutschen) Soziologen, wonach diese bestialischen Jugendlichen sich in Wahrheit als Versager und Opfer der Gesellschaft vorkämen und ihr Blutrausch ein verzweifelter Aufschrei sei, ist natürlich eine von der Migrantenindustrie, schwachsinnigen Politikern und geisteskranken linken Medienleuten bestellte Lüge, die, obwohl niemand daran glaubt, nicht einmal sie selbst, dazu dienen soll, sozusagen das öffentliche ‹Branding› des armen, lieben Ausländers in das Hirn der Allgemeinheit zu penetrieren.» Da schreibt einer unter dem Titel «Das Schlachten hat begonnen» von einem «schleichenden Genozid» an deutschen Männern, und ein versierter Journalist wie Michael Miersch zeigt sich viel zu spät verwundert über derlei Beiträge. Wer solche Gedanken zu lange gären lässt, darf später nicht über die unangenehmen Folgen, den Kontrollverlust über eine solche Meinungsverbreitung erstaunt sein.

Das klassische politische Lagerdenken der Bonner Republik ist an vielen Stellen heute Geschichte. «Deutschomanen» finden sich mithin in allen Parteien – von der CSU bis zur Linken. In einigen Parteien gibt es davon natürlich mehr, in anderen weniger.

Diese Erkenntnis erklärt auch, warum viele «Deutschomanen» in der jüngeren Vergangenheit in die Mitte unserer Gesellschaft mit ihren Thesen vorstoßen konnten. Die Verwirrungstaktik, mit der Israelflagge in der Hand rechtsradikale Parolen zu rufen, ist zunächst aufgegangen. Viele Bürger ließen sich ablenken, glaubten den Aussagen, man könne nicht rechtsradikal sein, wenn man gleichzeitig proisraelisch oder proamerikanisch auftrete und wenn man demonstrativ die Worte Rechtsstaat, Meinungsfreiheit, Republik und Demokratie im Mund führe. Das Thema «Islam» scheint das klassische politische Lagerdenken so richtig durcheinandergebracht zu haben.

Auch viele Eliten erkannten in den nuller Jahren dieses Verwirrspiel nicht. Erst im zweiten Jahrzehnt des neuen Jahrtausends dämmerte es langsam, dass man es mit denselben Leuten zu tun hatte, die im 20. Jahrhundert noch gegen «Polacken», «Itaker», «Asylanten» und «Ausländer» gehetzt hatten. Auch das Phänomen Pegida wurde zunächst von vielen verharmlost, völlig unverständlicherweise. Ich meine, die Bewegung nennt sich «Patriotische Europäer gegen die Islamisierung des Abendlandes» – allein dieser Name ist doch ein Gütesiegel für eine Disqualifizierung im seriösen Diskurs.

Als die Pegida-Demonstrationen Ende 2014 starteten, gab es von verschiedenen Seiten zunächst Versuche des Dialogs. Der Vizekanzler und SPD-Vorsitzende Sigmar Gabriel setzte sich, wenn auch offiziell als Privatperson, mit Pegida-Sympathisanten zusammen. Nach den Ausschreitungen in Heidenau, wo es nach einer NPD-Kundgebung zu gewalttätigen Protesten gegen die Unterbringung von Flüchtlingen kam, sprach er dann doch in recht eindeutig bewertender Weise von «Pack». Die sächsische CDU versucht bis ins Jahr 2016 hinein zumindest teilweise Verständnis für Pegida und Konsorten aufzubringen. Selbst noch nach den schlimmen Vorfällen von Clausnitz, als ein Mob von rund hundert Männern einen Bus mit Flüchtlingen vor der Unterkunft zum Halten brachte und Frauen und Kindern mit hassverzerrten Gesichtern «Wir sind das Volk» entgegenschrie, bis die vor lauter Verängstigung anfingen zu weinen. Dem deutschen Dolmetscher an Bord, ein älterer Herr, trieb es noch Tage später bei einem Fernsehauftritt Tränen in die Augen, als er die Geschehnisse wiedergab. Anstatt einen Platzverweis von den rund dreißig Polizisten vor Ort zu erhalten, ließen die Beamten die protestierenden Krakeeler gewähren.

Bei Linken steht das nationale Denken zwar weniger im Vordergrund, aber auch hier tummeln sich zahlreiche «Deutschomane». Die offizielle Rechte macht geschlossen gegen die Aufnahme von Flüchtlingen Stimmung, die offizielle Linke bezieht hier zwar eine andere Position, doch nicht nur Äußerungen von Fraktionschefin Sahra Wagenknecht und von Partei-Ikone Gregor Gysi sorgten für Irritationen. Gysi warb schon Anfang Januar 2015 für einen Dialog mit den Pegida-Anhängern: «Mit den Funktionären, den Anführern, würde ich nicht reden. Das bringt nichts. Reden muss man aber mit den Mitläufern, und das werde ich auch tun», sagte er dem «Tagesspiegel».

Der Chemnitzer Linken-Abgeordnete Michael Leutert spricht wie die Rechtspopulisten: «Wir wollen keine Obergrenzen wie die CSU, aber wir können auch nicht jedes Jahr eine Million Asylbewerber aufnehmen und integrieren.» Das ist zwar de facto richtig, aber der Populismus ergibt sich eben daraus, dass es überhaupt nicht zur Debatte stand, jedes Jahr eine Million Asylbewerber aufzunehmen. Solche Aussagen sind lediglich Teil des typischen Angstdiskurses, der vor allem von Rechtspopulisten getragen wird.

Sahra Wagenknecht rührt diese Gedanken ebenfalls auf, wenn sie prominent von «Kapazitätsgrenzen und Grenzen der Aufnahmebereitschaft der Bevölkerung» spricht und betont: «Es können nicht alle Flüchtlinge nach Deutschland kommen.» Oder wenn sie nach den Silvester-Übergriffen in Köln sagt: «Wer Gastrecht missbraucht, hat Gastrecht eben auch verwirkt. Und das ist auch von der Linken eine klare Position.» Das ist de facto gar nicht mal falsch, aber selbstverständlich ist Sahra Wagenknecht klar, dass Begrifflichkeiten wie Gastrecht, Kapazitätsgrenzen und Aufnahmebereitschaft vom rechtspopulistischen Diskurs eindeutig besetzt sind. Und wenn sie sich dieses Vokabulars bedient, zeigt das, dass sie in eine ähnliche Richtung zielen will.

Vielleicht steckt dahinter einfach nur fehlende Kreativität, die potenziellen Wähler mit eigenen Worten zu erreichen, vielleicht aber eben auch ein ähnlich deutschomaner Geist wie bei so vielen Rechtskonservativen. Schon Oskar Lafontaine, der einstige SPD-Vorsitzende und spätere Linken-Chef, hatte 2005 auf einer Kundgebung in Chemnitz gesagt: «Der Staat ist verpflichtet, seine Bürger und Bürgerinnen zu schützen, er ist verpflichtet, zu verhindern, dass Familienväter und Frauen arbeitslos werden, weil Fremdarbeiter zu niedrigen Löhnen ihnen die Arbeitsplätze wegnehmen.» Ein gebildeter, klassischer «Linker» benutzt die Vokabel «Fremdarbeiter», ein Schlagwort des nationalsozialistischen Sprachgebrauchs für Zwangsarbeiter, die aus den überfallenen Gebieten nach Deutschland deportiert wurden, und er bedient die klassischste aller ausländerfeindlichen Parolen in Deutschland: Die Ausländer nehmen uns die Arbeitsplätze weg.

Diese Äußerungen seitens des Linken-Führungspersonals sind gar nicht einmal so verwunderlich. Demoskopen haben bei allen Wahlen seit Aufkommen der AfD festgestellt, dass auch viele Wähler von der Linken zu den Rechtspopulisten gewechselt sind. Bei der Bundespräsidentenwahl in Österreich haben dreiundachtzig Prozent der Arbeiter – also eine klassische linke Wählergruppe – für den rechtspopulistischen Kandidaten der FPÖ Norbert Hofer gestimmt. Nach der Aussage von Bundeskanzlerin Angela Merkel 2015, dass auch für sie der Islam zu Deutschland gehöre, stellte die Forschungsgruppe Wahlen im Auftrag des ZDF-Politbarometers fest, dass achtundfünfzig Prozent der Linken-Anhänger dieser Aussage widersprechen. Damit waren die Linken nach der AfD mit sechsundneunzig Prozent die Partei mit dem zweitgrößten Widerspruch zu dieser Aussage (zum Vergleich: Anhänger der Grünen stimmten zu dreiundsiebzig Prozent zu, der FDP zu zweiundsechzig Prozent, der SPD zu sechsundfünfzig Prozent und der Union zu sechsundvierzig Prozent – neunundvierzig Prozent der Unions-Anhänger widersprachen).

Die Anknüpfungspunkte an linke Positionen ergeben sich aber nicht nur über völkisches Gedankengut, sondern auch über skeptische bis ablehnende Haltungen gegenüber jeglicher Religion und Religionsausübung. Gerade in Ostdeutschland, wo die Linke besonders stark ist, glauben etwa drei Viertel aller Menschen nicht an einen Gott. Wie im klassisch rechten Spektrum wird auch im klassisch linken Spektrum Islam und Demokratie für unvereinbar gehalten. Über diese gemeinsame Haltung kam und kommt es immer wieder zu Annäherungen beider Lager beziehungsweise zur Überwindung von Lagerdenken – eben zu Querfronten. Das macht es für mich in sehr vielen Diskussionen und Gesprächen nicht einfach, bei gleichzeitiger Differenzierung dennoch ähnlich dagegen zu argumentieren.

Es ist sehr mühselig, Menschen ständig diese Konstruktionen im Hintergrund erklären zu müssen. Insbesondere weil sie mitunter komplex und schwer verständlich zu machen sind. Das kostet nicht nur sehr viel Kraft, sondern zermürbt geradezu. Viele Freunde und Bekannte mit Migrationshintergrund fühlen sich innerlich zerrissen. Es fällt den meisten unheimlich schwer, sich in diesem Netz aus feinsten bis gröbsten Anfeindungen zu bewegen und gleichzeitig ständig in einer Warteposition auf Besserung zu verharren. Es ist schlichtweg frustrierend, diesen Zustand der Zerrissenheit aushalten zu müssen. Und doch bleibt einem nichts anderes übrig – sofern man sich nicht in die innere Migration zurückziehen will.

Wer in Deutschland lebt und keine mitteleuropäischen, germanischen Wurzeln hat, muss ständig mit Vorhaltungen und negativen Erlebnissen leben. Dazu muss man kein Muslim sein. Jeder kann davon erzählen. Wahlweise bekommen Menschen mit fremden Wurzeln vorgehalten, nicht so fleißig zu sein, ein Problem mit Korruption zu haben, kriminell zu sein, nicht so ordentlich zu sein, Frauen zu schlecht zu behandeln, sexuell verhaltensauffälliges, reaktionäres Denken zu vertreten, aus einer unterentwickelten Kultur zu kommen – diese Aufzählung ließe sich noch mit weiteren rassistischen Aussagen fortführen.

Leider fragen sich zu wenige, welch gravierende Folgen solch ein «Bashing» hat. Man könnte glauben, dass es für die erste Einwanderergeneration der Bundesrepublik Deutschland am schwersten ist, solche Anfeindungen zu ertragen. Wenn ich an meine Eltern denke, die mehr als ein halbes Jahrhundert in diesem Land leben und vier Kindern den Zugang zur akademischen Bildung ermöglicht und ihnen offene, kosmopolitische Werte vermittelt haben, obwohl sie selbst eher traditionell, konservativ sind und ihre Spiritualität pflegen – wenn ich bedenke, dass sie für ihre friedliebende Art zum Teil gehasst werden, dann beschämt mich das zutiefst und macht mich auch wütend. Aber wen würde das auch nicht wütend machen? Diese Menschen sind seit Jahrzehnten in unserem Land, haben sich eingelebt. Und werden von manchen Mitbürgern doch immer wieder pauschal verurteilt, nicht als gleichwertige Bürger anerkannt.

Dennoch glaube ich, es ist die zweite, dritte Generation einheimischer Neubürger, denen es noch schwerer fällt, diese Ablehnung zu ertragen. Zum einen beherrschen sie die deutsche Sprache besser als ihre Eltern oder Großeltern, und zum anderen verstehen sie dadurch auch den Mechanismus der gruppenbezogenen Menschenfeindlichkeit besser. Während die erste Generation sich immer mit dem Gedanken selbst beruhigen konnte «Dann gehen wir irgendwann wieder zurück nach Italien, Spanien, Portugal, Griechenland, in die Türkei, nach Syrien», rückt diese Option für die zweite, dritte, vierte Generation in immer weitere Ferne. Denn das Heimatland ihrer Eltern oder Großeltern ist ihnen letztlich fremd, es ist nicht ihr Zuhause.

Auch wenn viele versuchen, diese Illusion aufrechtzuerhalten, indem sie sich selbst lieber als Türke oder Italiener bezeichnen statt als Deutscher. Die Illusion beginnt als Erstes zu bröckeln, wenn es um die Sprachfähigkeiten geht. Um sich zu Hause innerhalb der Familie zu verständigen, reichen einige hundert Vokabeln aus. Um eine politische Diskussion im Fernsehen zu verfolgen, um ein etwas komplexeres Buch zu lesen, indes nicht. Das deckt sich mit Studien zum Medienkonsum der zweiten und dritten Generation von Einwanderern in Deutschland, wonach überwiegend deutsches Programm genutzt wird und nicht etwa das Programm aus den Heimatländern der Eltern. Die sprachlichen Fähigkeiten reichen offenbar nicht aus, um unangestrengt den Sendungen und Serien folgen zu können. Die Frage nach der eigentlichen Muttersprache kann dann schon einmal ein Identitätsproblem aufwerfen.

Bereits eine Minderheit von «Deutschomanen» hat großen Einfluss, um hier für Stimmung der Ablehnung zu sorgen. Auch wenn die Mehrheit der Deutschen offen und großherzig gegenüber anderen Menschen ist, reicht es aus, wenn sich nur ein kleiner Teil der Bevölkerung lautstark ablehnend äußert. Und das liegt daran, dass man als Laie die Dimension solcher Äußerungen nur ganz schwer abschätzen kann.

Nehmen wir den AfD-Vize Alexander Gauland. Die «Frankfurter Allgemeine Sonntagszeitung» hatte ihn im Mai 2016 mit einer Aussage zitiert, wonach die Deutschen zwar Fußball-Nationalspieler Jérôme Boateng als Sportler schätzten, einen Fremden wie ihn aber nicht zum Nachbarn haben wollten. Die Aussage hat zu einer großen Debatte geführt, vor allem weil nicht klar ist, ob Gauland sich wirklich so geäußert hat. Aber das tut erst einmal nichts zur Sache. Es wäre auch keine große Überraschung, wenn Alexander Gauland, der in einer Stellungnahme selbst schrieb: «Im Mittelpunkt des Gesprächs [stand] der ungebremste Zustrom raum- und kulturfremder Menschen nach Deutschland», sich gegenüber den Journalisten tatsächlich so geäußert hätte.

Jérôme Boateng hat eine deutsche Mutter und einen ghanaischen Vater, er wurde in Berlin geboren, wuchs in Deutschland auf und ist Christ. Allein die Vorstellung, ihn als «Fremden» zu sehen, nur weil er eine dunklere Hautfarbe hat, ist für mich verachtenswert. Solche Aussagen über die Spieler der Fußball-Nationalmannschaft werden jedoch seit Jahren gedacht und getätigt, wenigstens im Internet. Dank der Gauland-Debatte haben es diese Aussagen nun in die «Prime Time» geschafft. Als Zuschauer weiß man nicht, wie viele Menschen in Deutschland wirklich so denken. Dieses Unwissen verunsichert – und zwar vor allem jene, denen von Deutschomanen gemeinhin unterstellt wird, keine Deutschen zu sein. Und diese Verunsicherung hemmt das Gefühl, sich heimisch fühlen zu dürfen. Man darf sich also nicht wundern, wenn es manchen Sportlern mit Migrationshintergrund schwerfällt, sich emotional darauf einzulassen, die deutsche Nationalhymne mitzusingen.

Die Angst, die bei vielen Mitgliedern von Minderheiten einfach schwelt, ist: Im Zweifelsfall stehe ich solchen feindlich gesinnten Menschen doch völlig hilflos gegenüber. Ich rücke aufgrund meiner Hautfarbe, meines Geschlechts, meiner sexuellen Orientierung oder einer Behinderung etwa in das Feindschema, ohne mich dagegen ernsthaft wehren zu können.

Umso wichtiger ist es, dass die Mitte der Gesellschaft ein solches diskriminierendes Verhalten eindeutig und für alle vernehmbar ablehnt. Und die Rechte von Minderheiten nicht nur akzeptiert, sondern fördert. Allerdings muss bedacht werden: Trotz einer möglicherweise breiten Welle der Solidarität wird das Vertrauen in dieses Land und seine Menschen in solchen Fällen von Ausgrenzung nur langsam wieder wachsen können. Das Vertrauen zu zerstören ist einfacher, als es wieder aufzubauen.

Menschenfeinde und ihre Opfer

Der Islam ist offenkundig die neue Projektionsfläche von Menschenfeinden geworden. Ihr Hass zielt nicht mehr pauschal gegen Ausländer, sondern ganz konzentriert gegen Muslime. Die Auflösung ihrer Fehleinschätzungen und die Entlarvung ihres Deckmantels «Angst», der eigentlich Fremdenhass ist, ist mühevoll, auch wenn der Sachverhalt eigentlich klar ist. Dennoch: Ein einfacher Verweis auf die Terrortaten des IS und sonstiger Gewalt, die von Menschen mit muslimischem Familienhintergrund verübt wird, verschafft diesen Menschenfeinden Luft und Raum. «Ich? Ich hab doch nichts gegen Muslime. Ich kritisiere doch nur die offensichtlichen Missstände im Islam» ist eine gern gebrauchte Verteidigungsformel. Eine, die immer wieder akzeptiert wird. Und sei es nur aus Bequemlichkeit.

Dabei darf aber eben eines nicht vergessen werden: Das Wort «Islam» beziehungsweise «Muslime» dient dabei als Chiffre für alle Gruppen, gegen die man gegenwärtig mit Hetze weniger leicht öffentlich reüssieren kann, wie Juden, Homosexuelle, Feministen, Nichtchristen, Vertreter und Verteidiger einer offenen Gesellschaft – letztlich alle, die von der «deutschomanischen Norm» abweichen. Diese Erkenntnis über diese größer werdende Gruppe von Menschenfeinden ist von großer Wichtigkeit und erklärt viel von dem, was sie alle verbindet und zusammenhält.

Möglicherweise werden vor allem jüdische Mitbürger an dieser Stelle einhaken. Der Antisemitismus ist leider nach wie vor ein weit verbreitetes Phänomen in Deutschland. Jüdische Gemeinden, jüdische Organisationen und Privatbürger bekommen haufenweise Post mit Beleidigungen, Schmähungen, Todesdrohungen. Juden blicken nicht nur täglich in die Abgründe menschlicher Seelen in diesem Land, sie können in Deutschland keine einzige Institution eröffnen, die nicht polizeilich geschützt werden muss vor Angriffen. Das Ganze ist natürlich deshalb noch schwerer zu ertragen, weil niemand in diesem Land und auf diesem Kontinent über Jahrhunderte, gar Jahrtausende mehr gelitten hat als Angehörige der jüdischen Religion.

Erschreckend ist ferner eine Beobachtung, die ich persönlich ebenfalls seit längerem mache, wonach sich immer mehr Menschen trauen, ihren Hass mit echtem Namen und echter Adresse zu versehen. Und selbst auf bundespolitischer Ebene spielt Judenfeindlichkeit wieder eine Rolle. 2012 gab es eine bundesweite Debatte über ein Verbot der Beschneidung von Jungen aus religiösen Gründen, das letztlich durch eine Klarstellung des Gesetzgebers abgewendet wurde. 2016 tat AfD-Vize Gauland in einem Interview mit dem Deutschlandfunk in seiner chauvinistisch-paternalistischen Art kund: «Aber das Schächten gehört nicht, wie zum Beispiel die Beschneidung – und die haben wir in keiner Weise angesprochen – zur jüdischen Religion. Das heißt, jüdisches Leben stirbt nicht.» Alexander Gauland als Nichtjude weiß also, was für die jüdische Religion von Relevanz ist und was nicht.

Die Anfeindungen der Juden in diesem Land durch «Deutschomanen» ist offenkundig nicht geringer geworden. Und man muss dazu festhalten, dass durch die Einwanderung aus Ländern des Nahen und Mittleren Ostens, wo der Antisemitismus weit verbreitet ist, das Problem noch verschärft wird. All diese Tendenzen werden allerdings überlagert davon, dass der öffentliche Fokus der Menschenfeinde eindeutig auf den Islam gerichtet ist. Auf deutschen Straßen wird nunmehr seit Jahren Wahlwerbung plakatiert, auf der Sprüche wie «Freiheit statt Islam», «Sag nein zur Moschee, wähl NPD», «Minirock statt Minarett», «Ist der Ali kriminell in die Heimat aber schnell» oder «Wir lassen die Kirche im Dorf und die Moschee in Istanbul» stehen. Synagogen, Talmud und Jerusalem findet man auf derartigen Plakaten heute – glücklicherweise – nicht. Darin liegt auch eine gewisse Heimtücke. Denn es signalisiert, dass die Urheber solcher Plakate plötzlich all ihre Vorurteile gegenüber Juden abgelegt hätten. Gewiss nicht. Wir sitzen hier im selben Boot. Wir und mit uns zusammen viele andere Minderheiten.

Schlimm genug aber ist die Tatsache, dass hier Menschen glauben, es sei legitim, derartige Parolen zu vertreten. Offen Sprüche aus der Nazizeit zu wiederholen – nur mit anderem Adressaten. Und schlimm auch, dass der Aufschrei der Gesellschaft nicht größer ist. Als würde der Chiffrenwechsel den Blick darauf vernebeln, dass hier eine altbekannte Propaganda in Gang gesetzt wird.

Warum dieser Chiffrenwechsel? Die klassischen rechtsradikalen Parolen würden heutzutage nicht mehr in die Mitte der Gesellschaft vorstoßen können. Das zeigt der gegenwärtige Niedergang der NPD, das zeigt der Kurswechsel des französischen Front National unter Marine Le Pen, die den alten Rechtsradikalismus ihres Vaters Jean-Marie Le Pen versucht zu meiden wie der Teufel das Weihwasser. Die Propaganda aber, verkleidet in ein islamisches Gewand, wirkt, weil durch den Terror der Salafisten in europäischen Ländern, die konkrete Bedrohung durch sie, eine greifbare Angst angesprochen und geschürt werden kann. Der Aufschrei der Mehrheit ist deshalb weniger groß. Und bei manchen funktioniert es wie ein trojanisches Pferd: Ist es erst einmal eingeschmuggelt worden, kommt dieser altbekannte Hass auf andere wieder zum Vorschein und entfaltet sich. Um es aber einschmuggeln zu können, werden zunächst vermeintlich schlagende Argumente geliefert, die die Empfänger einwickeln sollen: Der Islam sei gewaltbereit. Wenn irgendwo Anschläge verübt werden, seien meistens Muslime dafür verantwortlich. Die Religion sei rückständig und frauenverachtend. Sie gefährde die Demokratie und die Errungenschaften, die sich diese Gesellschaft im Abendland über Jahrzehnte und durch viel Blutvergießen erarbeitet hat. Und weil all das zumindest einen wahren Kern haben kann, fallen viele auf die falschen Pauschalisierungen der Propagandisten herein.

Selbst auf Intellektuelle, Wissenschaftler, Politiker, Journalisten wirken solche «Argumente» in Kontradiktion zu ihrem Verstand so überzeugend, dass sie sie entweder eins zu eins übernehmen oder in leicht reduzierter Form damit operieren, ihren Wahrheitsgehalt anpreisen. Sicher sind diese Fälle von Gewalt, Rückständigkeit und Frauenfeindlichkeit real. Wer würde das bestreiten angesichts der täglichen Nachrichten? Aber ist man wirklich nicht in der Lage zu erkennen, dass dies nur auf eine Minderheit zutrifft? Was ist mit Menschen wie Cem Özdemir, Navid Kermani, Aydan Özoğuz, Cemile Giousouf, Hilal Sezgin, Rabeya Müller? Wirklich alles nur Ausnahmen? Alles nur Menschen, die ihre Religion einfach nicht verstanden haben? Das ist doch absurd.

Auf globaler Ebene reden wir von 1,5 Milliarden (!) muslimischer Menschen. Wenn diese alle dem Bild, das die «Islamkritiker» verbreiten, entsprechen würden, wie sähe unsere Welt dann aus? Und weiß wirklich jeder dieser Islamkritiker, dass viele muslimische Staaten jahrzehntelang von säkularen Diktaturen, westlichen Verbündeten, nicht von Islamisten unterdrückt wurden?

Dass die offensichtliche Panikmache und Pauschalisierung gegen Muslime von so vielen intelligenten Menschen nicht erkannt wird, kann aus meiner Sicht nur daran liegen, dass sie in den meisten Fällen selbst «deutschomanisch» sind und Angst vor Veränderungen haben. Womöglich, weil sie es nie gelernt haben, mit Freiheit umzugehen. Das ist etwas, das mit Intellekt nichts zu tun hat. Es ist wohl eher so: Einige Menschen wollen ganz einfach nicht erkennen – auch wenn sie es ihrem geistigen Vermögen nach könnten –, dass die üblichen «islamkritischen» Vorwürfe nur auf eine Minderheit zutreffen. Und diese nur unzureichenden «Argumente» gegen diese Religion und ihre Anhänger sind Ventil, Anker, Saat für ein und dasselbe Phänomen: Menschenhass.

Das Tabu der Islamfeindlichkeit

Von den Schwierigkeiten im Umgang mit der Islamfeindlichkeit zeugt, dass dieses Phänomen von manchen mit einem gewissen Tabu belegt zu sein scheint. Während man anfangs, in den nuller Jahren, seinem Publikum die Existenz von Islamfeindlichkeit erst einmal anhand von Studien belegen musste, beobachtet man heute in öffentlichen Diskussionen, dass Politiker und Medien sich offenkundig wohler fühlen, wenn sie von Fremdenfeindlichkeit sprechen und schreiben können statt von Islamfeindlichkeit.

Als beispielsweise der Massenmörder Anders Breivik 2012 in Oslo und Utoya siebenundsiebzig Menschen umbrachte, scheuten sich viele davor, seinen Hass auf den Islam als Motiv zu benennen, dabei hatte er ihn ausführlich in einem eintausendfünfhundert Seiten starken «Manifest» dokumentiert.

Als Marwa, eine ägyptische Pharmazeutin, 2009 in einem

Dresdener Gerichtssaal von dem Angeklagten Alex Wiens erstochen wurde, griffen viele lieber auf die Einordnung «ausländerfeindlich» statt «islamfeindlich» zurück. Es scheint selbst eine merkwürdige Zurückhaltung zu geben, die Gruppierung Pegida als klar islamfeindlich zu bezeichnen – dabei steht der Beweis dafür schon in ihrem Namen, mit dem Begriff «Islamisierung». Das Stichwort «Islamisierung» ist eines, das fest in islamfeindlichen Diskursen verankert ist. Doch man spricht von einer fremdenfeindlichen, islamkritischen, ja sogar «asylkritischen» Bewegung.

Eine plausible Begründung für diese Zurückhaltung oder eben auch Tabuisierung vermag ich nicht zu sehen – vielleicht noch, weil es im offiziellen juristischen Bereich so etwas wie Islamfeindlichkeit nicht gibt. Aber seit wann müssen Begriffe juristisch vorgegeben werden? Ist es vielleicht eher die Angst vor den lautstarken und aggressiven Vertretern der islamfeindlichen Szene, die Angst vor möglichen Shitstorms? Wenn ja, dann kann ich nur feststellen: Solche Shitstorms müssen wir aushalten, ohne uns davon ins Bockshorn jagen zu lassen. Wenn ich persönlich bei jedem Shitstorm eingeknickt wäre, wäre dieses Buch nie geschrieben worden. Es braucht ein bisschen mehr Gelassenheit, wenn man die Dinge beim Namen nennt. Und etwas, das selbstverständlich sein sollte: Rückgrat.

Plädoyer für eine Ausgrenzung

Menschen mit rassistischen Gedanken müssen in einer Demokratie die Grenzen aufgezeigt werden, damit sie gar nicht erst eine Dynamik entfalten können, die man unter Umständen später nicht mehr unter Kontrolle bekommt. Jede, wenn auch vorsichtige Annäherung von etablierter Seite verschafft Rassisten ein Stück mehr Legitimität. Deshalb sind die Forderungen eines Gregor Gysi nach einem Dialog mit Pegida-Anhängern und erst recht die Umsetzung des Ganzen durch Sigmar Gabriel sehr gefährlich und kontraproduktiv. Rassismus hat in einer freiheitlichen Demokratie kein Anrecht auf politische Repräsentanz. Rassismus ist ein Verbrechen, keine Meinung. Wer in einer Demokratie politischen Anschluss möchte, um gesellschaftlich gehört zu werden, der muss sich aus dem radikalen Milieu lösen. Vor allem Politiker brauchen hier klare Haltungen und Mut, nicht nach jeder Stimme auf Teufel komm raus zu angeln.

Um eines klarzustellen: Hier geht es nur darum, jenen das Gespräch und die Aufmerksamkeit zu verweigern, die eindeutig Rassismus und gruppenbezogene Menschenfeindlichkeit verbreiten. Und ja, hier gibt es kein Schema F, nachdem man beurteilen könnte, auf wen das zutrifft und auf wen nicht. Das muss man im Einzelfall nach gesundem Menschenverstand für sich selbst klären. Wenn aber eine Bewegung dies bereits im Namen trägt («Patriotische Europäer gegen die ISLAMISIERUNG des Abendlands»), gibt es daran keine Zweifel mehr. Wenn jemand über «Die große Verschwulung» schreibt, gibt es daran keine Zweifel mehr.

Wenn die Bundestagsvizepräsidentin Claudia Roth (Die Grünen) sagt, sie setze sich nicht mit Henryk M. Broder in die Fernsehtalkshow «Münchner Runde» des Bayerischen Rundfunks, ist das absolut legitim, wenn man weiß, dass Broder sie auf seinem Journalisten-Blog «Die Achse des Guten» als «ein Doppelzentner fleischgewordene Dummheit» bezeichnet hat. Ebenso war die anschließende Ausladung Broders absolut legitim. Wer sich derartig abfällig äußert, muss sich nicht wundern, wenn er aus einem seriösen Diskurs ausgeschlossen wird.

Mir fällt es auch schwer, mit manchen Leuten zu sprechen, mit denen ich eigentlich gar nicht sprechen will, weil sie eine diametral entgegengesetzte Auffassung zu meiner eigenen haben. Ich stehe oft vor der Frage, ob ich mich mit solchen Leuten in eine Talkshow, in eine Podiumsdiskussion setzen möchte und kann. Dagegen spricht zum Beispiel, dass man bestimmte Leute aufwertet, wenn man sie als Gesprächspartner akzeptiert. Dafür spricht, dass man sie öffentlich stellen, ihre Argumente kontern und einigen manchmal auch die Ablehnung vor der Öffentlichkeit ins Gesicht sagen kann. Dabei geht es natürlich nicht darum, diese Menschen selbst zu überzeugen – es geht um das Publikum. An sie richten sich meine Botschaften. Und im Übrigen auch die der Hetzer.

Im parteipolitischen Wettstreit aber gilt diese Verweigerungshaltung nur bedingt. Solange eine Partei nicht verboten ist, müssen sich andere Parteien mit ihr auseinandersetzen, sobald sie eine gewisse Relevanzschwelle überschritten haben. Politikwissenschaftler weisen stets darauf hin, dass man sich den Äußerungen populistischer Parteien mit sachlichen Argumenten stellen sollte, ob sie nun im linken oder rechten Parteispektrum agieren. Das Gebot der Auseinandersetzung gilt nicht für jeden einzelnen Vertreter der Partei, auch innerhalb populistischer Parteien gibt es unterschiedliche Menschen.

Die AfD, um die sich in der Flüchtlingskrise 2015/2106 alles drehte, darf folglich natürlich nicht per se aus dem Diskurs ausgegrenzt werden – allenfalls eben einzelne Vertreter. Mit politischen Parteien, die gesprächsbereit sind, muss gesprochen werden.

Wenn sich der rechte Mob – trotz des Vorhandenseins von Linkspopulisten reden wir in Deutschland vor allem von Starrsinnigen auf der rechtsextremen Seite – mit Argumenten nicht überzeugen lässt, wie dann? Rechtsradikalismus ist eine Form von Rebellion, von Widerstand. Ähnlich wie bei vielen Anhängern des Salafismus, einer fundamentalistischen Strömung im Islam, die in Teilen zu Gewalt neigt und den geistigen Nährboden für die Terrormiliz IS bildet, wenden sich Menschen aus persönlichen Gründen solchen radikalen Szenen zu. Frust über die eigene Familie, Ausgrenzung im sozialen Umfeld, Angst vor gesellschaftlichem Abstieg, vor mangelnden Perspektiven – alles das sind Triebfedern, die Menschen in radikale Szenen drängen können, ganz egal ob diese rechts, links oder islamistisch sind.

Diese Entscheidung wird von Nebenfaktoren bestimmt: Wie sollte sich ein Mensch mit dunkler Hautfarbe, schwarzen Haaren und alles andere als einem germanischen Namen einer rechtsradikalen Gruppierung anschließen? Da sich diese Menschen also aus individuellen oder sozialen Problemlagen heraus radikalen Szenen anschließen, greifen auch Argumente, die auf die Überwindung der Ideologie aus sind, nur sehr schlecht. Den meisten geht es gar nicht so sehr um die Ideologie, die sie so lautstark und offensiv nach außen vertreten.

Das erklärt auch, warum der typische rechtsradikale Schläger, der vor einigen Jahren noch mit Glatze, Springerstiefel und Bomberjacke aufgetreten ist, scheinbar völlig paradox beim Luigi um die Ecke seine Pizza essen geht. «Der Luigi ist nämlich in Ordnung, der ist nicht so wie die anderen Ausländer.» Solche typischen Ausreden und Erklärungsversuche entsprechen den Äußerungen, die ich mitunter erfahre, wenn mir jemand sagt: «Ja, Frau Kaddor, wenn alle Menschen so wären wie Sie, dann hätten wir auch keine Probleme mit der Integration in Deutschland.»

Wir als Gesellschaft müssen erkennen: Es ist ganz zentral, endlich von der Haltung abzukommen, dass man Radikale mit Argumenten überzeugen könnte. Wir können den gleichen Fehler auch bei den Salafisten beobachten: Statt sich den persönlichen Problemen des Einzelnen zu widmen, wird auf die Religion und deren Vertreter verwiesen, die doch die Probleme mal bitte eben lösen sollen. Auch die Mitläufer der IS-Terroristen sind nicht da, weil sie auf der Suche nach dem wahren Glauben sind, sondern weil sie unter ihren neuen «Freunden» Solidarität, Angenommensein, Anerkennung, Orientierung, Respekt verspüren. Menschenfeinde, egal ob rechts, links oder islamistisch motiviert, brauchen vor allem eines: Sicherheit im familiären Umfeld, Liebe und Zuneigung.

Der Sozialpsychologe und Philosoph Erich Fromm nennt das die autoritäre Persönlichkeit. Er unterteilt diese in zwei Gruppen: diejenigen, die beherrschen, und diejenigen, die beherrscht werden wollen. Bis zu einem gewissen Grad verfügen beide laut Fromm über die identischen Grundlagen, auch wenn sie sich im Nachhinein völlig gegensätzlich entwickeln – eben in Anführer und Gefolge. Im Grunde ihres Wesens sind beide Formen der autoritären Persönlichkeit unfähig, mit Freiheit umzugehen, als eigenständiges Wesen im Leben zu stehen. Die Beherrschten, die laut Fromm zu Unterwürfigkeit, teils zum Masochismus neigten, sind diejenigen, auf denen die Diktaturen der Nationalsozialisten und der Stalinisten beruhten.

Fromm entwickelte seinen Thesen unter unmittelbarem Eindruck des Zweiten Weltkriegs. Man kann den Geltungsbereich seiner These heute erweitern. So treffen sie zum Beispiel auch auf die radikale Islamisten-Szene zu – wir reden hier vor allem von den Salafisten. Die Vertreter des Islamischen Staates fügen sich nahtlos in das Fromm'sche System ein. Genauso gilt das für die Träger der fremdenfeindlichen Stimmung in Deutschland heute. Das heißt, wir müssen an dieser Stelle wieder von Pegida und deren Sympathisanten sprechen, von jenen vor allem, die ihren Hass und ihre Hetze im Internet ausleben.

Nach Fromm sind autoritäre Persönlichkeiten unreife Menschen. Menschen haben zwei Möglichkeiten, sich in der Welt, in der sie leben, zu verankern: Da ist zum einen die Liebe und zum anderen die Vernunft. Wir können die Welt auf der Gefühlsebene mittels Zuneigung zu anderen Menschen durchdringen und auf der Gedankenebene, indem wir uns das, was wir äußerlich wahrnehmen, durch unseren Verstand erschließen. Die autoritäre Persönlichkeit nun ist dazu nicht fähig. Sie erreicht diesen Zustand der Reife nicht, und das erzeugt bei ihr Angst. Das Gefühl der Sicherheit geht ihr verloren. Die mangelnde Liebe der Mutter, die mangelnde Beziehung zum Vater reißen tiefe Löcher. Diese Löcher müssen irgendwie anders gestopft werden. Dazu könnte die Vernunft hilfreich sein, doch auch hier stößt der unreife Mensch an seine Grenzen. Er hat nur noch eine Möglichkeit, um die aufkommende Angst und die drohende Einsamkeit abzuwenden: Er kann sein Glück nur in der symbiotischen Beziehung zu einem großen Ganzen finden.

Dieses große Ganze kann Fromm zufolge ein Mensch im Sinne eines Führers sein, eine Nation, eine Partei oder eine Ideologie. Wichtig ist, dass die autoritäre Persönlichkeit subjektiv davon überzeugt ist, so Fromm, dass die Person, die Gruppe oder Idee, der er sich verschreibt, mächtig und überragend ist, so dass er selbst sich als stark fühlen kann.

Erst in dem Moment, als die IS-Terroristen im Sommer

2014 große Gebiete im Irak überrannten und sich schließlich in Syrien breitmachten, wirkten sie förmlich wie ein Magnet auf autoritäre Persönlichkeiten in der Welt – scharenweise schlossen sich Menschen aus Europa, Nordafrika, Asien, Amerika diesen Barbaren an. Der IS hatte einen Ruf der Unbesiegbarkeit erlangt, der mächtigsten Gruppierung unter den Islamisten. Nicht mehr al-Qaida war das Maß aller Dinge, sondern der IS.

Ohne die Gewaltexzesse dieser Barbaren greift das gleiche Prinzip bei denen, die heute im Internet oder auf der Straße hasserfüllt Parolen brüllen oder Gesten zeigen gegen Flüchtlinge, Muslime, Fremde. Viele von ihnen meinen, sie seien Teil einer großen Bewegung, einer immer mächtiger werdenden Bewegung. Das lässt sich zum Beispiel gut verfolgen, wenn es auf Wahlen zugeht. Es wird davon schwadroniert, dass man bald ganz sicher die Mehrheit erringen wird und dann endlich alles umsetzen kann, was man möchte, und all die bestrafen können wird, die heute gegen die eigenen Ideen, die eigene Partei, den eigenen Führer stehen. Es sei nur eine Frage der Zeit.

Wasser auf diese Mühlen sind solche Phänomene wie Sarrazin-Debatten und/oder Pegida. Die Lautsprecher-Funktion des Internets bestärkt die Minderheit weiter, von der Mehrheit zu träumen beziehungsweise sich gar schon in der eigentlichen Mehrheit zu wähnen. Wenn Kommentarspalten unter entsprechenden Artikeln auf Medienseiten sich mit Hassparolen oder «kritischen» Stimmen füllen, fühlen sich autoritäre Persönlichkeiten ebenfalls bestärkt: «Wir sind schon groß, wir sind mächtig, jetzt müssen wir auf diesen Zug aufspringen, um nicht abgehängt zu werden.»

Dass Menschen, die anderer Meinung sind, keine Lust haben, im Internet mit solchen Starrköpfen sachlich zu diskutieren, sondern diese lieber als Trolle abtun, kommt ihnen nicht in den Sinn. Dass die meisten sich angewidert ob der Hetze abwenden, und lieber «Medal of honor» oder «Subway surfers» zocken, ein gutes Buch lesen, sich mit echten Freunden treffen, wird ihnen ebenfalls nicht einfallen. Wer sich stark fühlen will, weil er eigentlich schwach und unsicher ist, weil ihm das Gefühl von Geborgenheit nie vermittelt wurde, der wird sich dieses Gefühl der gewonnenen Stärke, wenn man Teil des Ganzen geworden ist, nicht so leicht nehmen lassen – schon gar nicht durch ein paar schlaue Argumente. Solche Menschen müssen in den Arm genommen werden – von ihren Liebsten. Nicht nur heute und morgen, sondern dauerhaft. Das ist keine Aufgabe für die Gesellschaft, das ist eine Aufgabe für Privatmenschen.

Was geschieht wohl mit Kindern von autoritären Persönlichkeiten? Diese Frage bringt uns zu einem weiteren Aspekt, der nötig ist, um zu erklären, warum sich Rassismus verhaftet. «Es ist nicht das Bewusstsein der Menschen, das ihr Sein, sondern umgekehrt ihr gesellschaftliches Sein, das ihr Bewusstsein bestimmt.» Dieses berühmte Zitat von Karl Marx mag umstritten sein, was die eigentliche Absicht hinter diesem Wort ist, nämlich die politische Ökonomie zu erläutern, aber darum geht es mir hier nicht. Ich möchte mich dieses Zitats bedienen, weil es auch sehr schön veranschaulicht, was man Sozialisation nennt. Die Entwicklung eines Menschen hängt nicht nur stark von der Bindung zur Mutter ab, wie es Erich Fromm betont, sondern auch von der Familie, in der man aufwächst.

Wohin dürfte sich zum Beispiel ein Kind entwickeln, das in einem rechtsradikalen Haushalt aufwächst? Natürlich ist es nicht ausgeschlossen, dass dieses Kind später nicht rechtsradikal wird – insbesondere wenn wir berücksichtigen, dass es in der Pubertät ja auch gerade darum geht, Distanz zwischen sich und seine Eltern zu bringen. Aber schon der gesunde Menschenverstand sagt einem, dass dieser Einfluss in jungen Jahren nicht folgenlos für ein Kind sein kann.

Nehmen wir also an, zu Hause beim gemeinsamen Essen schimpft der Vater immer wieder über die «Ölaugen» oder die «Kümmeltürken» auf der Arbeit. Oder nehmen wir an, die Mutter hatte ihre erste große Liebe mit einem dunkelhäutigen Mann, doch dieser hat ihr das Herz gebrochen, oder sie wurde gar von ihm gedemütigt, misshandelt, und nun spricht sie mal beiläufig, mal offen nur noch abfällig über Dunkelhäutige. Oder nehmen wir an, Opa und Oma erzählen immer wieder sonntags beim Besuch von der schlimmen Vertreibung aus der einstigen masurischen Heimat in Braunsberg im früheren Ostpreußen. Sie berichten von der Angst, als «der Russe» einrückte, von den Verbrechen der Roten Armee, von den Übergriffen auf Frauen und Mädchen gleich welchen Alters. Sie berichten von den Polen, die sie auf dem Treck nach Westen angespuckt haben. Auch hier bedarf es nicht viel Phantasie, um sich vorzustellen, dass solche Berichte ein Kind in irgendeiner Form prägen.

Nicht jedes Kind wird solche Vorstellungen eins zu eins übernehmen oder eben Erzählungen nicht differenzieren können. Aber ein Teil wird davon geprägt sein und zumindest einige Vorurteile gegenüber Türken, Dunkelhäutigen, Russen oder Polen in sein eigenes Leben mitnehmen. In welcher Form diese sich dann äußern, lässt sich nicht allgemein sagen. Dafür sind wir Menschen eben alle Individuen. Es soll uns aber an dieser Stelle reichen, festzuhalten, dass Erfahrungen aus der eigenen Familie und dem eigenen Umfeld Gründe für Rassismus, Fremdenfeindlichkeit, Islamfeindlichkeit, Homophobie, Sexismus etc. sein können.

Und das heißt: Will man Rassismus, Fremdenfeindlichkeit, Islamfeindlichkeit, Homophobie, Sexismus «heilen», muss man auch an diese Ursprünge zurück. Das geht nicht mit schlauen Worten und Argumenten von Außenstehenden. Der Schlüssel liegt also wie so häufig, wenn es um Radikalität geht, in der Prävention.

Im Netz sind alle Fremdenhasser gleich

Im September 2015 wurde in Österreich ein Lkw an der Autobahn abgestellt. Auf der Ladefläche befanden sich die Leichen von neunundfünfzig Männern, acht Frauen und vier Kindern. Sie erstickten, als Schlepper sie von Ungarn aus weiterbringen wollten. Im Internet fanden sich zu diesem entsetzlichen Vorfall folgende Kommentare:

«Österreich hat ein Gammelfleischproblem, auf der Autobahn wurde ein Lkw sichergestellt mit mindestens fünfzig Klumpen syrischem Gammelfleisch. Die Regierung von Österreich ist gerade am Überlegen, ob es das Gammelfleisch zu Lasagne verarbeitet und dann als Spende an die Flüchtlinge schickt ...»

«Sachsen macht's richtig. Raus mit diesem Schweinepack.»

«Umbringen und verbrennen.»

«Ich verstehe nicht, warum man diesen Flüchtlingswahn nicht beendet, indem man alle abschießt, sobald sie sich der Grenze nähern.»

«Einfach auf jedes Flüchtlingsboot eine Sidewinder-Rakete abfeuern.»

«Gas rein, bis Ruhe ist!»

2015 war das Jahr, das den Hass im Internet zum breiten Thema machte. Der Bundesjustizminister, die Bundeskanzlerin, Facebook-Gründer Mark Zuckerberg höchstpersönlich nahmen sich seiner an, dachten laut über Gegenmaßnahmen nach. Dabei ist es nicht neu: 2000 wurde als Ergebnis einer internationalen Konferenz mit dem Titel «Verbreitung von Hass im Internet» eine «Berliner Erklärung gegen Fremdenfeindlichkeit und Hass im Internet» veröffentlicht.

Dort hießt es: «Wir sehen jedoch gleichzeitig mit großer Sorge, dass das Internet auch dazu genutzt werden kann und zunehmend genutzt wird, (...) Hass gegen Einzelpersonen und gegen Teile der Bevölkerung, insbesondere gegen Minderheiten zu verbreiten und zu schüren, und damit das friedliche Zusammenleben zwischen den Menschen zu zerstören oder in Gefahr zu bringen, nicht allein in der Gesellschaft eines Landes, sondern auch über die Grenzen hinaus.»

An dieser Konferenz nahmen auch die damalige Bundesjustizministerin Brigitte Zypries teil und der damalige Präsident des Bundesamtes für Verfassungsschutz, Heinz Fromm. Warum dauerte es fünfzehn Jahre, bis mal etwas breiter über das Thema diskutiert wurde? Und warum war eine solche Diskussion im Frühjahr 2016 bereits wieder eingeschlafen? Warum bleibt man nicht am Ball? Schon 1997 schrieb Judith Butler das Buch «Hass spricht». Da konnte sie noch nicht ahnen, wie sich diese Problematik mittels Internet verschärfen sollte.

Hass ist gewiss nichts Neues, aber früher war der Hass der Massen darauf angewiesen, dass ihnen Medien oder bekannte Persönlichkeiten Stimme und mithin Öffentlichkeit verliehen. Heute kann das jeder selbst tun auf Facebook, bei Twitter, in sämtlichen Kommentarspalten, die sich so bieten. All das, was 2015 über Facebook in Sachen Menschenverachtung ans Licht kam, war auf dem Zentralorgan der Islamfeinde, dem Blog «Politically Incorrect», schon vor Jahren zu lesen.

2008 las ich dort: «Wie verbläst man eigentlich einen (Zusatz: kriminellen) Türken waidgerecht? Da gibt es nichts zu verblasen, Jagdhornbläser verblasen jagdbares, erlegtes Wild, kein Ungeziefer!» Verfassungsschützer im Land sehen bis heute keinen Grund, eine Hassseite wie «Politically Incorrect» zu beobachten. Die Thematik wurde abgetan als irrelevant. Ein folgenschweres Versäumnis.

Das, was wir heute beispielsweise an Hass erleben, wenn ein Bus mit Flüchtlingen in Clausnitz ankommt und Frauen und Kinder von einem Mob deutscher Männer zum Weinen gebrüllt wird, ist eine unmittelbare Folge des lange missachteten Hasses im Netz. Warum haben wir also so lange die Realität verweigert und die Dinge einfach laufenlassen? Wieso sind wir sogar hingegangen und haben den bürgerlichen Stichwortgebern dieses Hasses so breiten öffentlichen Raum gegeben, sie mit Preisen für die Fortentwicklung freiheitlicher Ziele und Werte bedacht? Warum haben wir den Hass nicht schon viel früher als 2015 intensiv thematisiert, statt abzuwarten, bis der Hass aus dem Internet herausquillt und sich auf die Straße ergießt? Bis dieser Hass schließlich im Wahlerfolg einer Partei resultiert, die in ihrem Parteiprogramm «Islamfeindlichkeit» quasi als politischen Schwerpunkt festgelegt hat?

Gerade der Aufstieg der AfD ist zu einem gewissen Teil das Ergebnis dieser frühen islamfeindlichen Bewegungen im Internet. Heute meinen bereits viele «Hater», dass sie sich mit ihrem Hass nicht einmal mehr verstecken müssen. Ich erwähnte bereits, dass ich inzwischen täglich mindestens eine Hass-Mail unter Klarnamen erhalte von Menschen, die offenbar glauben, ihre Beschimpfungen seien legitim.

In der deutschen Geschichte ist die Feindlichkeit gegenüber bestimmten Bevölkerungsgruppen schon oft zur Normalität geworden, mit bewusster Unterstützung aus Politik und Medien. Mitunter wird diese Feindlichkeit ganz bewusst befördert, weil Politiker oder Journalisten selbst feindlich gegenüber einer Gruppe eingestellt sind. Mitunter geschieht es unbewusst, weil sich Politiker und Journalisten von den Tricks der Menschenfeinde («Wir sind nicht rechtsradikal, wir üben nur Kritik») blenden lassen.

Der Sprachwissenschaftler Anatol Stefanowitsch erklärte dem Rheinneckar-Blog 2014: «Die derzeitige Rhetorik der CSU, die das Grundrecht auf Asyl infrage stellt und ständig von ‹Obergrenzen› spricht, führt diese Verrohung des öffentlichen Diskurses konsequent fort.» Und weiter sagt er: «Wenn selbst führende Politiker demokratischer Parteien wie Horst Seehofer sagen, man werde sich ‹bis zur letzten Patrone› gegen Einwanderung in die Sozialsysteme wehren, dann müssen wir uns nicht wundern, wenn junge Menschen denken, Gewalt gegen Migranten wäre in Ordnung.»

Im Zeitalter des Internets werden diese jungen Menschen – und ich möchte ergänzen: auch die älteren, und das in großer Zahl – ihre Gewalt- und Hassphantasien erst einmal online erproben, indem sie entsprechende Äußerungen posten und die Reaktionen darauf abwarten. Die Sozialpsychologin Julia Becker erklärte «Focus online» in dem Beitrag: «Hate Speech: Woher der Hass im Internet kommt – und was wir dagegen tun können»: «Wenn man denkt, dass die eigene Gruppe schwach ist und nicht zu sozialer Veränderung beitragen kann, wählt man extreme, teils gewaltförmige Verhaltensweisen, um seinem Unmut Ausdruck zu verleihen. Es handelt sich hier also um Menschen, die ihre Wut durch das Internet kanalisieren, weil sie in ihrem ‹Offline-Leben› wenig Gehör finden. Hinzu kommen oft noch autoritäre Verhaltenstendenzen, die bedeuten ‹nach oben buckeln und nach unten treten›, dann werden schwächere Gruppen gesucht, auf die der Hass projiziert wird.»

Angesichts von Phänomenen wie der «Filterblase» werden sie rasch Bestätigung finden. Der Begriff Filterblase besagt, dass man auf Facebook oder anderen Social-Media-Kanälen und -Seiten überwiegend «Freunde» hat beziehungsweise Menschen «folgt», die die eigene Sichtweise teilen. Diese «Freunde» wiederum schlagen einem andere Nutzer als «Freund» vor. Dadurch bekommt man oft nur noch Nachrichten mit, die auf Basis der gleichen Sichtweise goutiert werden. Das Weltbild wird entsprechend in nur eine Richtung beeinflusst.

Der nächste Schritt ist dann der Übergang des Hasses in die reale Welt, der sich seit geraumer Zeit an einer steigenden Anzahl von Übergriffen auf Moscheen, Flüchtlingsheime, auf «fremde» Menschen beobachten lässt. Einen neuen alarmierenden Tiefpunkt setzten im März 2016 Drohbriefe, die an Kommunalpolitiker in Hessen geschickt wurden. Ein erschreckendes Papier. Die Aggressivität und Gewaltbereitschaft, die hier zum Ausdruck kommt, sollte nicht auf die leichte Schulter genommen werden. Aus Gründen der Authentizität und der möglichen Rückschlüsse auf den Bildungsgrad der Menschen, mit denen man es hier zu tun hat, zitiere ich den Brief so wie er geschrieben wurde, mit grammatikalischen und orthographischen Fehlern.

«Achtung
Dics ist eine Warnung an die CDU, SPD, die Grünen und die Linken im Stadtparlament.
Hört auf damit Euch so stark für Muslime in Neu-Isenburg einzusetzen. Der Löwenanteil dieser Menschen ist Aggressiv und Böse und sie möchten hier nur ihre scheiß Religion

durchsetzen. Wir sind eine Gruppe Christen beider Deutschen Konfessionen und wir haben die Schnauze voll uns anfeinden, defarmieren und beleidigen zu lassen. Wir haben es auch satt das wir ständig gesagt bekommen das der Islam die einzig wahre Religion wäre, obwohl wir alle wissen das diese Religion der letzte Dreck ist. Die deutschen Kinder gehen in den Schulen durch die Hölle und unsere Politiker tun nichts dagegen. Damit ist jetzt Schluss. Wir sind bewaffnet und bereit. Hört auf damit euch so stark für Muslime zu engagieren, andernfalls beginnen wir mit Erschießungen bei Angehörigen dieser Volksgruppe. Wir machen keinen Spaß uns mittlerweile die Lust am Leben in diesem Land vergangen. Finden unsere Forderungen trotzdem kein Gehör so werden wir mit Erschießungen von Kommunalpolitikern weitermachen. Wir lassen uns nicht Islamisieren. Wir sind Christen und verteidigen unser Land.
Achtung dies ist eine Warnung»

Auch vor dem Hintergrund, dass man heute fast täglich mit erschütternden Dingen konfrontiert wird, finde ich diese «Warnung» vor allem wegen ihrer Konkretheit schon ungewöhnlich drastisch.

Das Internet ist eine Scheinwelt

Ich bin seit geraumer Zeit auf Facebook unterwegs. Facebook ging 2004 an den Start, wurde 2006 für jedermann geöffnet. Ich bin seit 2008 dabei, eine kleine Ewigkeit. Und ich weiß nicht, wie viele Nerven mich das bis heute gekostet hat. Es müssen einige sein. In der Zeit wurden zahlreiche Gefechte auf Facebook ausgetragen, «Freunde» kamen und gingen. Ich erlebte Menschen, die anscheinend nur noch in Facebook lebten. Vielleicht gingen sie mal weg, um sich ein Schnittchen zu holen oder um dem Postboten die Tür zu öffnen, aber ansonsten schienen sie permanent «on» zu sein. Wenn ich morgens reingeschaut habe, waren sie schon da, wenn ich mittags reingeschaut habe, waren sie schon da, wenn ich abends reingeschaut habe, waren sie auch schon da, und selbst wenn ich nachts nicht schlafen konnte und reingeschaut habe, waren dieselben Leute immer noch da. Wer weiß, vielleicht haben das andere auch über mich gedacht. Für mich bedeutet Facebook aber eine Plattform für meine öffentliche Arbeit. Für manche das wahre Leben.

Mit meiner Arbeit und meinem Wirken ecke ich oft an. Die einen mögen es nicht, wenn ich am verbreiteten Verständnis vom Islam herumkritisiere. Die anderen mögen es nicht, wenn ich an der deutschen Mehrheitsgesellschaft herumkritisiere. Allein durch die Tatsache, dass ich eine Frau bin und deshalb aus Sicht mancher Männer lieber den Mund halten sollte, ecke ich an. Meine mitunter saloppe Art gefällt nicht jedem. Ich bin nicht immer die bequemste Gesprächspartnerin. Es gibt einige Ecken und Kanten an mir. Spätestens seit Facebook kenne ich jede einzelne im Detail.

Es vergeht beinahe kein Facebook-Tag, an dem ich nicht auf meiner Timeline, in meinen Threads oder meinen Privatnachrichten ungefragt Ratschläge bekomme, kritisiert, angezickt oder beschimpft werde. Keine Sorge, ich will hier nicht mein Leid klagen, ich begebe mich ja quasi sehenden Auges in diese Situationen, weil ich weiß, wie wichtig es ist, mich bestimmt und klar und ohne Spekulieren auf Konsens in der Öffentlichkeit zu äußern. Doch spätestens wenn man mehr als drei, vier solcher «kritischen» Kommentare erhält, fängt man schon an, etwas nervös zu werden. Man wird unsicher. Mit den eingehenden negativen Kommentaren steigert sich dieses Gefühl. Bis man sich dabei erwischt zu denken, dass alle da draußen gegen einen seien. Selbst mir, die ich einiges gewöhnt bin, geht es manchmal noch so. Das Gefühl, kollektiv abgelehnt zu werden, entsteht schneller, als man Zeit hat, sich die Fakten dazu anzusehen.

Es ist nämlich so: Facebook ist nicht die Gesellschaft da draußen. Facebook ist nur ein kleiner Teil davon. Ungefähr dreißig Millionen Nutzer sind dort aktiv. Fünfzig Millionen Deutsche sind es also nicht. Niemand ist mit allen dreißig Millionen Nutzern «befreundet», sondern nur mit einem Bruchteil davon. Nur vierzehn Prozent nutzen laut einer ARD/ZDF-Onlinestudie ihre privaten Communitys und Netzwerke dazu, täglich Beiträge oder Kommentare auf Profilen ihrer Freunde zu schreiben; nur ein bis zwei Prozent tauschen sich hier über Inhalte aus den Medien aus, nur acht Prozent nutzen aktiv Seiten von Medienanbietern. Die meisten sind auf Facebook und Co., um zu chatten und persönliche Nachrichten zu schicken.

Am Ende bleiben also vielleicht noch ein paar tausend Menschen übrig, die sich über mich auf Facebook ärgern könnten. Aber das tun natürlich nicht alle. Ein großer Teil stimmt mir ja auch zu, findet es gut, was ich mache. So bleibt am Ende wieder nur ein Bruchteil von diesen tausend Usern übrig, vielleicht ein paar hundert. Und was hat das schon zu sagen? Nichts. Nichts, was die Stimmung in der Gesellschaft widerspiegeln würde.

Das Internet und insbesondere die sozialen Medien sind eine Scheinwelt. Sie gaukeln einen repräsentativen Ausschnitt der Realität vor, doch sie sind nur ein Brennglas. Sie heben eine Minderheit hervor und machen sie wahrnehmbar. Diese Erfahrungen lehrten mich im Laufe der Zeit: Die Facebook-Welt ist ein Teil der Gesellschaft, aber sie ist nicht die Gesellschaft. Zu viele glauben das – Privatleute wie Medienschaffende – und lassen sich verunsichern oder gar leiten. Hier dürfte der Begriff «Parallelgesellschaft» zutreffend sein.

Während nur relativ wenige Internetnutzer überhaupt Kommentare unter Beiträge von Nachrichtenseiten schreiben, lesen im Gegenzug deutlich mehr die Nutzerkommentare anderer. So jedenfalls legen es diverse kommunikationswissenschaftliche Studien nahe, was sich mit meiner subjektiven Interneterfahrung deckt. Darüber hinaus weisen Studien darauf hin, dass vor allem ältere Bürger auf Nachrichtenseiten kommentieren, älter jedenfalls als der Durchschnittsnutzer. Und das Durchschnittsalter der Internetnutzer lag 2015 bei vierundvierzig Jahren. Wir haben es also zumeist mit genau der Gruppe zu tun, die in ihrer Schulzeit und Jugend in den frühen achtziger Jahren und davor noch eher selten mit Menschen mit Migrationshintergrund zu tun gehabt haben; insbesondere wenn es sich um Menschen mit höherer Bildung außerhalb von Industrie- und Ballungsgebieten handelt.

Die Mediennutzungsforschung legt nahe, dass es beim Kommentieren und Lesen von Kommentaren unter anderem darum geht, die eigene Meinung zu überprüfen. Außerdem haben Forscher herausgefunden, dass man sich beim Lesen von Kommentaren von deren überwiegend inhaltlicher Ausrichtung beeinflussen lässt. Wenn also eine Sache von vielen kritisch bewertet wird, dann zieht das weitere kritische Kommentare nach sich. Klar scheint nach den bisherigen Befunden auch zu sein, dass zu drei Viertel Männer kommentieren, dass die Kommentatoren meist über einen höheren Bildungsabschluss (Abitur, Studienabschluss) verfügen und in einem Angestelltenverhältnis arbeiten.

Ein zentrales Motiv fürs Kommentieren ist, ein beim Lesen eines Nachrichtenartikels oder Nutzerkommentars entstandenes Unwohlsein zu reduzieren. Wenn also jemand einen Beitrag über Flüchtlinge liest, der seinen eigenen Vorstellungen nicht entspricht, und darin bestimmte Argumente nicht berücksichtigt sieht, greift er in die Tastatur und tut seine Meinung kund. Umgekehrt heißt das: Wer zufrieden mit einem Artikel ist, kommentiert eher nicht. In gewisser Weise sind Kommentarspalten ein Sammelbecken von Unzufriedenen.

Auch für die immer wieder zu beobachtende Aggressivität in den Kommentaren gibt es wissenschaftliche Erklärungsansätze: Vielen Kommentatoren geht es darum, eine Art «Kampf» mit Journalisten, Politikern, Aktivisten oder mit anderen Kommentatoren zu führen. Möglicherweise steckt dahinter das alte Konzept des Kräftevergleichs, was erklärt, dass die Argumentation viel schärfer und unfairer und auch unreflektierter ist, als sie es außerhalb einer solchen «Kampfeshaltung» wäre – und deshalb auch nicht immer so auf die wahre Haltung des Kommentators geschlossen werden kann.

Schaue ich mir die Dynamik in sozialen Netzwerken an, sehe ich vergleichsweise wenig Menschen, die überhaupt kommentieren. Viele von denen, die als Kommentatoren fungieren, sind eher älter (und gebildet). Sie lassen sich von der Hauptstoßrichtung der Kommentare beeinflussen, und kommentiert wird vor allem dann, wenn man sich über etwas geärgert beziehungsweise etwas einen geängstigt hat. Angesichts dieser Kriterien – auch wenn das selbstredend noch nicht der Weisheit letzter Schluss sein kann – muss es niemanden wundern, dass sich gerade für den Bereich der gruppenbezogenen Menschenfeindlichkeit so viele Hasskommentare unter Nachrichtenseiten im Internet finden lassen: Vor allem ältere Menschen haben Probleme mit Dingen, die ihnen selbst fremd sind (man denke an die Teilnehmerstruktur bei Pegida).

Dass über die Tatsache, dass es so viele entsetzliche Kommentare gibt, nicht hinweggesehen werden kann und darf, habe ich bereits erklärt. Es ist aber ebenso wichtig, dass dieses Hasskommentatoren-Kollektiv nicht größer gemacht wird, als es in Wahrheit ist – und so an Einfluss gewinnt, der ihm keinesfalls zustehen darf. Genau das ist nämlich bisweilen in den Medien der Fall und entwickelt sich zu einem ebenso großen Problem wie die extremistischen Kommentare selbst.

Die Medienkrise und ihre Rolle bei der Spaltung der Gesellschaft

Der Rückgang der Zeitungsauflagen ist schon seit langem im Gange. Im Jahr 1983 erreichten die Verlage – in der Bundesrepublik und in der DDR zusammen – einen Auflagenrekord von mehr als dreißig Millionen Exemplaren, die deutsche Tagespresse zusammengenommen. 2016 hat sich diese Zahl nahezu halbiert (!). Dieser Niedergang ist seit 1983 kontinuierlich.

Einerseits werden Medien immer wichtiger, das heißt, der Markt wird größer, andererseits wird der Kampf durch immer mehr Medienanbieter immer härter. Eines der zentralen Ergebnisse dieser Entwicklung ist die zunehmende Bedeutung der Ökonomie der Aufmerksamkeit: Die Aufmerksamkeit der

Menschen ist eine Ressource, die sich nutzen lässt, um Geld zu verdienen, um belohnt zu werden, um gesellschaftliche Anerkennung zu finden. Und diese Ressource «Aufmerksamkeit» wird immer knapper, da immer mehr Anbieter in immer mehr Bereichen um unsere Aufmerksamkeit konkurrieren: Zeitungen, Fernsehen, Radios, Computerspiele, soziale Medien, Kinos etc. Zugleich gibt es einen zunehmenden Verdrängungswettbewerb der medialen Ausspielwege. Hier gibt es derzeit eigentlich nur einen richtigen Gewinner: das Internet.

Journalistische Angebote sind also darauf angewiesen, Aufmerksamkeit zu erzielen. Aufmerksamkeit ist ein Kapitalfaktor: Weniger Aufmerksamkeit, weniger Einnahmen. Mit Blick auf den Inhalt der Angebote – und der ist für uns hier von Bedeutung – rückt die Frage in den Mittelpunkt, ob die jeweiligen Medien den Weg der Qualität gehen oder den des Boulevards: schnelle, halbgare Informationen erst einmal in die Welt bringen und dann schauen, was passiert, und weiter berichten. Gegenwärtig befinden sich die meisten Medien irgendwo in der Mitte: Selbst Qualitätsmedien liebäugeln mitunter mit boulevardesken Mitteln, um Aufmerksamkeit zu bekommen – reißerische Überschriften, reißerische Themen.

Der «Boulevard» – das ist heutzutage das Internet, durch das Nutzer von einem Angebot zum anderen eilen, die man gerne abfangen möchte. Das ist zwar nur eine Verkaufsstrategie des Boulevardjournalismus, aber eine wichtige und eine, die für unser Thema relevant ist. Denn die Einwanderungsthematik wird seit langem von einem boulevardesken Stil begleitet. Hier wird wenig Rücksicht auf Minderheiten genommen. Weil sie in der Regel nur eine unbedeutende Lobby haben, die wenig ausrichten kann, und man an die wesentlich kaufkräftigere Mehrheit veräußern will. Deshalb wird gerade im Boulevard die Moral morgens mit an den Garderobenhaken gehängt. Ob in der griechischen Schuldenkrise eine Aphrodite, die den Stinkefinger zur Schlagzeile «Betrüger in der Euro-Familie» zeigt, abgebildet wird, zu einer Selfie-Aktion mit dem Motto «NEIN! Keine weiteren Milliarden für die gierigen Griechen» aufgerufen wird, oder während der Gastarbeiterdebatten in den siebziger Jahren «Die Türken kommen – rette sich, wer kann» und «Gastarbeiter, dieses Wort kommt von Gast. Ein Gast, der sich nicht so beträgt, gehört vor die Tür gesetzt!» getitelt wird – solche Äußerungen zeigen zum einen Kreativität, zielen zum anderen aber auch eindeutig darauf ab, Menschen nach dem Mund zu reden und ihnen ein Produkt aufzuschwatzen. Mit fatalen Folgen: Vorurteile werden weiterverbreitet und gefestigt.

Wissenschaftler weisen bereits seit es solche Schlagzeilen gibt darauf hin, dass sie verheerende gesellschaftliche Wirkungen entfalten. Was einige Medien nie beeindruckt hat. Für den «Klartext-Politiker» Thilo Sarrazin werden 2010 mehrere Seiten in der «Bild» freigeräumt. Nur am Rande und zum Vergleich: Der Basispreis für eine ganze Anzeigenseite in der «Bild» kostet eine halbe Million Euro. Auf die Methoden des Boulevards haben aber nie nur die klassischen Vertreter wie die «Bild» zurückgegriffen: Der «Stinkefinger»-Titel kommt vom «Focus» und die Türken-Titelgeschichte vom «Spiegel».

Erst seit jüngerer Zeit habe ich den Eindruck – vielleicht auch nur die Hoffnung –, dass sich bei der «Bild»-Zeitung langsam etwas ändert und ein gemäßigter Ton angeschlagen wird.

Grundsätzlich aber zeichnet sich vor allem das gegenteilige Phänomen ab: Vor dem Hintergrund der Krise der klassischen Medien migrieren die Boulevardmethoden heute zunehmend hinüber zu den Qualitätsmedien. «Trotz der Krise der Boulevardblätter war der Boulevardjournalismus noch nie so allgegenwärtig wie zurzeit. Seine Themen breiten sich im öffentlich-rechtlichen Fernsehen und im Privat-TV genauso aus wie in der «Süddeutschen Zeitung», in «Stern», «Zeit» und «Spiegel». Von den Regionalzeitungen und den Nachrichtenportalen im Internet ganz zu schweigen.

Die Boulevardisierung des Journalismus hat auf breiter Front so sehr zugenommen, «dass es eines nicht mehr fernen Tages eine eigene Unterabteilung Boulevard womöglich gar nicht mehr braucht», so beschreiben es die «Spiegel»-Redakteure Markus Brauck und Isabell Hülsen in der Ausgabe 6/2008 des Magazins unter dem Titel «Noch einmal mit Gefühl».

Vom Kuchen des Thilo Sarrazin etwa wollten alle ein Stück abhaben: kein großes Medium, das ihn nicht hofiert hat, statt nur über seinen Fall zu berichten. Der Medien- und Kommunikationswissenschaftler Kai Hafez spricht in solchen Fällen von einer Event-Orientierung der Medien. Der Fall Sarrazin zeigt eindrucksvoll, welche Spielwiese die Frage von Ausländern/Muslimen dafür ist. Sie interessiert die Massen, weil im Grunde jeder im Alltag auf Ausländer und Muslime trifft. Die Frage polarisiert, sie verspricht kontroverse Reaktionen, die wiederum ein Thema weiterleben lassen und so für Medien breite journalistische Kapazitäten schaffen, um weiter darüber zu berichten.

«Medien-Meinungsführer der Islamophobie entstehen also durch externe Tendenzen zur Boulevardisierung von Wissensmärkten», schreibt der Kommunikationswissenschaftler

Hafez in seinem Buch «Freiheit, Gleichheit und Intoleranz: Der Islam in der liberalen Gesellschaft Deutschlands und Europas». «Focus- oder Bild-Schlagzeilen unterscheiden sich so gut wie gar nicht mehr. Was sollen die reißerischen Überschriften?», fragt ein Nutzer in den Kommentarspalten des «Focus». Der frühere «Welt»-Journalist Alan Posener konstatiert: «Im Kampf um Aufmerksamkeit des Lesers hat Seriosität keine Chance. Man muss ihm Angst machen, seine Empörung erregen.» Er führt in seinem Buch «Die empörte Republik: Ein Plädoyer gegen den täglichen Alarmismus» aus: «Als Journalist erlebe ich täglich, wie der Sachzwang der Aufmerksamkeitsökonomie wirkt – ein Zwang, der sich enorm gesteigert hat, seit die wichtigsten Medien mit kostenlosen Angeboten im Internet gegeneinander – und gegen zahllose Blogs – antreten und in den ‹sozialen Medien› um Beachtung konkurrieren. Mit einem einzigen Mausklick oder dem kurzen Berühren des Touchscreens kann der Leser von einem Angebot zum nächsten wechseln. Wenn die Konkurrenz – oder ein einsamer Blogger – einen seriös recherchierten Inhalt wenige Minuten nach dem Erscheinen im Netz zusammenfassen oder paraphrasieren kann und mit einer marktschreierischen Überschrift mehr Klicks generieren kann als der ursprüngliche Autor; wenn mein Kampf um die Klick-Quote Erfolg oder Misserfolg in Echtzeit verfolgt werden kann, wird es schwer, der Boulevardisierung zu widerstehen, der Sensationsmacherei nicht zu verfallen.»

Ein Opfer dieser Entwicklung sind Ausländer und andere Minderheiten, deren Lobby so klein ist, dass sie sich vieles gefallen lassen müssen.

Vielleicht hat die heutige Wut auf Journalisten auch damit zu tun, dass man nun endlich das Gefühl hat, diese «überheblichen Typen» bei der Zeitung, beim Radio und Fernsehen mit Hilfe des Internets und der sozialen Medien bedrängen zu können. «Politically Incorrect» oder «PI-news» hat als einer der Ersten diese Masche erkannt und etabliert: Unter ihren Artikeln, die sich gegen eine bestimmte Person, eine bestimmte Partei, eine bestimmte Redaktion oder Ähnliches richteten, wurden stets E-Mail-Adresse, teilweise Fax- und Telefonnummer sowie die postalische Adresse derer veröffentlicht, die sich die Wut dieser Blogger zugezogen hatten. Und zwar mit dem direkten oder indirekten Hinweis, sich doch dort zu melden und seine Meinung kundzutun. Da es sich bei «PI» um ein Interessenblog handelt, das gegenteilige Auffassungen nicht duldet, bekommen seit Jahren Menschen in diesem Land, die sich für Muslime eingesetzt haben oder nicht hart genug im Sinne von «PI» gegen Muslime aufgetreten sind, einen Haufen von Hass-Mails oder Hetzzuschriften.

«PI» versteht es meisterhaft, den Hass zu bündeln, auf die jeweiligen unliebsamen Personen auszurichten und ihn loszuschicken. Ich weiß von zahlreichen Journalisten, die plötzlich mächtig beeindruckt waren. Bislang hatten sie nur wenige Zuschriften auf ihre Artikel bekommen, mal eine oder zwei zu einem Thema vielleicht. Auf einmal trudelten nun zwanzig oder dreißig ein, und alle irgendwie kritisch bis hasserfüllt. Von «PI» hatten die meisten damals noch nie etwas gehört. Die Manipulationen durch PI erzeugten dann bei nicht wenigen Journalisten den Eindruck: «Oha, wir sollten vielleicht auch mal etwas ‹kritischer› berichten. Viele unserer Leser wollen das offenbar – und die bezahlen uns schließlich.»

Die allgemeine Krise und die Verunsicherung der Medien rund um Auflagenrückgänge und Vertrauensverluste verstärkten ebendiese Wirkung. Die PI-Masche ist auch heute noch von Bedeutung. Auf diese Weise werden immer noch viele «kritische» Stimmen zu Gehör gebracht, die nichts zum Diskurs beigetragen haben, als diesen zu vergiften. Dieser Mechanismus verschränkte sich dann auch noch mit neuen Erscheinungen wie den Querfronten oder der Instrumentalisierung von Menschen mit muslimischem Familienhintergrund oder mit Migrationshintergrund, von denen sich viele nicht vorstellen konnten, dass auch solche Personen gegen Muslime und Menschen mit Migrationshintergrund hetzen konnten.

Noch immer kennt nicht jeder diese Hintergründe. Journalisten, die solche Taktiken durchschaut haben, lassen sich wohl kaum noch beeindrucken. Journalisten, die solche Taktiken aber nicht durchschaut haben, lassen sich gegebenenfalls dazu hinreißen, nicht aus professioneller Überzeugung, sondern aus einem ökonomischen Bauchgefühl heraus «kritisch» zu berichten beziehungsweise scharfe «Kritiker» zu Wort kommen zu lassen. Der «Fairness» halber, in dem Glauben, eine sehr große Anzahl von Lesern, Hörern und Zuschauern wünsche das.

Eine Reihe von Zeitungen und Radiosendern bangt um ihre Existenz, eine Reihe von Journalisten hat Sorge um ihre Jobs. Vor diesem Hintergrund treffen sie auf das Internet. Und auch wenn Angela Merkel 2013 beim Besuch von US-Präsident Barack Obama in Berlin belächelt und verspottet wurde für den Satz: «Das Internet ist für uns alle Neuland», so hat sie doch aus Sicht vieler Menschen in Deutschland recht. Natürlich nicht aus Sicht der Jüngeren, der «digital natives». Aber das Internet ist gerade mal zwanzig Jahre alt – das ist ein sehr junges Alter. Man spricht gerne äquivalent zur industriellen Revolution von der digitalen Revolution. Wie lang hat es gebraucht, um die gesellschaftlichen Veränderungen zu erfassen, die mit der industriellen Revolution einhergegangen sind, wie die Auflösung klassischer Familienstrukturen mit Oma, Opa, Mama, Papa, Tante, Onkel und Schwester, Bruder unter einem Dach. Heute aber tun wir in unserer Überheblichkeit so, als könnten wir nach zwanzig Jahren bereits begreifen, was das Internet mit uns macht.

Angesichts dieses Neulands Internet und der Unkenntnis seiner Auswirkungen auf die Gesellschaft darf man davon ausgehen, dass auch viele Mitarbeiter der Medienbranche von den hier skizzierten Zusammenhängen bis vor kurzem wenig oder gar keine Ahnung haben. Man muss sich ja nur mal im eigenen Kreis der Arbeitskollegen umschauen und beobachten, wie viele auch im Jahr 2016 noch sehr unsicher im Umgang mit dem Internet sind. Inzwischen hat natürlich die Erfahrung viele gelehrt, dass die Dynamik von Online-Kommentaren eine eigene ist. Befragungen etwa von Mitarbeitern der Tagesschau haben ergeben, dass sie häufig vermuten, die Kommentierer seien vor allem von dem Wunsch getrieben, «Dampf abzulassen», weil sie sich über ein Thema oder dessen Darstellung geärgert haben. Aber bis es zu dieser Erkenntnis gekommen ist, sind natürlich Journalisten genauso irritiert gewesen wie ich, als ich auf meiner kleinen Facebook-Seite zum ersten Mal zehn, zwanzig oder mehr Hass-Kommentare bekam. Im Unterschied zu meiner Facebook-Seite leben Medien und ihre Mitarbeiter von ihren Konsumenten, auf die sie nun eben auch im Internet treffen. Der

Gedanke, den unzufriedenen Bürgern in den eigenen Kommentarspalten entgegenzukommen, liegt da nicht sehr fern.

Es ist nur eine Vermutung, aber wenn ein Magazin wie der «Focus», das bekanntlich deutliche Auflagenverluste und eine zwischenzeitlich relativ hohe Fluktuation an Chefredakteuren aufweist, innerhalb kürzester Zeit auffällig viele hetzerisch anmutende Artikel veröffentlicht, dann liegt der Gedanke nahe, dass man hier versucht, sein Heft an diejenigen zu verkaufen, die solche Thesen gut finden. Innerhalb von gut drei Monaten brachte das Magazin 2014/2015 drei Hefte heraus mit den Titeln: «Die dunkle Seite des Islam», «‹Das hat nichts mit dem Islam zu tun.› Doch!» und «Passt der Islam zu Deutschland?». Diese tendenziöse Berichterstattung des Magazins vergiftet das gesellschaftliche Klima. In dem Moment, in dem solche «kritischen» Thesen in etablierten Medien wie dem «Focus» auftauchen, wird sich die Stimmung im Volk weiter verschärfen. Ähnlich wie in der Politik. Wenn es den Radikalen gelingt, ihre Thesen im Mainstream unterzubringen, werden sie selbst noch radikaler. Das heißt, auch der «Focus» wird den Stempel «Lügenpresse» mit seiner Strategie nicht loswerden. Den «Lügenpresse»-Rufern geht es schließlich gar nicht um eine faire Medienberichterstattung, eine neutrale, alle Seiten gleichberechtigt zu Wort kommen lassende. Die «Lügenpresse»-Rufer wollen, dass nur noch Leute vom Schlag des Pegida-Gründers Lutz Bachmann den abendlichen Kommentar in den Tagesthemen sprechen. Sie wollen grüne, linke, sozialdemokratische und auch christdemokratische und christsoziale Meinungen verbannen, sobald sie ihren eigenen Auffassungen widersprechen. Es ist ein weiterer Trugschluss zu glauben, wenn man Deutschomanen mehr Gehör verschafft, sind sie zufrieden. Nein. Je mehr Gehör sie bekommen, desto mehr fordern sie ein. Genau diese Radikalisierungsspirale können Massenmedien nicht einfach mitgehen. Das können nur kleinere Organe, die ähnlich weit am Rande des politischen Spektrums stehen wie ihre Claqueure.

Die kalkulatorische Rechnung des Magazins wird also nicht aufgehen; es wird allenfalls ein Strohfeuer entfacht. Das Einzige, was seriösen Medien angesichts der Informationsflut, mit der das Internet die Menschen in Deutschland täglich überzieht, hilft, ist eine streng sachorientierte Berichterstattung.

Was man ertragen muss, ist nicht gleich dem, was man ertragen kann

Die Frage nach dem Umgang mit dem Hass im Netz ist nicht ganz einfach. Man bewegt sich hierbei immer zwischen dem hohen Gut der Meinungsfreiheit und einer schwer kontrollierbaren Plattform für Volksverhetzung. Das heißt, mit Verboten und gesetzlichen Regelungen ist nicht viel zu holen. Was der Staat aber tun muss, ist, die Gesetze entsprechend konsequent anzuwenden. Nötig ist endlich eine Aufstockung des Personals bei den Ermittlungsbehörden. Wenn die «Hater» wissen, dass ihnen in der Regel sowieso nichts passiert, weil die Ermittlungsbehörden überlastet sind und den einzelnen Fällen von Verunglimpfungen eh nicht nachgehen können, werden die Spannungen im Land immer größer.

Zudem müssen die Justizbehörden für manche Bereiche der gruppenbezogenen Menschenfeindlichkeit stärker sensibilisiert werden. Das gilt vor allem für den Hass auf Muslime, der derzeit eben auch benutzt wird, um implizit alles andere «Fremde» zu diffamieren. Anzeigen, die ich bislang gestellt habe, kamen zurück mit dem Hinweis, eine justiziable Beleidigung sei nicht zu erkennen, wenn ich einen Hassbrief bekomme, indem Muslime zwar als Gesamtgruppe massiv beleidigt werden, ich aber nicht persönlich angesprochen bin. Und wenn eine E-Mail nur an einige E-Mail-Adressen versandt wurde und nicht anderweitig veröffentlicht wurde, könne man nicht von Volksverhetzung sprechen. Das ist sehr unbefriedigend, und das kann nicht der Weisheit letzter Schluss sein.

Wenn solche staatsanwaltschaftlichen Argumente nach wie vor als unbestritten gelten, ist das ein Freifahrtschein für den Hass. Hier sollten Politik und Justiz dringend noch einmal in sich gehen. Und zum bisherigen Vorgehen möchte ich gerne ein persönliches Beispiel anführen. Im Herbst 2014 habe ich folgenden, wohlformulierten, beinahe fehlerfreien Brief eines einschlägig bekannten Arztes erhalten (hier in Auszügen):

> «Sehr geehrte Damen und Herren,
>
> die heutigen Antworten von Frau Kaddor bezüglich der Ursachen der antisemitischen Demonstrationen durch Moslems in Deutschland in NDR INFO sind zum größten Teil falsch:
> Der Islam war, ist und bleibt sicher die gefährlichste und größte (wachsende) antisemitische Religion aller Zeiten und aller Kulturen. Daran wird auch noch so viel Bildung nichts ändern, weil die Koran-Anhänge schlimmer als jede Sekte an die Gültigkeit und Überlegenheit ihres Propheten glauben und wie dieser die größten religiösen Rassisten aller Zeiten sind, da sie Andersgläubige nicht nur in höchster Naivität als Ungläubige bezeichnen, sondern diese auch noch ständig und überall diskriminieren, verfolgen und tö-

ten. (...) zeigen ebenfalls, daß der Islam eine menschheitsgefährdende hochpathologische Religion ist. (...) Gleichzeitig ist der Islam die größte antisemitische Ideologie der Menschheitsgeschichte. (...) DESWEGEN BEDEUTET JEDE (WIE AUCH IHRE) UNTERSTÜTZUNG DES ISLAM EINE UNTERSTÜTZUNG EINES RELIGIÖSEN FASCHISMUS, der viermal so viel Tote durch Angriffskriege zu verantworten hat als Hitler (der Völkermord an den Armeniern ist nur ein Beispiel, seine Leugnung bzw. Unter-Strafe-Stellen seiner Erwähnung in der Türkei ein weiteres Zeichen des türkisch-islamischen Faschismus). (...) Mohammed selbst war psychisch krank, sexuell gestört, (schlief mit einer Neunjährigen) und ließ z.B. an zwei Tagen hunderte von Juden köpfen und eine alte Frau in Stücke zerreißen. Die Daten dazu finden sie im Anhang MOHAMMEDSPSYCHOPATHOLOGIE. Ebenso KRANK UND MENSCHHEITSGEFÄHRDEND SIND DANN AUCH DIE FOLGEN DIESER KRANKEN RELIGON, wenn man ihr glaubt. (...) Tatsächlich sind die vielen ‹friedliebenden Moslems› in Deutschland ebenso wie die politisch korrekten islamophilen Politiker, die mit einer solch pathologischen Religion zusammenarbeiten und Kritiker derselben in geradezu dummtoleranter Weise als ‹islamophob›, ‹neonazistisch› oder Rassisten bezeichnen, so lange Mittäter, solange sie nicht TÄGLICH gegen die im Namen des islamisch-religiösen Faschismus TÄGLICH verübten Morde auf die Straße gehen. (...) Die Menschenrechtskommission der EU hat ALSO ZU RECHT im GEGENSATZ ZU IHNEN schon vor Jahren das Verbot des Koran gefordert (s. Anhang) – was aus RELIGIONSPSYCHO(PATHO) LOGISCHER SICHT selbstverständlich sein sollte. (...) Jede Unterstützung des Islam – besonders dessen Einführung an deutschen Schulen – stellt deswegen eine strafbare Garantenstellung für Völkermord, religiösen Rassismus und Faschismus dar.

Mit freundlichen Grüßen
XXX»

Ich stellte Strafanzeige wegen Volksverhetzung. Ich rechnete nicht mit einem Erfolg, dennoch war die Begründung der Staatsanwaltschaft zur Einstellung des Verfahrens frustrierend:

«(...) Da also angesichts der heute möglichen Flut von Rückmeldungen aus dem Bereich der Hörer nicht mit einer Ausstrahlung des Textes im Radio oder einer Verbreitung auf Internetseiten des NDR zu rechnen war, eignete sich die E-Mail des Beschuldigten nicht zur Störung des öffentlichen Friedens und wurde auch nicht durch den Beschuldigten in dem Maße verbreitet (nämlich nur an ein oder zwei Internet-Nutzer), dass die Voraussetzungen des § 130 StGB gegeben wären.
Ferner zeigen Sie den Beschuldigten wegen Beleidigung gemäß § 185 StGB an. In der Mail äußert sich der Beschuldigte aber über Sie persönlich nur insoweit, als dass er Ihre Antworten in dem Interview als falsch bezeichnet. Seine weiteren Äußerungen betreffen z.B. ‹den Islam›, ‹die Koran-Anhänge› (gemeint wohl: Anhänger), ‹die vielen «friedliebenden Moslems»› oder ‹die politisch korrekten islamophilen Politiker›. (...)
Nicht unter einer Kollektivbezeichnung beleidigungsfähig sind (...): Protestanten, Katholiken, Akademiker, Frauen, Behinderte. Es muss als weiteres Erfordernis hinzukommen, dass der fragliche Personenkreis zahlenmäßig über-

schaubar ist, ist dieser Kreis so groß, dass sich die ehrenrührige Äußerung in der Masse verliert und den Einzelnen nicht mehr erreicht (z.B. ‹alle Kaufleute sind Betrüger›), so kommt eine Kollektivbeleidigung nicht in Betracht (...).
Die von dem Beschuldigten gewählten Bezeichnungen (Koran-Anhänger, friedliebende Moslems usw.) wurden von ihm nicht näher eingegrenzt. Soweit eingangs der Mail von ‹Moslems in Deutschland› die Rede ist, bezieht dies sich offensichtlich auf die Demonstrationen, die weiteren Äußerungen des Beschuldigten beziehen sich offensichtlich auch auf andere Regionen (z.B. ‹... den meisten Kriegen dieser Welt ...›, ‹... 57 Ländern ...›, ‹... in Syrien ...›, ‹... Urlaubsland Marokko ...›). Damit ist die Personengruppe, über die der Beschuldigte sich äußert, so wenig konkretisiert, dass eine beleidigungsfähige Personenmehrheit nicht gegeben ist. (...)»

So weit also die Bedingungen für Hass-Mails, die sich außerhalb des Strafverfolgungsrahmens befinden. Wenn es jemand klug anstellt, kann er jemanden beleidigen und beschimpfen, verunglimpfen und verurteilen und befindet sich damit noch im Rahmen eines Rechtsstaates. Meinungsfreiheit ist ein sehr hohes Gut, ich habe das in diesem Buch mehrfach betont, aber manchmal muss sie auch hinterfragt werden. Mails, Briefe und Kommentare wie diese, die in ähnlicher Weise tagtäglich an Mitbürger gehen, böten genug Grund, diese Rechtsgrundlage zu diskutieren. Sie breit zu diskutieren und sich dabei von der Frage leiten zu lassen: Wer muss hier geschützt werden?

Schwer zu ertragen ist auch die Tatsache, dass ein Server nur irgendwo ins Ausland gestellt werden muss, damit ein User tun kann, was er will, weil die deutschen Behörden keinen Zugriff darauf haben. Auf Facebook und Twitter kann dann ein strafrechtlich zu verfolgender Inhalt stehen und als solcher erkannt werden – aber sein Urheber ist nicht zu ermitteln (entsprechende US-Unternehmen verweigern die Kooperation). Ich verstehe das Problem, und dennoch weigere ich mich, es anzuerkennen und hinzunehmen. Denn ich kann nicht sehen, dass die Politik in Deutschland hier sonderlich bemüht wäre, eine Lösung zu finden.

Die in der Zwischenzeit getroffenen Vereinbarungen von Staatsregierungen und der EU mit großen Internetkonzernen, um gegen den Hass im Netz anzugehen, können nur ein begleitendes Moment sein. Diese Vereinbarungen beruhen größtenteils auf Selbstverpflichtungen. Das reicht nicht aus. Selbst einer der prominenten deutschen Aktiven im Internet, der frühere Piraten-Politiker Christopher Lauer forderte gegenüber dem ZDF: «Unternehmen, die sich nicht an deutsches Recht halten, die nicht mit deutschen Behörden kooperieren, müssen aus dem deutschen Internet ausgeschlossen werden.»

Eine Vereinbarung der EU-Kommission mit Facebook, Twitter, Microsoft und Google von Mai 2016 sieht vor, «stichhaltige Anträge» auf Entfernung illegaler Hasskommentare in weniger als vierundzwanzig Stunden zu prüfen und gegebenenfalls die entsprechenden Inhalte zu entfernen. Das ist natürlich nur eine Absichtserklärung. Selbst vonseiten der Bundesregierung heißt es dazu: «Die Maßnahmen, über die wir uns in Deutschland mit den in unserer Task Force vertretenen Unternehmen verständigt haben, gehen weiter.» Das sagte der Staatssekretär im Bundesjustizministerium Gerd Billen zu «Spiegel online». Doch selbst wenn inzwischen zweihundert Mitarbeiter für Facebook Hasskommentare filtern sollen, der Würzburger Anwalt Chan-Jo Jun zeigte sich unzufrieden. Der Mann hat nach eigenen Angaben Hunderte Hasskommentare an Facebook gemeldet. Dem ZDF-Hauptstadtstudio sagte er, viele der Kommentare lasse das Netzwerk stehen – obwohl dort etwa Menschen mit abgehackten Köpfen gezeigt wurden oder der Holocaust offensiv geleugnet wurde.

Offensichtlich muss die Justizpolitik hier deutlich fokussierter zur Sache gehen. Aber machen wir uns nichts vor. Auch die Gesetzeskeule wird das Problem nicht lösen können. Und sie soll es auch nicht: Der Grat zur Zensur ist äußerst schmal. Die Zensur ist ein gefährliches Instrument, das sich – eh man sich's versieht – plötzlich gegen einen selbst richten könnte.

Also ist, wie so häufig, auch die Gesellschaft als Ganzes gefragt. Die Meinungsfreiheit darf in ihrer Wichtigkeit nicht beschnitten werden, aber wir sind in Deutschland zu Recht auf einem guten Weg, wenn wir sie auch nicht komplett überhöhen: Ich finde es richtig, dass die Leugnung des Holocausts unter Strafe steht. Ich finde es richtig, dass bestimmte Symbole und Propagandamaterialien von Nationalsozialisten oder Salafisten verboten sind. Gleichzeitig trete ich dafür ein, dass jeder Araber hassen darf, den Propheten Mohammed für einen Kinderschänder, Gott für ein Hirngespinst geistig Minderbemittelter oder Juden für sinistre Finanzmafiosi halten darf, denn ich möchte solche Menschen Rassisten, Islamfeinde, Religionshasser und Antisemiten nennen dürfen. Und wenn sie öffentlich mit solchen Äußerungen auftreten, möchte ich sie auch öffentlich damit bloßstellen dürfen. Quid pro quo.

Wir reden hier über eine äußerst schwierige Problematik, ohne klare Grenzen. Klar ist nur: Es gibt viele Stellschrauben, an denen endlich gedreht werden muss, wenn wir diesen zersetzenden Hass im Land in den Griff bekommen wollen. «In den Griff bekommen» heißt nicht, dass wir diesen Hass gänzlich überwinden können. Wir müssen ihn nur eindämmen oder zähmen. Geben wird es ihn immer. Und deshalb muss ich mir wie jeder andere an die eigene Nase fassen: Jeder Einzelne braucht auch mehr Gelassenheit. Jeder persönlich muss erst einmal lernen, gewisse Dinge ertragen zu können. Wenn ich bei jeder Beleidigung meiner Person, meiner Religionsauffassung oder meiner Herkunft nach dem Staatsanwalt rufen würde, würde ich kaum noch etwas anderes schaffen. Man muss auch mal wegschauen und weghören können, aber eben nicht immer.

Manchmal werden Grenzen überschritten. Wann das der Fall ist, muss jeder für sich selbst klären. Und wenn es der Fall ist, dann möchte man einen handlungsfähigen Staatsapparat hinter sich wissen.

Was tun gegen die Netzbeschmutzung?

Gelassenheit ist auch ein gutes Stichwort, wenn es um ein anderes Internetphänomen geht: den sogenannten Shitstorm. Jemand tut oder sagt etwas, und plötzlich fällt das Internet in Form zahlreicher kritischer, spöttischer, beleidigender Kommentare über diese Person her. Insbesondere Politiker und Medienvertreter sowie Institutionen und Organisationen müssen hier eine professionelle Kommunikationsstrategie fahren. Und das heißt in den allermeisten Fällen: Ganz ruhig bleiben, tief durchatmen, keinem Aktivismus verfallen.

Es gibt große Shitstorms, aber die meisten sind klein und schnell wieder vorüber. Und nicht jedes Mal, wenn sich hundert Leute melden, ist es auch ein Shitstorm. Zudem sind viele dieser kleinen «Shit-Stürmchen» das Ergebnis der PR-Strategie von gut vernetzten Populisten. Davon darf man sich im Internet nicht treiben lassen. Aber dazu müssen die Mechanismen im Internet kennengelernt und verstanden werden. In der Regel stecken relativ geringe Größenordnungen hinter den «Hatern». Das Internet, die sozialen Medien sind ein Brennglas, sie vergrößern einen viel kleineren Teil der Gesellschaft. Deshalb darf man die Entwicklungen im Internet und in den sozialen Medien nicht missachten. Gerade anhand des Themas dieses Buchs zeigt sich, wie lange der Hass online gärte, bevor er schließlich Jahre später auf die Straße schwappte.

Aber um die Entwicklungen im Netz einordnen zu können, bedarf es ebenfalls Menschen, die sich professionell damit befassen. Weder kann sich jeder, nur weil er mal in einem afrikanischen Land war oder Afrikaner kennt, qualifiziert über die afrikanische Kultur äußern, noch kann jeder eine seriöse Einschätzung der Internetentwicklungen geben, nur weil er selbst im Internet surft. Auch ich kann das nicht, nur im Hinblick auf die Online-Hetze unter dem Schlagwort Islamfeindlichkeit und Islamismus beobachte ich diese Problematik schon sehr viel länger als viele andere Internetexperten – nämlich seit mindestens dem 11. September 2001.

Wir brauchen eine interdisziplinäre Vernetzung, um die Auswirkungen der Entwicklungen im Internet künftig besser fassen zu können. Auch hier würde ich gerne die Appelle unterstützen, die die Wirkungsforschung von Internetaktivitäten befördern wollen. Denn auch wenn wir den Hass im Internet nicht in jedem Fall gesetzlich verbieten sollen und können, müssen wir eben als Mitte der Gesellschaft doch hart gegen diese Hassreden (hate speech) einschreiten. Je länger gruppenbezogene Menschenfeinde ihr Gift ungehindert versprühen dürfen, desto mehr Menschen könnten «vergiftet» werden.

Gegen Gift helfen in der Regel zwei Mittel: verhindern, dass das Gift verabreicht wird (mit Hilfe der Justiz und der Selbstimmunisierung durch Aufklärung), oder ein Gegenmittel finden, das die Wirkung entschärft. Das wichtigste Gegenmittel für «hate speech» ist die «counter speech», die Gegenrede. Ein einfaches Instrument, das jeder bedienen kann. Jeder könnte also mitmachen. Und hier müssen vor allem diejenigen mitmachen, die sich für gewöhnlich angewidert abwenden, wenn sie diese Hasskommentare im Internet lesen, weil sie denken, damit haben sie nichts zu tun, das gehe sie nichts an. Doch es geht jeden etwas an, es geht nämlich um den Frieden in unserer Gesellschaft.

Die «Gegenrede» verlangt nicht, dass man sich mit den «Hatern» in ellenlangen Diskussionen herumschlägt. Im Grunde reicht es, ganz einfach zu widersprechen. «Sehe ich nicht so.» Die vier Wörtchen reichen schon aus, um den «Hatern» zu signalisieren, dass er auf Widerstand stößt mit seiner Auffassung. Es reicht auch schon, einen Gegenkommentar zu liken oder zu favorisieren. Genau dieses von vielen belächelte «Liken» hat enorme Effekte. Menschen machen sich Gedanken darüber, warum jemand etwas «liked»: Warum hat mein bester Freund jetzt einen Kommentar «geliked», der mein Argument kritisiert? Warum bekommen die anderen für ihre Aussagen so viele «Likes» und ich nicht? Also lassen Sie mich hier mal eine Lanze für das «Liken» brechen: Liken Sie, wenn Sie im Internet jemanden bemerken, der den «Hatern» etwas entgegensetzt. Psychologie und Erfahrung lehren: Je mehr Leute widersprechen, desto mehr fühlen sich ermutigt, es ebenso zu tun.

Gegenreden kann auch bedeuten, vermeintlichen «Fakten» einfach echte Fakten entgegenzustellen. Wenn jemand schreibt «In Deutschland leben heute bereits fünfunddreißig Millionen Ausländer», kann man ihm ohne Probleme die richtige Zahl des Statistischen Bundesamtes entgegenstellen. Wichtig ist: Es geht nicht darum, diejenigen zu überzeugen, die einen Kommentar oder ein Posting verfasst haben. Es geht um die zahlreichen Menschen, die die Kommentare stillschweigend mitlesen. Diese Menschen sollen wissen, dass es Andersdenkende gibt. Und sie sollen Fakten lesen. Sie sollen sich dadurch selbst fragen, was richtig und was falsch ist, und nicht ungebremst die Meinung und/oder falsche Fakten übernehmen.

In der Schweiz ist es 2016 gelungen, die sich ursprünglich abzeichnende Zustimmung zur sogenannten Durchsetzungsinitiative der rechtspopulistischen SVP im Volk so zu drehen, dass die Schweizer sie abgelehnt haben – nachdem mehrere ähnlich fremdenfeindliche Initiativen zuvor angenommen worden waren. Flavia Kleiner, die Co-Präsidentin des Vereins «Operation Libero», die sich für eine weltoffenere Schweiz engagiert, erklärte am 29. Februar im Deutschlandfunk diesen Erfolg über die rechtspopulistische Initiative vor allem durch die Aktivitäten im Internet: «Man hat quasi versucht, die Diskussion ein bisschen zu moderieren, verschiedene Medienstimmen einzubringen, ganz konkrete Testimonials von Personen, die sich betroffen fühlen, Menschen zweiter, dritter Generation, die hier in der Schweiz leben mit ausländischem Pass und die uns gesagt haben, was diese Durchsetzungsinitiative für sie bedeuten würde und warum sie sich dagegen einsetzen. Und das andere Thema sind die extrem starken ausländerfeindlichen Stimmen in den sozialen Medien. Die haben halt zurückgeschlagen und eine Grenze gesetzt, die

Gassen dichtgemacht gegen diese teilweise wirklich offen gelebte Fremdenfeindlichkeit, die man in Social Media erlebt.»

Gegenrede bedeutet auch, nicht mit Hass zurückzukeulen. Hass mit Hass zu beantworten, verbittert nur und zementiert die Fronten. Aber die Philosophin und Philologin Judith Butler wies schon vor Jahrzehnten auf einen gewissermaßen humorigen Weg des Umgangs mit «hate speech» hin. Denken wir an das Wort «Nigger». Das Wort hat eigentlich eine negative, abwertende Bedeutung. Aber vor allem die Rap-Kultur hat dessen Bedeutung umgekehrt. Die schwarzen Musiker bezeichneten sich auf einmal selbst als «Nigger». Damit setzten sie ein Signal, und damit brachten sie viele Menschen automatisch zum Nachdenken. Der Begriff wird dadurch zwar nicht reingewaschen, er bleibt ein Schimpfwort im Munde von Nichtschwarzen, aber in der Gesellschaft wurde dadurch sehr eindrücklich Sensibilität erzeugt.

In Deutschland gab es früher auch ähnliche Ansätze. Das Schimpfwort «Kanake» zum Beispiel eigneten sich Jugendliche mit Migrationshintergrund an, um den herabwürdigenden Charakter umzudeuten. Der erfolgreiche Schriftsteller Feridun Zaimoglu reüssierte 1995 mit einem Buch namens «Kanak Sprak». Ähnliches geschah mit der Bezeichnung «Gastarbeiter». Auch diese Fremdbezeichnung wurde zur Selbstbezeichnung umgewandelt, zum Beispiel durch die 1994 gegründete Rap-Formation rund um den Leadsänger Gandhi Chahine aus dem Ruhrgebiet «Sons of Gastarbeita».

Die Kraft entwickelt diese Strategie dadurch, dass man ein Geheimnis der «hate speech», nämlich ihre permanente Wiederholung (etwa des Begriffs «Nigger») und die dadurch entstehende Gewöhnung, subversiv ins Gegenteil verkehrt. Indem man «hate speech» ironisch-humorig aufgreift und in dieser Weise permanent wiederholt, entwaffnet man das Gegenüber.

Gerade im Hinblick auf das Internet bietet sich auch so eine Strategie an, um dem Hass zu begegnen. Die Bandbreite ist also ziemlich groß und reicht vom juristischen Schwert zur humorigen Keule.

Die Mobilisierungskraft des Hasses

Nach den Wahlerfolgen der AfD in Baden-Württemberg, Rheinland-Pfalz und Sachsen-Anhalt 2016 gab es einige interessante Analysen. Viele Parteienvertreter und politische Kommentatoren hielten Erklärungen für die Ergebnisse bereit – nur das Wichtigste wurde so gut wie gar nicht thematisiert: gruppenbezogene Menschenfeindlichkeit vieler Wähler der AfD oder derer, die diese zumindest billigend in Kauf nehmen.

CDU-Chefin Angela Merkel führte die Ergebnisse auf Protestverhalten zurück: «(...) aufgrund der Flüchtlingskrise, aber auch aus Angst vor etablierten Strukturen». CSU-Chef Horst Seehofer erkannte: «Der zentrale Grund ist die Flüchtlingspolitik.» FDP-Chef Christian Lindner sah ein «Misstrauensvotum gegen die Große Koalition». Der ehemalige Linken-Chef Oskar Lafontaine meinte: «Die Wahlen waren ein Denkzettel gegen die Politik des Neoliberalismus.» Und seine politische Erbin, Katja Kipping, erklärte den Durchmarsch der AfD mit einer gesellschaftlichen Entsolidarisierung. Ähnlich breit war das «Den-Kern-des-Problems-Umgehen»-Spektrum bei den politischen Kommentatoren.

Auf die naheliegendste Ursache verwies kaum jemand. Der Präsident des «Zentralrats der Juden» war einer der wenigen, die das taten. Die verbreiteten Ressentiments gegen Flüchtlinge und die Ängste vor etwas Fremdem hätten der AfD zu unverdient hohen Wahlergebnissen verholfen, sagte er der «Jüdischen Allgemeinen». Es scheint eine offenkundige Angst davor zu geben, die gruppenbezogene Menschenfeindlichkeit der Wähler (pauschal gegen Muslime, pauschal gegen Flüchtlinge, pauschal gegen Ausländer) zu thematisieren. Das erinnert an die Tabuisierung der Islamfeindlichkeit. Ein Erklärungsansatz ist, dass man die Mobilisierungskraft und den Hass dieser lautstarken Minderheit von gruppenbezogenen Menschenfeinden fürchtet.

Doch diese Furcht kann kein guter Ratgeber sein. Wer das Thema ausspart, misst ihm eine gewisse Normalität bei, schließlich spricht man öffentlich über das Ungewöhnliche, nicht über das Gewöhnliche. Normalität an dieser Stelle signalisiert den Wählern aber, ihre gruppenbezogene Menschenfeindlichkeit und ihre «Deutschomanie» jenseits der eh «rotgrün versifften» Politik (so das Standardvokabular in diesen Kreisen) sei akzeptabel. Manche verweisen auch darauf, dass in einer Demokratie die Wähler nicht kritisiert werden dürften, sondern ihr Votum zu akzeptieren sei. Zu Ende gedacht, würde mit dieser Argumentation auch die Abschaffung der Demokratie legitimiert werden können. Wenn sich das Volk nun mal dazu entscheidet, radikalen Kräften die Mehrheit zu geben, dann wäre das demzufolge der Wille des Volkes, den man akzeptieren müsste.

In einer Demokratie kann man so nicht denken. In Demokratien gibt es stets Demokratiefeinde. Das sind immer die, die aufgrund ihrer radikalen Momente keine Chance haben, an die Macht zu gelangen. Zugleich sind Demokratien verletzlich. Ein demokratischer Rechtsstaat hat seine Schwächen, wie jedes andere politische System auch. Diese Schwächen muss man kennen. Sie müssen durch echte Demokraten ausgeglichen werden. In unserem Fall bedeutet das eben, die Feinde des Rechtsstaats in den Blick zu nehmen. Dabei geht es nicht darum, jeden Wähler der AfD gleich als Feind des Rechtsstaats oder zum Rassisten zu erklären.

Natürlich gibt es auch Protestwähler, die sich der AfD aufgrund sozialer Ungerechtigkeiten oder grundsätzlicher Politikerschelte in Deutschland zugewandt haben. Es geht auch nicht darum, ihnen das Recht abzusprechen, die AfD zu wählen. Aber es muss benannt werden, dass jeder, der die AfD wählt, ihre in Teilen rechtsradikale Ausrichtung goutiert.

Und wer die AfD wählt und sich dazu bekennt, der darf beziehungsweise muss sich fragen lassen, ob er selbst fremdenfeindlich denkt oder weshalb sonst er eine Partei mitträgt, in der sich Politiker rechtsradikal äußern, die mit ihrem offiziellen Programm eine bestimmte Minderheitengruppe explizit herausgreift und stigmatisiert. Michael Kaufmann, der Intendant des Kurt-Weill-Fests in Dessau, brachte die Herausforderung für die Gesellschaft und die Politik im Deutschlandfunk sehr schön auf den Punkt: «Es gibt eine grundsätzlich latente ausländerfeindliche Haltung. Und wenn man der nicht offen begegnet, dann kriegt man hin und wieder solche Wahlergebnisse.»

Diese Motive der Wählerinnen und Wähler der AfD müssen offen benannt werden. Die anschließende Wut der öffentlich als fremdenfeindlich kritisierten Personen und deren Sympathisanten muss man aushalten, sofern sie sich im Rahmen des Rechts bewegt. Das ist Meinungsfreiheit. Ich selbst beobachte immer wieder, dass gerade solche Menschen, die sich herausnehmen, andere massiv zu kritisieren, abzuwerten und zu verunglimpfen, sehr wütend werden, wenn sie selbst angegangen werden. Aber man kann es nicht oft genug betonen: Es ist eine Minderheit, die nur fürchterlich laut ist. Und wir müssen dafür sorgen, dass es eine Minderheit bleibt. Dazu gehört auch, Fremdenfeinde offen Fremdenfeinde zu nennen. Auch wenn jemand von sich selbst sagt, er sei nicht fremdenfeindlich, heißt das noch lange nicht, dass dem auch so ist. Denn die Hemmschwelle, das freiwillig zuzugeben, sinkt, so scheint es, tendenziell, ist aber dennoch sehr hoch. Und darüber hinaus: Nicht jeder ist sich selbst im Klaren darüber.

In der Ausgabe der TV-Talkshow «Hart aber fair» nach den Landtagswahlen gab es dafür ein schönes Beispiel. Eine ehemalige Grünen-Wählerin bekannte sich in der Sendung dazu, dass sie AfD gewählt habe, beteuerte allerdings, dass sie mit den Inhalten der Partei nichts anfangen könne: «Ich nehme für mich nicht in Anspruch, irgendwie Angst vor Überfremdung zu haben, rechtsradikal zu sein, wie heißt das alles, islamophob, hab ich gar nichts mit am Hut.» Ihr sei es um Protest gegen die etablierten Parteien gegangen. Und am Ende sagte sie: «Vor ungefähr vierzig Jahren habe ich gelesen – von schlauen Menschen –, dass sich irgendwann der ganze Kontinent Afrika in Bewegung setzen wird. Und dieses Irgendwann, das scheint jetzt gekommen zu sein, das scheint unausweichlich zu sein. Und ich würde gerne wissen, wie sich Europa, wie sich Deutschland und wie wir auch diesmal auf diese Situation vorbereitet werden. Das wird alles in den Schatten stellen.» Es soll nicht darum gehen, Menschen wie diese Frau zu brandmarken. Aber die Widersprüche in ihren Aussagen, die müssen thematisiert, aufgedeckt, den betreffenden Personen vor Augen geführt werden. Solche Dinge erlebe ich in meinen Gesprächsrunden und Podiumsdiskussionen immer wieder.

Das Beispiel dieser Frau zeigt auch, dass die Wählerbefragungen im Falle der AfD durchaus kritisch zu sehen sind.

Sie tragen nicht unbedingt zur Aufklärung bei, vielmehr verschleiern sie. Selbst die Frage, ob man mit der Programmatik der AfD übereinstimme, ist nur bedingt aussagekräftig, da es bis zum Zeitpunkt der Wahlen ja gar keine Programmatik gab, allenfalls ein diffuses «gegen Flüchtlinge, gegen Islam, gegen die alten Parteien». Das Parteiprogramm der AfD wurde ja erst später verabschiedet.

Besonders die Erklärung des AfD-Erfolgs allein mit der «Angst vor Flüchtlingen» halte ich für problematisch. Wer hat eigentlich 2015 und Anfang 2016 überhaupt Flüchtlinge im Alltag getroffen? Also Menschen, von denen man wirklich weiß, dass sie Flüchtlinge und gerade erst ins Land gekommen sind, und nicht Menschen mit syrischem, irakischem, afghanischem, nordafrikanischem Migrationshintergrund, die schon lange in Deutschland leben, vielleicht sogar hier geboren sind. Die meisten Menschen in Deutschland, die nicht unmittelbar neben einer Flüchtlingsunterkunft leben oder sich bewusst für Flüchtlinge engagieren, sind im Alltag wahrscheinlich noch nie auf Flüchtlinge getroffen. Eine Million Menschen unter achtzig Millionen Bürgern, die zum Zeitpunkt der Landtagswahlen vielfach auch noch in Massenunterkünften untergebracht waren und nicht arbeiten durften – wo soll man die treffen?

Wir haben also das klassische Phänomen der Fremdenfeindlichkeit vorgeführt bekommen, nämlich diffuse Ängste vor Menschen, mit denen man selbst gar keinen oder wenig Kontakt hat. Ausgerechnet in Sachsen und Dresden ist die Ablehnung von Flüchtlingen, Menschen mit Migrationshintergrund besonders ausgeprägt, obwohl diese Menschen dort kaum zu finden sind. Ein Großteil der AfD-Wähler hat schlicht eine grundsätzliche Angst – oder besser gesagt – Abneigung vor Fremden. Solche Haltungen sind nur bedingt zu akzeptieren. Das heißt, jemand darf diese Haltung haben, aber sie darf nicht von außen bestärkt werden – schon gar nicht politisch.

Sie darf schon deshalb nicht bestärkt werden, weil die Realität in Deutschland längst so aussieht: «Fremde» sind überall zugegen. Das ist ein Faktum. Der Angst vor «Überfremdung» kann man nur begegnen, indem man den Prozess des Zuzugs von Menschen aus anderen Ländern verlangsamt, um denen, die bereits hier leben, Zeit zu geben, sich darauf einzustellen. Aufhalten oder zurückdrehen lässt sich dieser Zuzug in einer (wirtschaftlich) zusammenrückenden Welt nicht – nein, auch wer jetzt schon wieder an so manche Methode meiner bereits geschilderten Dystopie denkt, wird erkennen müssen, dass am Ende derselbe Untergang stehen würde, der in der Geschichte bislang noch alle autoritären Regime getroffen hat.

Soziologische und politikwissenschaftliche Forschungen gehen seit längerem davon aus, dass es ein gewisses rechtspopulistisches Potenzial in Deutschland gibt, das sich um zehn bis zwanzig Prozent herum bewegt – manche sagen bis zu einem Drittel. Der Sozialforscher Andreas Zick erklärte während der Sarrazin-Debatte der «Frankfurter Rundschau»: «Sarrazin bedient ein rechtspopulistisches Potenzial, das fünfundzwanzig bis dreißig Prozent der Bevölkerung umfasst.» Und er stellt fest: «Islamfeindlichkeit gehört zur europäischen Identität.»

Am Ende bleibt es dabei: Ein Großteil der Wähler hat das Kreuz bei der AfD gemacht, weil er fremdenfeindlich denkt. Und kaum jemand spricht es so deutlich aus.

Die große Gefahr durch eine kleine Gruppe

Nun könnte man sagen: «Wenn es nur eine Minderheit ist, die sich gegenüber ganzen Gruppen menschenfeindlich äußert, was schert mich das dann?» Diese Gruppen, die zugänglich für populistische Thesen sind und die populistische Thesen verbreiten, sind aber viel lauter als der Rest. Sie schreien lauter, sind aktiver als die anderen. Und sie sind gut organisiert. Es ist natürlich einfacher, unkomplizierte, sprich populistische, Thesen zu verbreiten und zu vertreten, als komplexe, sprich differenzierte, Thesen, bei denen man erst einmal ausholen und einführende Erklärungen geben muss. Zudem reüssieren sie bei vielen damit, sich als «das Volk» zu stilisieren.

Das permanente Rufen von «Wir sind das Volk» ist ein altbekanntes Instrument der Hasssprache. Indem sich immer wieder selbst vergewissert wird, dass man die Mehrheit stelle und alle anderen mit anderen Sichtweisen folglich «Volksverräter» seien, bestärkt sich diese Gruppe. Diese Rufe werden durch Medienberichterstattung und Internetkommentare und -beiträge so verstärkt, dass sie einen größeren Kreis von Menschen erreichen, der dann wiederum anfängt darüber nachzudenken, wie das eigentlich ist mit «dem Volk», wer das ist und wie viele dazugehören.

Diese Instrumentalisierung des Schlachtrufs der heroischen friedlichen Revolution der früheren DDR-Bürger findet schon seit Jahren statt – nur nicht ganz so laut. Bislang wurden die Rufer auch immer schnell auf den Boden der Realität zurückgeworfen. Das ließ sich etwa in einschlägigen Internetblogs verfolgen: Wenn es auf Wahlen zuging, wurden rechtspopulistische Parteien hochgejubelt. Gegenseitig versicherten sich Vertreter dieser Parteien und ihre Anhänger, dass am Wahltag endlich der große Erfolg kommen werde, gemeinsam freute man sich schon darauf, die «Volksverräter» endlich bestrafen zu können. Bislang folgte am Wahltag die Ernüchterung: Rechtsradikale und rechtspopulistische Parteien wie die NPD, «Die Freiheit» oder «Pro NRW» landeten unter «ferner liefen». In den Foren äußerten sich die Wut, der Frust und das Unverständnis dann in Form von Schimpftiraden auf den «dummen deutschen Michel», der sich vor lauter linker Indoktrination wie ein Schaf zur Schlachtbank führen lasse.

Mit den Erfolgen der AfD allerdings hat sich das etwas geändert. Auch wenn diese Menschen nach wie vor die Minderheit bilden, das vermeintliche «Volk» spürt Aufwind. Er wird lauter und mutiger. Die Verzerrung der Relationen ergibt sich auch noch aus einer weiteren Beobachtung: Naturgemäß sind immer die Menschen aktiver, die sich an etwas stören. Es wäre höchst ungewöhnlich und würde seltsam anmuten, würde die Mehrheit, die mit der Situation in Deutschland zufrieden ist, dies permanent äußern. «Das Leben in Deutschland ist gut», «Der Alltag in Deutschland geht seinen Gang», «Ich stehe morgens auf, gehe zur Arbeit und komme nachmittags wieder zurück» – man würde sich ja lächerlich machen.

In den Nachrichten erfahren wir stets das Besondere, das Auffällige, das Ungewöhnliche – und nicht, dass Angela Merkel morgens ins Büro kommt und als Erstes einen Stapel Briefe zum Unterzeichnen von ihrer Büroleiterin hingelegt bekommt. Nicht das Alltägliche, das Gewöhnliche aktiviert – erst wenn ich frustriert bin, wütend bin, dann kann ich aufsehenerregende Kommentare schreiben, sei es im realen Leben oder im virtuellen. Dank des Internets verbreiten sich diese Unmutsäußerungen schneller, erreichen mehr Menschen, und dank der Instrumente sozialer Netzwerke wie

«Liken» und Favorisieren wird zusätzlicher Druck ausgeübt.

Bei der größeren Wahrnehmbarkeit dieser abgrundtief unzufriedenen Menschen, den potenziellen Anhängern populistischer Thesen, bleibt es natürlich nicht. Wer viel Öffentlichkeit erzeugt, bekommt automatisch mehr Aufmerksamkeit. So funktioniert unsere (Medien-)Gesellschaft. Und wo viel Aufmerksamkeit ist, da wittern Politiker potenzielle Wahlstimmen. Also greifen sie solche Stimmungen auf, versuchen sie zu nutzen. Und genau dann wird es gefährlich.

Nun sind Politiker auch nur Menschen. Das heißt, nicht alle handeln immer gezielt und im vollen Bewusstsein der Konsequenzen ihrer Handlungen. Anders formuliert: Politiker lassen sich treiben von solchen Stimmungen. Wir konnten das bei Pegida beobachten. Der SPD-Vorsitzende Sigmar Gabriel geht im Januar 2015 zu Pegida-Anhängern, um sie sich anzuhören, statt diesen Leuten klipp und klar zu sagen: «Ihr lauft Rassisten hinterher. Wenn ihr Sorgen habt, äußert diese, aber nicht jeden Montag auf dem Dresdner Theaterplatz.» Seine Erkenntnis, dass das Vorgehen falsch war, kam zu spät. Der Schaden war angerichtet: Für die Mitläufer bei Pegida war der Besuch Gabriels ein wichtiges Zeichen. Er signalisierte ihnen nämlich: Für den Vorsitzenden der altehrwürdigen Volkspartei SPD sind wir und somit unsere Überzeugungen und Forderungen nicht abseitig genug, dass er uns ignoriert. Eine Schlussfolgerung der Pegida-Sympathisanten daraus könnte lauten: Wir können diesen Weg fortsetzen, er ist legitim. Eine Schlussfolgerung aller anderen könnte sein: Wenn Sigmar Gabriel sich schon mit denen zusammensetzt, können ihre Ansichten nicht so verwerflich sein, dass man sie nicht ernst nehmen und für sich in Betracht ziehen könnte. Das Ergebnis des Ganzen: Die Bewegung wächst weiter an.

Vertreter der CSU greifen zum Teil unverhohlen Thesen von Pegida auf. CSU-Generalsekretär Andreas Scheuer sagte der «Passauer Neuen Presse» am 20. Juli 2015: «An den Grenzen stehen sechzig Millionen Flüchtlinge. Wie sollen wir dieser Massen Herr werden? Wir können nicht die ganze Welt retten.» Der erste Satz schürt Alarmismus und Ängste. Der zweite entmenschlicht die Flüchtenden, indem von «Massen» die Rede ist. Der dritte Satz zeigt die Intention auf, moralische Bedenken abzubauen, ganz nach dem Motto: Wir leisten doch schon genug humanitäre Hilfe. Das ist Populismus in Reinform.

Manche CSU-Vertreter sind zumindest zwiegespalten hinsichtlich Pegida: «Die Kanzlerin hat Pegida getadelt, doch die CSU ringt um ihre Haltung zu den Frustbürgern am rechten Rand. Viele Christsoziale finden: Die Union darf die Demonstranten als Wähler nicht aufgeben», so fasst es «Spiegel online» am 7. Januar 2015 zusammen. Ein fatales Zögern. Denn auch das motiviert. Wenn eine große Partei wie die CSU sich nicht kategorisch von Pegida distanziert, dann heißt das zweierlei: 1. Die von Pegida können nicht so schlimm sein, schließlich würde die CSU als demokratische Partei bei eindeutig rechtsradikalen Strömungen gewiss eine klare Haltung einnehmen. 2. Wenn die CSU schon Pegida nicht so schlimm findet, dann kann man ja auch gleich noch einen Schritt weiter nach rechts gehen und sich Pegida anschließen beziehungsweise der AfD, die sich ja zum Teil ohne Zweifel als ein politischer Arm der Bewegung dargestellt hat. «Pegida Dresden und die Demonstranten sind noch immer natürliche Verbündete», ließ der einflussreiche stellvertretende AfD-Bundessprecher Alexander Gauland wissen.

Wenn sich aber weltweit eines gezeigt hat, dann, dass sich Populismus nicht mit Populismus bekämpfen lässt. Etablierte

Parteien und Politiker, die populistische Aussagen klauen, schaden sich doppelt: Erstens verprellen sie potenzielle Wähler, die diesen Populismus nicht wollen, zweitens bereiten sie potenziellen Anhängern, denen dieser Populismus zupasskommt, den Weg zum Original: Denn warum sollte man auf die Kopie setzen, wenn man das Original haben kann? Auch in Bayern stand die AfD Anfang 2016 bei acht Prozent.

Die Wurzeln des Rassismus

Jahrzehntelang haben deutsche Politiker die «Gastarbeiter-Lüge» wie eine Monstranz vor sich hergetragen. Aus der eigenen Überzeugung heraus, dass Deutschland ein weitgehend ethnisch-homogenes Land bleiben soll – was auch immer sich die jeweilige Politikerin, der jeweilige Politiker darunter vorgestellt hat. Aber eben auch aus wahltaktischem Kalkül, nämlich um zu vermeiden, mit dem Aussprechen einer unbequemen Wahrheit Stimmen zu verlieren. Genau dieses Phänomen kennen wir heute auch. Das Aufflammen des Hasses in der Flüchtlingskrise ist der Preis, den wir bis heute für das Versagen der Politik bezahlen. Nach wie vor kapriziert man sich immer auf die Minderheit. Denn Forderungen an Minderheiten zu stellen, das besagt schon die politische Arithmetik, ergibt aufseiten der Mehrheit höchstwahrscheinlich überwiegend Zustimmung. Forderungen an die Mehrheitsgesellschaft zu stellen ist hingegen unpopulär und damit nicht sonderlich ertragreich für die Stimmenausbeute bei Wahlen. Nur ist das eine Milchmädchenrechnung. Denn einige Parameter wurden bei dieser Rechenoperation übersehen. Und das zeigt sich dieser Tage.

Zum einen wurde und wird noch immer die Bevölkerungsverschiebung übersehen, wonach die Minderheiten einfach der Zahl nach größer werden und sie somit mehr Einfluss bei Wahlen erlangen. Zum anderen ist es ja nicht so, dass die traditionellen Parteien im Land ihre Zustimmung halten oder gar steigern konnten. Man sieht es dieser Tage besonders bei der SPD, wie sie sich abmüht, zwischen dem Erbe Helmut Schmidts und der multikulturellen Offenheit, die die Partei bereits in ihrem Programm zur Bundestagswahl 2005 zur Schau gestellt hatte, zu balancieren: «Deutschland ist seit Jahrzehnten ein Einwanderungsland. Wir haben diesem Umstand endlich Rechnung getragen. Den von uns begonnenen Weg der Steuerung, Begrenzung und Integration von Zuwanderung wollen wir konsequent fortführen. Wir sind gegen die Existenz von Parallelgesellschaften. Ziel ist die Einbürgerung der Menschen, die Deutschland legal zu ihrem Lebensmittelpunkt gemacht haben.»

Man sieht dieses Bemühen auch etwa an Sigmar Gabriel, der sich nicht nur mit Pegida-Sympathisanten zusammensetzt und einen Tag später von «Pack» spricht, sondern der sich auch medienwirksam mit dem Schauspieler Til Schweiger im Einsatz für Flüchtlinge traf und dann in der Flüchtlingsdebatte einen Solidarpakt für die deutsche Bevölkerung fordert.

Grundsätzlich ist es richtig, immer beide Seiten in den Blick zu nehmen, aber hier taucht dann doch ein deutlicher und begründeter Populismusverdacht auf. Und das nützt keiner Partei. Denn die einen wählen dann anscheinend lieber ganz rechts oder eben ganz links: Bei den Landtagswahlen 2016 in Sachsen-Anhalt und Baden-Württemberg landete die große, über einhundertfünfzig Jahre alte Volkspartei SPD sogar hinter der rechtspopulistischen AfD.

Diese Wahldebakel, die sich so oder ähnlich auch für andere große Parteien konstatieren lassen, kommen nicht von ungefähr. Das politische Versagen bei der Überwindung von Rassismus und Fremdenfeindlichkeit hat eine lange Geschichte. Sie beginnt nicht erst mit der Auseinandersetzung mit der Geschichte der Gastarbeiter oder mit der Auseinandersetzung zum Anstieg der Asylbewerber in den neunziger Jahren angesichts der Kriege auf dem Balkan. Dieses Versagen zeichnete sich bereits unmittelbar nach dem Zweiten Weltkrieg ab, in den Gründerjahren der Bundesrepublik Deutschland.

Gerade für eine «neue» Deutsche wie mich, die die Zeit des Nationalsozialismus nicht selbst erlebt hat und deren Familie auch nichts damit zu tun hatte, weil sie damals noch gar nicht im Land war, ist es absolut sonderbar zu erfahren, dass bereits 1958 der letzte der NS-Verbrecher – unter denen, die nicht zum Tode, sondern zu teils lebenslangen Haftstrafen verurteilt wurden – begnadigt worden ist. Nur die Verurteilten des Nürnberger Prozesses gegen die Hauptkriegsverbrecher von 1946 mussten in Haft bleiben. Mit Rudolf Heß starb der letzte Inhaftierte 1987. Selbst die Verantwortlichen für die furchtbaren «medizinischen» Experimente an lebenden Männern, Frauen und Kindern und für die Euthanasie-Programme mit Zehntausenden Toten, die im sogenannten Ärzteprozess, einem der Nachfolgeprozesse in Nürnberg, abgeurteilt wurden, kamen alle in den fünfziger Jahren wieder frei.

Die verantwortlichen Juristen, die Menschen nach Gutdünken in den Tod geschickt haben, sie foltern ließen unter dem Dach eines vermeintlichen «Rechts» – was heute in meinen Augen ganz besonders pervers ist –, wurden alle begnadigt. Wie kann das sein? Das frage ich mich als eine, die mit der

«Gnade der späten Geburt» in Deutschland versehen ist. Wie kann das sein? Nicht mal zehn Jahre nach dem schlimmsten Krieg und den schlimmsten Verbrechensexzessen, die die Menschheit jemals gesehen hat? Wie kann das sein?

Wie kann das sein, dass die «Exodus» nach monatelanger Irrfahrt 1947 im Hamburger Hafen aufgebracht wird? Ein Schiff mit Menschen an Bord, die unmenschliche Verfolgung erdulden mussten, die den Holocaust überlebt hatten. Ausgerechnet diese Menschen werden in Deutschland mit Gewalt vom Schiff gezerrt und wieder in ein Lager gebracht? So geht man mitten in Deutschland mit KZ-Überlebenden um? Zweieinhalb Jahre nach dem Krieg? Ich kann es nur noch einmal wiederholen, ungeachtet der Erklärungen, die man für diese Phänomene recherchieren und analysieren kann, für mich bleibt das unverständlich.

Wenn man das heute allerdings anspricht, bekommt man zu hören: «Ja, meine Güte, das ist doch nun schon siebzig Jahre her. Jetzt muss aber mal endlich ein Schlussstrich gezogen werden.» Laut Bertelsmann-Stiftung wollten 2015 achtundfünfzig Prozent der Deutschen diesen klaren «Schlussstrich» ziehen. Wissen Sie eigentlich, wie alt diese Forderung nach dem Schlussstrich unter das NS-Regime ist? «Schlussstrich drunter! Schluss mit Entnazifizierung, Entrechtung, Entmündigung. Schluss mit dem Staatsbürger 2. Klasse. Wer staatsbürgerliche Gleichberechtigung will, wählt FDP!» – so steht es in weißen Lettern auf leuchtend rotem Grund auf einem Wahlplakat, das nicht etwa aus den siebziger Jahren stammt. Nicht etwa aus den sechziger Jahren. Nein, auch nicht aus den fünfziger Jahren. Dieses Plakat ist beinahe so alt wie das Ende des NS-Regimes selbst. Es hängt im «Haus der Geschichte» in Bonn und wurde zur ersten Bundestagswahl 1949 plakatiert.

Die NS-Geschichte ist in der Bundesrepublik Deutschland zu wenig aufgearbeitet worden. Allen Ansinnen zum Trotz. Allen Fernsehdokus, allen Unterrichtsbemühungen zum Trotz. Ich kenne Menschen, die mir sagen, sie hätten in der Schule in den achtziger Jahren niemals Näheres über das NS-Regime erfahren. Der Geschichtsunterricht hörte mit der Weimarer Republik auf. Der Religionsunterricht verwies beim Holocaust darauf, dass man das ja schon im Geschichtsunterricht durchgenommen habe. Im Politikunterricht habe der Lehrer schließlich gemeint, dass mit den Nazis macht ihr ja in Geschichte und Religion, das können wir uns hier schenken.

Es waren die Besetzungsmächte Deutschlands, die auf die Entnazifizierung gedrängt hatten und die schließlich nachgeben mussten, weil die innenpolitische Stimmung in Deutschland genau diesen Schlussstrich verlangte. Und wenn schon Politik und Justiz nichts mehr mit dem NS-Regime zu tun haben wollten, dann erst recht nicht die Gesellschaft. Das nennt man Realpolitik.

Und so verwundert es einen dann irgendwann doch nicht mehr, dass erst 1979 eine breite gesellschaftliche Diskussion über die Verbrechen der Nationalsozialisten ausgelöst wurde, als die US-Kurzserie «Holocaust – Die Geschichte der Familie Weiss» über die fiktiven Erfahrungen einer jüdischen Familie im Berlin der Jahre 1935 bis 1946 gesendet wurde. Und dass erst im Jahre 2011 durch das Urteil des Landgerichts München II gegen John Demjanjuk de facto der Raum geschaffen wurde, um gegen die Helfershelfer in den Konzentrations- und Vernichtungslagern juristisch vorzugehen, nimmt man nur noch achselzuckend zur Kenntnis, wenn man um die Vorgeschichte weiß.

John Demjanjuk, geboren in der Ukraine, ist als Soldat der Roten Armee in deutsche Kriegsgefangenschaft geraten und wurde schließlich als Hilfswilliger im Vernichtungslager Sobibor und wegen Beihilfe zum Mord an mehr als achtundzwanzigtausend Menschen zu fünf Jahren Haft verurteilt.

Dieses Urteil, das später den Weg dafür frei gemacht hat, weitere mutmaßliche KZ-Mitarbeiter vor Gericht zu stellen, war nicht deshalb möglich geworden, weil plötzlich neue Erkenntnisse oder Beweise zu seiner Person vorlagen. Das Urteil gegen ihn wurde nur deshalb möglich, weil sich am Münchner Landgericht endlich einmal ein Jurist getraut hatte, einer anderen Rechtsauffassung Geltung zu verschaffen. Bis dato galt: Man musste einem NS-Verbrecher individuell nachweisen, dass er gemordet hat oder Beihilfe zum Mord geleistet hat. John Demjanjuk konnte nichts konkret nachgewiesen werden, außer dass er bekanntermaßen im Vernichtungslager als Mitarbeiter der SS anwesend war. Weil die Bundesrepublik diese Erkenntnis erst sechzig Jahre nach dem Krieg erlangte, sitzen heute nur noch hochbetagte Männer auf der Anklagebank – die sich kaum gerade halten können.

Die Amnestie für die Kriegsverbrecher und das Versäumnis der Strafrechtsverfolgung vieler Täter hatte nicht nur dazu geführt, dass die Betroffenen nicht im Gefängnis sitzen mussten, sondern viele Nazis in der Bundesrepublik Deutschland sogar weiter Karriere machen konnten. Fritz Fischer, im Nürnberger Ärzteprozess wegen Menschenversuchen zu lebenslanger Haft verurteilt, wurde 1954 gut bezahlter wissenschaftlicher Mitarbeiter beim Pharmaunternehmen Boehringer Ingelheim. Wilhelm Beiglböck, der Versuche mit «Zigeunern» zur Trinkbarkeit von Meerwasser machte, wurde leitender Arzt am Kreiskrankenhaus Buxtehude. Der Hauptangeklagte des Nürnberger Juristenprozesses 1947, Franz Schlegelberger, einst Staatssekretär im Reichsministerium der Justiz, zu lebenslanger Haft verurteilt, wurde 1951 wieder entlassen und bezog bis zu seinem Lebensende 1970 eine stattliche Pension von fast dreitausend D-Mark pro Monat, bald das Fünffache des damaligen Durchschnittseinkommens, und erhielt zudem für die Jahre 1945 bis 1950 ein Gehalt von zweihundertachtzigtausend D-Mark nachgezahlt. Er blieb ein angesehener Jurist in der Bundesrepublik und veröffentlichte noch zahlreiche Rechtskommentare und andere Schriften.

Ende 2010 sorgte eine Studie der unabhängigen Historikerkommission für Aufsehen: Ihre Publikation «Das Amt und die Vergangenheit – Deutsche Diplomaten im Dritten Reich und in der Bundesrepublik» förderte zutage, dass 1952 noch neunundvierzig von fünfundsiebzig Ministerialdirektoren, -dirigenten und Referatsleitern einst Mitglieder der NSDAP waren, Männern aber, die im Widerstand gegen das NS-Regime aktiv waren, wurden Steine in den Weg gelegt – zum Beispiel Fritz Kolbe. Ein ähnliches Bild ergibt sich fürs Bundesinnenministerium: Fünfzig Prozent der Führungskräfte waren 1950 ehemalige NSDAP-Mitglieder, und nicht nur das: Ihr Anteil stieg bis 1961 sogar noch auf gut zwei Drittel.

Auch davon erfährt die breite Öffentlichkeit erst spät. Nämlich in einer Vorstudie zweier Wissenschaftler vom «Institut für Zeitgeschichte München–Berlin (IfZ)» und vom «Zentrum für Zeithistorische Forschung Potsdam (ZZF)» 2015. Zuvor hatte sich die Behörde stets geweigert, die eigene Geschichte untersuchen zu lassen. Man muss also nicht unbedingt nur an Altbundeskanzler Kurt Georg Kiesinger denken, der schon 1933 in die NSDAP eintrat, bis 1945 blieb und dann zur CDU ging, wenn die Karrieren ehemaliger Nationalsozialisten in der Bundesrepublik thematisiert werden.

Und auch wenn die CDU mit ihrem damals prominentesten Vertreter des nationalkonservativen Flügels, Fraktionschef Alfred Dregger, oder mit dem Ministerpräsidenten von

Baden-Württemberg in den siebziger Jahren, Hans Filbinger, der einst als NS-Marinerichter Todesurteile zu verantworten hatte und 1979 das berüchtigte rechtskonservative «Studienzentrum Weikersheim» gründete, weitere Alt-Nazis in führender Position hatte, so ist es doch ein Phänomen, das auf die SPD und die FDP mindestens ebenso zutrifft.

Zum Beispiel war Altbundespräsident Walter Scheel in der NSDAP, Bundesvertriebenenminister Theodor Oberländer und Bundesfinanzminister Rolf Dahlgrün ebenso, bevor sie in der FDP Karriere machten. Und für die SPD finden sich Bundesjustizminister und Kanzleramtschef Horst Ehmke, Bundeswirtschafts- und -finanzminister Karl Schiller oder der Bundesminister für wirtschaftliche Zusammenarbeit Erhard Eppler unter den ehemaligen NSDAP-Mitgliedern. Ob sie freiwillig oder gezwungenermaßen, bewusst oder unwissentlich der Hitler-Partei beigetreten sind, würden wohl nur sie selbst beantworten können. Jedenfalls legte Rudolf Heß in seiner Anordnung 24/37 unmissverständlich fest: «Ein Zwang oder Druck, der Partei beizutreten, darf unter keinen Umständen ausgeübt werden, der Grundsatz der Freiwilligkeit als eines der wertvollsten und wesentlichsten Merkmale der Bewegung muss vielmehr voll aufrecht erhalten werden!»

Laut Albrecht Kirschners Studie «NS-Vergangenheit ehemaliger hessischer Landtagsabgeordneter» waren von jenen Politikern, die 1928 oder früher geboren wurden, 19,8 Prozent vor ihrer Mitgliedschaft in der CDU bei der NSDAP, von den hundertvierundsechzig SPD-Leuten waren es 14,6 Prozent, und unter denen der FDP beziehungsweise bei ihrem Vorläufer in Hessen, der Liberal-Demokratischen Partei (LDP), finden sich sogar achtunddreißig Prozent.

Der Journalist und Jurist Heribert Prantl kommentierte

2012 in der «Süddeutschen Zeitung»: «Die alten Nazis waren in der jungen Bundesrepublik überall: Sie waren in der Justiz, in der Verwaltung, in den Ministerien, an den Universitäten; der Verfassungsschutz war so braun, dass es einen noch heute schüttelt.» Man könnte meinen, der alleinige Hintergrund für die «Rehabilitationsmaßnahmen» für die Nazis sei gewesen, dass es kein qualifiziertes Personal gegeben hat, das ohne NS-Belastung gewesen war. Das mag an einigen Stellen sicherlich zugetroffen haben. Aber auch das reicht nicht zur Gewissensberuhigung.

Klaus-Detlev Godau-Schüttke schreibt im Vorwort zu seinem Buch «Der Bundesgerichtshof – Justiz in Deutschland»: «Resümierend ist festzustellen, (...) das skandalöse Verhalten vieler Juristen sowie erzkonservativer und deutschnationaler Politiker nach 1950 hatte schließlich zur Folge, dass zahlreiche NS-Justizverbrecher am Bundesgerichtshof wieder ‹Im Namen des Volkes› Recht sprechen konnten.» Und auch wenn die ehemalige Sowjetische Besatzungszone alles andere als zum Vorbild taugt, so kann man an dieser Stelle doch zur Kenntnis nehmen, dass die Entnazifizierung dort wesentlich konsequenter durchgeführt worden ist, und trotzdem fanden sich noch qualifizierte Kräfte, um die Jobs zu erledigen. Ungeachtet der schlimmsten Auswüchse menschlichen Wesens zwischen 1933 und 1945 konnten unzählige Personen weiterhin einflussreiche Posten in Deutschland einnehmen.

Letztlich führte die Verantwortungspolitik nach dem Zweiten Weltkrieg dazu, dass durch mangelnde oder falsche internationale Friedenspolitik die Zahl der Flüchtlinge gesteigert wurde und dass die mangelnde oder falsche Aufarbeitung der NS-Zeit den Weg zu einem neuen deutschen Rassismus begünstigt hat. Dieser hohe Anteil an Ex-Nazis, den die Politik der Bonner Republik zugelassen hat, hat nicht das ganze

Klima im Land bestimmt, aber sie haben es maßgeblich beeinflusst. So wie die 68er-Bewegung eine Konsequenz aus diesem Klima ist, sind es auch die fremdenfeindlichen Übergriffe in den neunziger Jahren. Die deutsche Politik hat bei der Aufarbeitung der NS-Zeit versagt. Und damit trägt sie eine Mitschuld an den Verwerfungen der Vergangenheit und der Gegenwart.

Das Problem mit der Politik

Politiker haben keinen sonderlich guten Ruf im Land. Das ist nicht immer gerecht. Kaum einer kann sich vorstellen, welchen Aufwand viele Politiker betreiben, um ihre gesellschaftliche Verantwortung zu übernehmen. Wie viel Zeit sie investieren, um unsere Gesellschaft zu führen, anzuleiten, zu regeln. Ich habe mitunter schon einen sehr, sehr vollen Terminkalender. Und doch weiß ich, dass er hinter vielen Terminkalendern von Politikern weit abfällt. Politiker haben viel mehr Respekt verdient, als die Gesellschaft ihnen zukommen lässt. Daran ändert auch nichts, dass es schwarze Schafe gibt. Auch der Einwand, dass sie dafür Macht und Geld bekommen, greift nicht. Wer bitte ist schon so altruistisch, dass er für seine Leistungen keine Gegenleistungen erwartet? Mir liegt es absolut fern, hier Politiker-«Bashing» zu betreiben. Aber zwischen «Bashing» und Kritik ist viel Platz. Und den muss man füllen, was ich an dieser Stelle tun möchte.

Die Politik unserer Tage hat eine große Malaise. Sie nimmt Probleme immer nur dann ausreichend wahr, wenn sie gerade akut sind. Ich beobachte das zum Beispiel beim Umgang mit dem Salafismus. Gibt es irgendwo in unserer näheren Umgebung einen (großen) Anschlag, reden alle drüber. Vergeht einige Zeit und liegt der Anschlag wieder etwas zurück, spricht kaum noch einer öffentlich darüber. Hatte das Thema Salafismus in der Vergangenheit Konjunktur, wollten auf einmal alle Politiker etwas dazu wissen. Peu à peu verschwand die Aufmerksamkeit schließlich. Bis zum nächsten Vorfall.

Wenn die Zahl der Flüchtlinge, die nach Deutschland wollen, rückläufig ist, wird auch das Thema Flüchtlinge wieder in den Hintergrund rücken, dann wird auch das Thema Einwanderung wieder in den Hintergrund rücken. Dann werden andere Probleme ganz oben auf der Agenda stehen. Wer sprach Ende 2015 schon noch von der monatelang alles andere überlagernden griechischen Schuldenkrise? Von einem auf den anderen Tag war sie weg. Nicht in der Realität der Betroffenen natürlich, aber in der Wahrnehmung der breiten Öffentlichkeit.

Dieses Phänomen ist nicht allein der Politik zuzuschreiben. Wir selbst als Gesellschaft sind ebenfalls Teil dieses Problems. Denn gemäß unserer Aufmerksamkeitsökonomie haben wir irgendwann eben die Nase voll von bestimmten Themen. Dann wollen wir etwas Neues. Das wissen auch die Medien, und somit sind auch sie Teil des Problems. Aber von diesen dreien am schlechtesten zu lenken ist die Gesellschaft.

Die Politik kann und muss sich in Teilen von solchen «Konjunkturlagen» unabhängig machen. Sie muss natürlich auch weiterhin am Puls der Gesellschaft sein, aber wir haben genügend Politiker, die sich konzentriert mit den anderen Themen befassen können. Und eine verantwortliche Regierung muss dafür sorgen, dass ihnen auch weiterhin die nötigen Ressourcen zur Verfügung gestellt werden, auch wenn die Öffentlichkeit sich schon wieder auf das nächste Thema stürzt. Gewöhnlich ist es nämlich so, dass, wenn öffentlich viel über ein Thema diskutiert wird, betreffende Experten und Fachreferenten in den Ministerien sofort aktiv werden, denn für sie ist es die beste Zeit, um mit ihren Themen in den Parlamenten auf Gehör zu stoßen. Ein befreundeter Politikberater erzählte mir einmal, dass ein guter Referent stets voll ausgearbeitete Vorlagen für sein Thema in den Schubladen liegen hat. Sobald ein Medien-Hype beginnt, zieht er sie heraus und legt sie den zuständigen Politikern beziehungsweise Ministern vor.

Auch die Medien müssen im Übrigen nicht zwangsläufig entsprechend der Aufmerksamkeitsökonomie handeln. In jedem Fall können und müssen sich öffentlich-rechtliche Anbieter davon zumindest ein Stück weit emanzipieren. Und auch die privaten Medien könnten sicherlich Geld verdienen, wenn sie mal nicht das machen, was alle machen, sondern sich gezielt vom Mainstream absetzen. Was bringt es den Medienkonsumenten, wenn sie auf allen Kanälen, allen Internetseiten, allen Radiostationen immer nur dasselbe, allenfalls anders verpackt, erfahren können?

Sprechen Sie Klartext!

Es war der letzte Tag im August des Jahres 2015. Es war warm, bei der Bundespressekonferenz in Berlin drängelten sich die Journalisten in den Saal. Das kommt nicht oft vor, aber wenn die Bundeskanzlerin dort zu Gast ist, dann eben schon. Nach etwa zwölf Minuten Redezeit machte sie diese Aussage: «Deutschland ist ein starkes Land. Das Motiv, mit dem wir an die Dinge herangehen, muss sein: Wir haben so viel geschafft – wir schaffen das! Wir schaffen das, und wo uns etwas im Wege steht, muss es überwunden werden.»

Ich persönlich glaube, dass die Kanzlerin sich nicht allzu viel dabei gedacht hat, vor allem ihr Volk ermutigen wollte. Aber wie das so ist mit Politikerworten: Die Öffentlichkeit, politische Gegner, Sympathisanten, Medien haben diesen Satz maßlos überhöht und zu einem Diktum gemacht. Und nun steht er da, wie in Stein gemeißelt. Monatelang wird in der darauffolgenden Zeit darauf rekurriert – mal, um der Kanzlerin Naivität vorzuhalten, mal, um sie daran zu erinnern, dass den Worten nun auch Taten, sprich Geld, folgen müssen. Und sosehr es mir missfällt, wie diese Worte künstlich überhöht wurden, so wenig kann man die Tatsache ignorieren, dass sie eine politische Maßgabe geworden sind. Deshalb schließt sich daran nun die Frage an, was bedeutet das also konkret, «Wir schaffen das»? Heißt es, dass wir Europa weiter zur Festung ausbauen, damit niemand mehr hineinkommt? Heißt es, dass wir die Grenzen offen lassen? Heißt es, dass wir nur noch teilweise Menschen in unser Land reinlassen, und wenn ja, welche? Heißt es, dass wir die Flüchtlinge, die bereits im Land sind, integrieren und irgendwann als neue Staatsbürger begrüßen? Oder heißt es, wir gewähren ihnen eine Zeit lang Unterschlupf, dann schieben wir sie wieder ab?

Politik besteht zu oft aus Floskeln, die dann bereitwillig übernommen werden. Weil sie so schön einfach und griffig sind und Medien sowie politische Propagandisten so viel Spaß daran haben. Genauso ist es mit dem Märchen der Willkommenskultur in Deutschland, das mit den Bildern von der von Applaus deutscher Helfer begleiteten Ankunft der Flüchtlinge aus Ungarn seit Herbst 2015 erzählt wird. Dieses Märchen ist eine Erfindung der Gegner der Willkommenskultur.

Zum ersten Mal habe ich diesen Begriff in rechtspopulistischen und konservativen Blogs gelesen, auch etwa auf dem zunehmend hetzerischen Journalistenblog «Die Achse des Guten», das manche Unbedarfte bis heute für ein seriöses Organ konservativer Meinungsbildung halten. Dort wie auch anderswo wurde in den Monaten August, September, Oktober 2015 nicht nur permanent von der «Willkommenskultur» gefaselt, dort wurde der Begriff auch lächerlich gemacht und pejorativ umgedeutet. Ihr Kalkül ist meines Erachtens offenkundig: Denn wenn es in Deutschland längst eine Willkommenskultur gibt, muss die auch nicht mehr herbeibeklagt werden, muss man auch nicht mehr so viel Rücksicht bei der Kritik an Ausländern nehmen, sondern kann sich der Abwehr der Flüchtlinge widmen.

Dieser Begriff ist eindeutig fraglich. Flüchtlingshelfern, die oftmals bedroht und beschimpft werden, weil sie den geflüchteten Fremden helfen, liegt es größtenteils fern, dieses Klima als «Willkommenskultur» hochzujubeln. Und wie repräsentativ sind hundert, vielleicht einige Tausend Menschen, die Flüchtlinge an Bahnhöfen freundlich in Empfang nehmen? Was können sie schon über «die» Kultur von achtzig Millionen Menschen aussagen? Doch die Floskel – oder besser gesagt: der Manipulationsbegriff – der Willkommenskultur wird weiterhin von Politikern (und Journalisten) so gebraucht, als sei dieser eine Tatsachenbeschreibung. Durch solche Manöver oder Unbedachtsamkeiten verliert die Politik die Haftung zur Realität – solche Vereinfachungen sind nicht zielführend, sondern gefährdend.

Wenn sich eine Parole wie «Wir schaffen das» festsetzt, dann ist es die Aufgabe der Politik, klarzumachen, was sie bedeutet. Und wenn die bisherigen Mittel und Wege der Politikvermittlung hier nicht mehr zum gewünschten Ziel führen, dann müssen sich die Politik- und PR-Berater etwas Neues einfallen lassen. Seit Jahrzehnten wird darüber geklagt, dass die Politik der EU den Menschen so fern ist – und nichts ändert sich daran. Meine Forderung an die Politik ist, dass ihre Vertreter aufhören müssen, in Floskeln und bunten Bildern zu reden. Die Menschen müssen wieder ernst genommen werden, Politik ist kein Showbetrieb. Seriöse Politiker brauchen eine Haltung, zu der sie stehen.

Das schlimmste politische Instrument ist daher der Populismus. Der wirkt nämlich nur positiv zum Wahltermin und richtet anschließend nur noch Schaden an, weil sich dann zeigt, dass Populisten keine Lösungen parat haben, sondern nur Phrasen. Man kann zu Altkanzler Gerhard Schröders Hartz-IV-Politik stehen, wie man will – kann sie als Segen oder Fluch interpretieren –, aber seine Standhaftigkeit, sein Mut, für die eigenen Überzeugungen sein Amt mittels Vertrauensfrage aufs Spiel zu setzen, nötigt mir Respekt ab.

Politiker mit Rückgrat – danach sehne ich mich. Oder um es mit Max Weber zu sagen: Ich möchte einen Typus Politiker mit sachlicher Leidenschaft, mit Verantwortungsgefühl und Augenmaß. Und ich bin fest davon überzeugt, dass ich damit heute nicht alleine bin. Diese Eigenschaften fehlen meistens denjenigen, die Politik rein nach Ideologie oder Machterhalt ausrichten. Das bleibt nicht unbemerkt, und die Menschen reagieren darauf mit Politikverdrossenheit.

Ich beobachte das bei der SPD, und zwar nicht erst seit dem «Herumgeeiere» im Fall Sarrazin, wo offenkundig war, dass die Spitze eingeknickt ist, weil zu viele eigene Mitglieder auf Sarrazin-Linie waren. Und? Hat es etwas gebracht? Führende Sozialdemokraten schauen heute noch betreten zur Seite, wenn sie auf Sarrazin in den eigenen Reihen angesprochen werden. Für mich ist es auch unverständlich, dass man in der Partei bis heute nicht weiß, ob man auf Schröders Hartz-IV-Reformen stolz sein soll oder nicht.

Ich glaube, die Menschen brauchen und wollen in solchen zentralen Fragen absolute Klarheit. Ich verspürte Anfang 2016 einen Respekt gegenüber Angela Merkel, den ich mir zuvor nicht hätte träumen lassen, nachdem ich sie aufgrund ihrer Volten – vor allem bei der Energiewende – oder ihres penetranten Schweigens zu vielen entscheidenden Dingen eher für einen Machtmenschen ohne persönliche Überzeugungen gehalten hatte. Doch nun stellte sie sich gegen große Teile der eigenen Partei, nahm Verluste in der Wählergunst hin, musste sich harten Attacken aus der Schwesterpartei CSU erwehren und ging doch konsequent ihren eingeschlagenen Weg weiter.

Politik heißt auch, Haltung zu bewahren, und das in guten wie in schlechten Zeiten. Es heißt nicht, stur zu sein. Nur der denkende Mensch ändert seine Meinung, aber das sollte dann wohlüberlegt sein, mit aller Konsequenz und Überzeugung – und nicht in einem haarsträubenden ständigen Wechsel passieren.

Das Problem bei den Ursprüngen packen

Es ist der richtige Weg, den die Kanzlerin und im Grunde alle anderen Politiker vorgeben: Um weniger Menschen Anlässe zur Migration zu geben, müssen die Fluchtursachen in den Herkunftsländern beseitigt werden. Doch genau das Gleiche hatte bereits Helmut Kohl in seiner Regierungserklärung am 30. Januar 1991 gesagt: «Um das Problem der Flüchtlings- und Wanderungsströme in und nach Europa zu lösen, müssen wir gemeinsam die Ursachen in den Herkunftsländern bekämpfen.»

In fünfundzwanzig Jahren hat sich in dieser Sache aber offenkundig nicht viel getan. Im Gegenteil. Die Fluchtursachen sind noch größer geworden, weil sich niemand darum gekümmert hat. Erst musste die deutsche Einheit gestemmt werden, dann die hohe Arbeitslosigkeit und die Hartz-IV-Regelungen, dann kam die weltweite Wirtschafts- und Finanzkrise. Da bleibt halt keine Zeit und kein Geld mehr übrig für eine Entwicklungspolitik, die ihren Namen verdient.

Man kann sogar sagen, die deutsche und auch die europäische Politik haben aktiv dazu beigetragen, die Fluchtursachen noch zu verstärken. Und das Unverständliche ist: Sie tut es weiterhin. In Ägypten lässt man den nächsten Diktator gewähren. Der durch den Sturz des demokratisch gewählten Mohammed Mursi an die Macht gekommene Abd al-Fattah as-Sisi wird wie sein Vorgänger im Bundeskanzleramt hofiert, im Élysée, in der Downing Street. Deutschland, Frankreich und Großbritannien und andere führen ihre Rüstungsgeschäfte mit Kairo fort, als sei nichts geschehen. Dabei berichten Menschenrechtsorganisationen immer wieder über zehntausend politische Gefangene, willkürliche Verurteilungen zu Todesstrafen.

Der langjährige ARD-Korrespondent in Kairo, Jörg Armbruster, erklärte am 11. Februar 2016 auf «tagesschau.de»: «Freunde in Kairo sagen mir, es sei heute schlimmer als unter Mubarak. Das wird auch durch Zahlen belegt. Laut ‹Human Rights Watch› soll es vierzigtausend politische Gefangene geben. Wir wissen, dass es auf den Polizeistationen wieder Folter gibt. Wir wissen, dass nicht nur die Muslimbrüder von Gerichten verfolgt werden. Es werden auch gemäßigte oder linke Oppositionelle zu hohen Gefängnisstrafen verurteilt.

Die Bewegung, die den Tahrir-Platz initiiert hat, sitzt praktisch im Gefängnis.» Und im Grund sagt das jeder, der das Land einigermaßen kennt.

Der große Mut, den die Menschen 2011 bewiesen haben, als sie es endlich gewagt hatten, gegen Mubarak aufzubegehren, wird unter Mithilfe und bestenfalls unter Tolerierung des Westens bitter bestraft. Und dann stellen sich Politiker in Europa auch noch hin und halten moralische Appelle und geben gute Ratschläge. Da muss man doch verrückt werden vor lauter Frust, Wut und Unverständnis. Irgendwann wird die Situation in Ägypten wieder eskalieren. Dann ist das bevölkerungsreichste Land vor den Toren Europas betroffen.

Neben Waffenverkäufen oder Agrardumping – also der Ansatz, unsere Überschüsse aus der subventionierten Landwirtschaft zu Billigstpreisen an ärmere Staaten zu geben, um unsere Landwirtschaft zu schützen – ist unser Spritverbrauch ein Problem. Die grundsätzlich gute Initiative der Politik, mehr Biokraftstoffe einzusetzen, um die Umwelt und die fossilen Rohstoffressourcen wie Erdöl und Erdgas zu schonen, sorgt dafür, dass die Nahrungsmittel auf der Welt knapper werden und der Hunger zunimmt. Warum? Weil die Landwirte auf der Welt lieber Zuckerrohr, Zuckerrüben, Mais, Weizen, Maniok und Hirse für die Agrarrohstoffindustrie anbauen als Getreide, Gemüse und Obst für den Verzehr. Denn von der Energie-Industrie gibt es mehr Geld. Zudem werden durch parallel stattfindende Ausweitung der Anbauflächen – etwa durch Brandrodungen – Ökosysteme zerstört und die Biodiversität gefährdet.

Eine weitere Konsequenz ist, dass die Preise für Lebensmittel steigen. Stichwort: Angebot und Nachfrage. Gibt es weniger Angebot, also weniger Ware am Markt, bei gleichbleibender Nachfrage, steigen die Preise. Und das trifft Entwicklungsländer deutlich härter. In Deutschland geben Menschen rund dreizehn Prozent ihres Einkommens für Lebensmittel aus. In Ländern wie Nigeria sind es dagegen mehr als zwei Drittel des Einkommens. Wie verlockend ist da das reiche Europa?

Und noch etwas führt zu steigenden Preisen: die Spekulationen auf Nahrungsmittel an den Börsen rund um die Welt. Hedgefonds sind irgendwann bei der Suche nach profitablen Anlagemöglichkeiten auf die Nahrungsmittelbörsen gestoßen. Dort wird dann auf fallende oder steigende Preise gewettet. Am Ende stand eine gewaltige Preissteigerung für Reis und andere Feldfrüchte.

Man macht also mit Nahrungsmitteln all das, was im Zusammenhang mit der Weltfinanzkrise als Kasino-Kapitalismus gescholten wurde: Termingeschäfte, Leerverkäufe, Hochfrequenzhandel etc. All das sorgt dafür, dass der Alltag in vielen Ländern die Menschen und ihre Familien in existenzielle Sorgen stürzt. Und dann sehen diese Menschen im Fernsehen und im Internet das blühende Leben in Europa und den USA, wo es auch noch Rechtsstaat und Sozialstaat und Freiheit gibt. Wenn Sie jung wären, würden Sie nicht vielleicht auch auf die Idee kommen, dorthin zu gehen?

Fremde gleich Barbaren? Über die Integrationsunwilligkeit der Politik

Syrien, das Land meiner Eltern, ist kein hässliches Land. Syrien ist fruchtbar, im Winter fällt Schnee, im Sommer sind es fünfundvierzig Grad. Große Ländereien mit Olivenbäumen auf rostbrauner Erde überziehen vor allem den Norden des Landes. Der Duft von Jasmin weht durch die Straßen. Die Geschichte dieses Landes ist phantastisch, phantastisch lang. Sie beginnt bereits in der Wiege der menschlichen Zivilisation, vor gut zwölftausend Jahren.

Der Nordosten Syriens bildete die nördliche Grenze Mesopotamiens. Die großen Kulturen der frühen Menschheit wirkten in diese Region hinein: Akkader, Hethiter, Assyrer, Ägypter. Damaskus gilt als weltweit älteste, kontinuierlich besiedelte Hauptstadt und als eine der ältesten durchgängig besiedelten Orte generell. Die Ursprünge der Stadt liegen irgendwo zwischen den Jahren 10000 und 8000 vor Christus. Ugarit, der berühmte Stadtstaat der Kanaaniter in der Bronzezeit, liegt im Land, nahe der Küste bei Latakia. Später kamen die Perser nach Syrien, die Griechen.

Alexander der Große zog durchs Land, überquerte hier den Euphrat auf seinem Eroberungsfeldzug nach Indien. Alexanders Erben gründeten die berühmte Stadt Dura Europos am Euphrat. Schließlich kamen die Römer, bauten ihre Amphitheater, die noch heute stehen. Königin Zanubia, die berühmte Herrscherin über das palmyrenische Reich mit seiner prächtigen Hauptstadt Palmyra, deren Ruinen die Barbaren der teuflischen Terrororganisation «Islamischer Staat» zerstört haben, bot den Römern im 3. Jahrhundert vor Christus die Stirn. In Dura Europos stehen die Überreste der ältesten erhaltenen Synagoge der Antike.

In Syrien kann man auf der Geschichte des Christentums wandeln. Saulus von Tarsus wird in Damaskus zum Christentum bekehrt und wandelt sich zum Paulus und wird zu einem der bedeutendsten Apostel. Natürlich kamen dann auch die Araber, die Muslime und prägten das Land. Aleppo wurde zu einem Ausgangspunkt der Seidenstraße. Vor gut tausend Jahren fielen die Kreuzritter auch in Syrien ein. Sie bauten ihre Festungen mit ihren mächtigen Mauern, die heute von den Bürgerkriegsparteien als Unterschlupf genutzt werden.

Syrien ist ein vielfach verkanntes, wunderschönes Land mit einer der eindrucksvollsten Geschichten aller Regionen auf der Welt. Trotz der erschreckenden politischen Entwicklungen im 20. Jahrhundert – die immer stärker werdende Unterdrückung durch die Diktatorenfamilie Assad und die damit einhergehende fehlende politische Freiheit – war Syrien für viele Menschen ein vergleichsweise lebenswertes Land. Es gibt keine besonderen Vorfälle von brutalen Auseinandersetzungen zwischen den vielen Völkern und Religionen in diesem Land. Muslime und Christen, Araber und Kurden lebten friedlich miteinander oder zumindest nebeneinander. Am Freitag gingen alle bei den Christen einkaufen, am Sonntag alle bei dcn Muslimen. Alle bedienten sich an der reichhaltigen und vielfältigen Essenstafel des Landes, trafen sich bei Festivitäten, bei Kulturveranstaltungen, beim Fußball, zu Tee und Wasserpfeife in den Straßencafés. Es war zuletzt in Syrien nicht ungewöhnlich, dass auch Frauen zur Uni gegangen sind und Berufe ausgeübt haben. Natürlich nicht alle, aber in Relation zu anderen Ländern der Region war ihre Anzahl durchaus bemerkenswert. Selbst wenn das Syrien der Moderne wegen seiner politischen Führung mit Sicherheit alles andere als ein Paradies war, so war es kulturell und gesellschaftlich doch ein sehr lebenswerter Ort im Nahen Osten.

Die Mehrzahl der Flüchtlinge, die nun zu uns kommen, sind Syrer und Iraker. Sie sind keine Hinterwäldler. Man muss ihnen nicht beibringen, wie man mit Messer und Gabel isst. Natürlich gibt es darunter auch schwarze Schafe mit kriminellen Absichten. In dieser Hinsicht haben die Ereignisse aus der Kölner Silvesternacht keine neuen Erkenntnisse gebracht. Welche Bevölkerungsgruppe ist frei von schwarzen Schafen?

Die meisten Syrer wären nie nach Deutschland gekommen, hätte es den Krieg nicht gegeben. Sie wären nicht auf die Idee gekommen, freiwillig ihre Heimat zu verlassen, um in einer miefigen Unterkunft mit fremden Menschen auf engstem Raum ihr Leben in Deutschland zu verbringen. Darauf angewiesen zu sein, ein bisschen Geld oder Güter zugesteckt zu bekommen. Erst einmal nicht arbeiten zu können. Zu spüren, dass es in diesem neuen Land doch massive Anfeindungen und Gegner ihres Aufenthalts gibt. Was ist das für eine Alternative zum Leben in der Heimat?

Das gilt nicht nur für Syrer. Das gilt auch für Eritreer, Afghanen. Wenn in ihren Heimatländern Frieden herrschen würde und es Entwicklungsperspektiven gäbe, dann würde ein Großteil der Menschen sich nicht auf eine ungewisse Zukunft in einem fremden Land einlassen. Mit diesem Gedanken im Hinterkopf sollte für jeden deutlich sein, wie wichtig es vor allem für die Zukunft sein wird, für Frieden und Entwicklungsperspektiven in den ärmeren Ländern dieser Welt zu sorgen. In meinen Augen steht diese Herausforderung für die Zukunft unseres Planeten auf derselben Stufe wie der Kampf gegen die Klimaerwärmung.

Je schneller es gelingt, Syrien zu befrieden, desto mehr Menschen werden alsbald aus eigenen Stücken wieder in ihre Heimat zurückkehren. Je länger aber die Befriedung dauert, je tiefer die Menschen in Deutschland Wurzeln schlagen, je länger ihre Kinder hier zur Schule gehen, desto geringer wird die Wahrscheinlichkeit, dass die Flüchtlinge aus eigenem Antrieb heraus wieder zurückwollen. Letzteres lehrt uns die Geschichte der «Gastarbeiter».

Über die «Integrationsunwilligkeit»

So viele Menschen laufen dem Mythos hinterher, die Ausländer in Deutschland wollen sich nicht integrieren. Seit 2005 gibt es in Deutschland erstmals ein rechtlich verbindliches Konzept zur Förderung der Integration von Ausländern. Ein Baustein des Ganzen sind die Integrationskurse, die ja vor allem nach Meinung von «Deutschomanen» von den Ausländern gemieden werden wie Brackwasser. Aber die Medien in verschiedenen Städten des Landes berichten immer wieder über überfüllte Kurse. Willige können die Kurse nicht sofort belegen und müssen warten. 2009 wurden fünfzehn Millionen Euro zusätzlich bewilligt, um Tausenden Zuwanderern die freiwillige Teilnahme zu ermöglichen.

Für 2015 kürzte die Große Koalition die Mittel für die Integrationskurse speziell für MigrantInnen auf ein Drittel der Summe, die es noch zwei Jahre zuvor gewesen war. Und dann werden die Lehrkräfte auch noch mies bezahlt. David Krenz schrieb 2015 im «Spiegel online»-Artikel «Nur raus aus dem Traumberuf»: «In Vollzeit verdient Sabine Heurs 1200 Euro netto im Monat – und zählt damit zu den Topverdienerinnen in ihrem Beruf. ‹Ein Witz›, sagt sie und wirkt ziemlich ernst dabei.» Der Grünen-Bundestagsabgeordnete Volker Beck klagte im selben Jahr: «Nicht die Migrantinnen und Migranten verweigern sich den Integrationsangeboten, sondern die Bundesregierung.»

Die Mängelliste der Politik ist lang. Pädagogische Studien und Ausbildungen, Lehramtsstudiengänge und Studiengänge der Sozialarbeiter haben bis heute kaum oder nur in Ansätzen eine interkulturelle Ausrichtung. Angesichts der Veränderung dieser Gesellschaft ist das grob fahrlässig. Viele Sozialarbeiter haben etwa zu geringe Kenntnisse über die kulturellen und religiösen Prägungen der verschiedenen Jugendlichen.

Ich fordere schon seit langem, dass angehende Sozialarbeiter bereits während ihres Studiums in interkulturellen Fragen besser ausgebildet werden. Bereits im Jahr 2009 schrieb ich in meinem Buch «Muslimisch, weiblich, deutsch», dass Deutschland dringend mehr in Bildung investieren muss. Insbesondere an sozialen Brennpunkten müssen mehr Sozialarbeiter eingesetzt werden, mehr Lehrer mit interkultureller Kompetenz müssen auf Kinder und Jugendliche aus Einwandererfamilien zugehen. Berufsberatungen für Jugendliche ausländischer Herkunft sowie die Sprachförderung für Kinder und Erwachsene müssen verstärkt werden – besonders deshalb, weil inzwischen eindeutig und durch mehrere Studien belegt ist, dass es Menschen mit ausländischer Herkunft auf dem deutschen Ausbildungs- und Arbeitsmarkt um ein Vielfaches schwerer haben als Menschen ohne Migrationshintergrund. Seit einigen Jahren fordere ich diese Öffnung für soziale Berufe nicht nur, sondern versuche auch selbst einen Beitrag zur Umsetzung zu leisten. Zunächst bin ich das Thema in meiner Arbeit an der Universität Münster bei der dortigen Etablierung des allerersten Lehrstuhls für «Religion des Islam in Deutschland» Mitte der nuller Jahre konkret angegangen. Später fragte mich dann die Fachhochschule Münster, ob ich für den Studiengang «Soziale Arbeit» Seminare zum Thema Migration und muslimisches Leben in Deutschland halten würde. Von solchen Seminarangeboten sollte es bundesweit noch viel mehr geben.

Aber wo ist die Politik, die das fördert? Seit Jahren hört man immer nur, dass Stellen im Sozialbereich abgeschafft werden. An den sozialen Brennpunkten sind einfach viel zu wenige beschäftigt. Es scheint, dass die Politik trotz aller Bekundungen nach wie vor nicht willens ist, in diese immens wichtige Arbeit von Menschen im Bildungs- und Sozialbereich zu investieren. Dabei ist sie das Fundament einer funktionierenden Integration.

Von Parallelgesellschaften

Maßgebliches Versagen der Politik zeigt sich auch in einem anderen höchst entscheidenden politischen Spielfeld, der Städte- und Raumplanung. Hier wurden in der Vergangenheit dramatische Fehler gemacht, die noch dramatischere Auswirkungen hatten. Wir kennen diese Problematik heute unter dem Stichwort «Parallelgesellschaften». Jede große Stadt kennt Stadtteile oder Stadtgebiete, in denen besonders viele Ausländer und Menschen mit Migrationshintergrund leben: Berlin-Neukölln, Berlin-Kreuzberg, Hamburg-Veddel,

Duisburg-Marxloh, Dortmund-Innenstadt-Nord, Köln-Kalk etwa.

Dass sich an bestimmten Orten besonders viele Ausländer und Menschen mit Migrationshintergrund finden, hat nicht nur damit zu tun, dass sie alle unter sich bleiben und sich von «den Deutschen» abgrenzen wollen, wie es die «deutschomanische» Propaganda gerne darstellt. Vieles ist schlicht den harten Umständen der Wirklichkeit geschuldet. Deutschland ist nicht das Land, das überwiegend Einwanderung in den Hochlohnsektor bewirkt. Der überwiegende Teil der Migranten gehörte früher – schon den Hugenotten im 17. Jahrhundert wurde die Ansiedlung in Preußen gestattet, weil man in ihnen hilfreiche Arbeitskräfte sah – wie heute eher der Arbeiterschicht an. Demzufolge sind Stadtteile mit günstigem Wohnraum begehrt, Stadtteile in der Nähe der Arbeitsplätze.

Aber auch die Diskriminierung sorgt dafür, dass sich bestimmte Stadtteile als bevorzugter Wohnort von Ausländern und Menschen mit Migrationshintergrund herausbilden. Diverse Studien wie die der Antidiskriminierungsstelle des Bundes unter dem Titel «Diskriminierung auf dem Wohnungsmarkt» von 2015, Christine Barwicks «Draußen vor der Tür. Exklusion auf dem Berliner Wohnungsmarkt» von 2011 oder Giuseppe Sabettas Untersuchung «Ausländerdiskriminierung auf dem Wohnungsmarkt» von 2005 belegen heute diese Benachteiligung. Menschen mit fremder Herkunft haben es deutlich schwerer auf dem Wohnungsmarkt. «Wohnen wir in armen Stadtteilen, schreien Deutsche: ‹Ghetto!› Ziehen wir in andere Stadtteile, gibt's Zuzugssperre und viele schreien: ‹Überfremdung!›», hieß es schon 1982. Insbesondere vor der Einführung des Antidiskriminierungsgesetzes (im offiziellen Sprachgebrauch «Allgemeines Gleichbehandlungsgesetz», kurz AGG genannt) 2006 bekam man auch mal direkt ins Gesicht gesagt: Wir wollen hier keine Ausländer im Haus haben. Nach Inkrafttreten des AGG durften solche Mietablehnungsgründe offiziell nicht mehr vorkommen. Tatsächlich aber bestätigt sich bei vielen Wohnungssuchen mit Migrationshintergrund das Gefühl: Ich habe die Wohnung nicht bekommen, weil ich den «falschen» Namen habe, die «falsche» Hautfarbe oder die «falsche» Sprache spreche.

Nur weil alle gleich behandelt werden sollen, heißt das nicht, dass alle gleich behandelt werden. Und so zieht es eben viele in die Stadtteile, in denen viele andere mit Migrationshintergrund leben, die Chancen groß sind, dort eine Wohnung zu bekommen, und die Wahrscheinlichkeit zugleich klein ist, sich eine verletzende und schmähliche Ablehnung aufgrund der eigenen Herkunft einzuhandeln. Diesen Missstand haben viele Städte- und Raumplaner lange Zeit missachtet und die «Ghettoisierung» in deutschen Städten befördert. Es war erträglicher, dafür zu sorgen, dass die Bessersituierten und Wohlhabenden Wohnbezirke erhielten, in denen sie sich wohlfühlen. Hätte sich die Lokalpolitik frühzeitig des Themas angenommen, statt zuzuschauen und geschehen zu lassen, wie bestimmte Stadtteile durch den Zuzug vorwiegend ärmerer Einwohner geprägt werden, wäre es nicht zu den teilweise massiven Bevölkerungsverschiebungen gekommen.

Heute sind es eben Stadtteile wie Neukölln oder Marxloh, die von «Deutschomanen» missbraucht werden, um Angst vor Fremden zu schüren. Man muss sich nur mal bei den Anhängern von Pegida in Sachsen umhören, wenn man sie damit konfrontiert, dass es in Dresden und Sachsen kaum Ausländer und Muslime gibt. Es wird in diesem Fall immer auf die berüchtigten Stadtteile verwiesen, mit dem Hinweis: «So darf es bei uns niemals werden.»

Was ist deutsch?

Weder die Politiker noch die Intellektuellen oder die Wissenschaftler sagen uns, wo dieses Land heute steht und wie wir es verstehen sollten. Aber beinahe reflexartig betonen sie die deutsche Leitkultur, je stärker das (vermeintlich) Fremde sichtbar wird. Zyklisch wird einem der Begriff entgegengehalten. Je nach politischer Lage steigt oder fällt die «Aktie Leitkultur». Dabei kann einem niemand erklären, was damit eigentlich gemeint ist. Man verlässt sich auf einen diffusen, stillschweigenden Konsens der Mehrheit. Das geht immer so lange gut, bis Störenfriede es wagen nachzufragen. Diese Störenfriede sind selbstverständlich zumeist jene, die sich direkt oder indirekt aufgefordert fühlen, sich nach dieser Leitkultur zu richten, und sich fragen: Was muss ich denn dafür tun?

Vor einigen Jahren wurde der Begriff durch den damaligen CDU-Spitzenpolitiker Friedrich Merz populär ins Rennen gebracht, um eine Art Assimilation von Einwanderern an eine deutsche Leitkultur zu fordern. Das war im Jahre 2000. Bundestagspräsident Norbert Lammert sollte recht behalten, als er in diesem Kontext von einer «Kurzdebatte» sprach. Denn noch immer sprechen wir nicht ganz konkret davon, welche Normen und Gepflogenheiten uns als Deutsche eigentlich ausmachen. Wir halten teilweise an Vorstellungen fest, die nach

1945 definiert wurden und zu der Zeit noch identitätsstiftend waren, aber heute längst überholt sind: An erster Stelle steht die damals noch weitgehend homogene Gesellschaftsstruktur. Doch das ist mehr als siebzig Jahre her. Siebzig Jahre, in denen Globalisierung und digitale Revolution nicht nur Deutschland, sondern die ganze Welt verändert haben.

Eine intensive Debatte über unsere deutsche Identität ist gerade jetzt bitter nötig. In Zeiten, in denen innerhalb eines Jahres fast eine Million Menschen kommen, beinahe wöchentlich Flüchtlingsunterkünfte brennen, Tausende besorgte Bürger zu Protestmärschen blasen oder dschihadistische Salafisten in unseren Innenstädten junge Menschen verführen wollen, sollten wir endlich aushandeln, was uns im Innersten zusammenhält. Wir sollten ein neues deutsches Wir festlegen – das ist nicht nur eine Herausforderung, sondern eine Chance.

Es gibt ein paar Stichworte, die immer wieder beim Thema «typisch deutsch» genannt werden. Was sicherlich im 21. Jahrhundert nicht mehr deutsch allein sein wird, sind Bier, Sauerkraut und Volksmusik (und das liegt nicht daran, dass ich persönlich das so möchte, ich vielleicht sogar etwas gegen Sauerkraut und deutsches Kulturgut im Allgemeinen habe, wie es mir «Deutschomanen» gerne unterstellen). Die Aussage ist schlicht eine empirische Erkenntnis, zu der jeder, der unsere Gesellschaft genau beobachtet, junge Menschen in den Schulen oder Universitäten in den Blick nimmt, gelangen wird. Bier, Saucrkraut und Volksmusik – all das gehört selbstverständlich zu Deutschland und wird es auch immer tun, aber es steht eben nicht exklusiv für das Deutschland im 21. Jahrhundert. Vermutlich stand es auch nie für das Deutschland im 20. Jahrhundert. Was ist mit denen, die lieber einen Cabernet Sauvignon zu schätzen wissen? Nicht deutsch? Was ist mit Risotto-Liebhabern? Nicht deutsch? Was ist mit Jazz-Fans? Nicht deutsch? Solche Kategorien sind künstlich. Bier, Sauerkraut und Volksmusik treffen zwar den Geschmack vieler Menschen, aber niemals haben sie den Geschmack aller Deutschen getroffen.

Auch Pünktlichkeit und Fleiß sind sicherlich nicht mehr deutsch allein. In einem Beitrag des Deutschlandfunks hörte ich dazu jüngst eine passende Anekdote – auch wenn sie aus einem österreichischen Integrationskurs stammt. Die Kursleiterin erklärte den Teilnehmern: «Da sind wir Österreicher ziemlich strikt, weil Pünktlichkeit ist eine Respektsache. Weil, wenn ich unpünktlich bin, bedeutet das, dass ich die Zeit der anderen nicht respektiere.» Und der Autor des Stücks fügt dieser Unterrichtsszene süffisant folgende Schilderung hinzu: «Bei so viel fürsorglicher Wertevermittlung fühlt sich ein syrischer Teilnehmer bemüßigt zu erwähnen, dass es auch in Syrien durchaus erwartet werde, dass man rechtzeitig zur Arbeit erscheint.» Angesichts der vielen verqueren Kommentare über Einwanderung und des mitunter seltsam verbreiteten Aktionismus fühlt man sich immer wieder mal genötigt zu sagen: Wenn Menschen außerhalb Europas nach Deutschland kommen, dann ziehen doch nicht automatisch Barbaren ins Land, denen man erst das Essen mit Messer und Gabel beibringen muss.

Die deutsche «Hausordnung»

In wohl jeder breiteren Debatte über Integration erfolgt irgendwann der Hinweis auf die deutsche «Hausordnung» –

also die chauvinistische oder paternalistische Aufforderung zu einem zivilisierten Benehmen. Thüringens ehemaliger Landesvater Bernhard Vogel sagte im Mai 2001: «Ausländer sind uns willkommen, aber wir erwarten, dass sie sich an unsere Hausordnung halten.»

2008 wandte sich der damalige Ministerpräsident Hessens, der CDU-Politiker Roland Koch, laut vernehmbar via Medien an die Ausländer: «Das Schlachten in der Wohnküche oder in unserem Land ungewohnte Vorstellungen zur Müllentsorgung gehören nicht zu unserer Hausordnung.» So etwas hatte offensichtlich Tradition. Bereits 1963 war auf einem Aushang im Wohnheim der Zeche Lothringen zu lesen gewesen: «Das deutsche Volk liebt sehr die Tiere und vor allem die Singvögel. Die deutsche Gesetzgebung wird von allen zivilisierten Völkern in Bezug auf Jagd- und Tierschutz als Vorbild gesehen. Eine Verletzung dieser Gesetze und Ordnungen wird mit harten Strafen verurteilt ... Wer ohne Erlaubnis jagt, macht sich strafbar. Vor allem die Jagd auf Singvögel ist streng verboten und wird von allen verabscheut. Gleich in welcher Art und Weise dies geschieht. Die deutschen Jäger, Tierfreunde und die Polizei sind dazu befähigt, erbarmungslos gegen die vorzugehen, die diese Regelungen nicht einhalten, und diese verurteilen zu lassen. Dies gilt sowohl für die Deutschen wie auch für die Gastarbeiter, die diese Gesetze übertreten.»

Roland Kochs Aussage zielte natürlich auf Menschen aus dem Orient ab, denn von dort kommen die meisten Muslime. Ein Teil der Muslime legt Wert darauf, dass ihr Fleisch von Tieren stammt, die nach religiösem Ritus geschächtet wurden. In Deutschland ist das aufgrund der Gesetzgebung nicht immer so leicht zu bewerkstelligen, da der deutsche Tierschutz eine Betäubung vor dem Schlachten vorsieht, beim Schächten aber ohne Betäubung gearbeitet wird, um das vollständige Ausfließen des Blutes zu gewährleisten. Fürs Schächten müssen Metzger in Deutschland eine Ausnahmegenehmigung beantragen. Vor diesem Hintergrund unterstellt Koch, dass eben nur Muslime auf die Idee kommen könnten, in der Badewanne zu Hause zu schlachten.

Auch das Müllmotiv deutet auf die südlicheren Länder hin. In Berlin-Kreuzberg hängte eine Hauswirtin Anfang der achtziger Jahre ein Schild auf: «Wer seinen Müll und Kartons usw. neben leere Mülltonnen stellt, muss mit Kündigung rechnen.» Das Ganze in Versalien und übersetzt ins Türkische. Alles, was südlich der Alpen liegt, galt früher und sicher heute auch noch vielen als unsauber, chaotisch. Dieser Eindruck erschließt sich leider jedem Orientreisenden sehr schnell. Müll wird dort vor allem wegen der miserablen Abfallbeseitigungssysteme und problematischen Einstellungen zum Umweltschutz bei vielen Bürgern häufig auf der Straße entsorgt.

Der Aushang im Wohnheim hingegen zielt natürlich auf Italien ab, wo die Singvogeljagd Tradition hat – de facto. Dennoch wird hier suggeriert, jeder Italiener würde dieser Tradition folgen. Und das ist natürlich ein Vorurteil, das hier ausführlich breitgetreten wird. Das klingt ganz nach folgender Einstellung und Überzeugung: Das zivilisierte Deutschland muss seinen unzivilisierten Gästen erst einmal beibringen, wie man sich anständig verhält.

Solche Verhaltensmuster, die von vielen offenbar als selbstverständlich erachtet werden, prägen seit Jahren unterschwellig die Haltung gegenüber Fremden. Wer über Jahrzehnte mit solchen Zurechtweisungen von Fremden beiläufig aufwächst, wird sich dieser Prägung später nicht immer entziehen können.

Sicherlich kein eindeutiges deutsches Merkmal ist heutzutage das Christentum. Säkularer Humanismus in Form von Atheismus, Agnostizismus oder Deismus ist auf dem Vormarsch. Nur noch zwei Drittel der Menschen in Deutschland bekennen sich zum Christentum. Keine der großen Kirchen klagt nicht über das Ausbleiben der Gläubigen. Keine der großen Kirchen ist nicht gezwungen, Pfarrstellen abzubauen und Gemeinden zusammenzulegen, weil entweder kein Nachwuchs mehr da ist oder die Gemeinden zu klein geworden sind. Und auch die romantische Vorstellung von der Einheit der Christen, die immer dann beschworen wird, wenn es gegen Fremde geht, hält einer genauen Prüfung nicht stand. Oder warum dürfen Protestanten und Katholiken nicht gemeinsam zum Abendmahl? Und warum schreibt die vatikanische Kongregation für die Glaubenslehre: Die «‹kirchlichen Gemeinschaften, die die apostolische Sukzession und die gültige Eucharistie nicht bewahrt haben›, sind ‹nicht Kirchen im eigentlichen Sinn›, sondern ‹kirchliche Gemeinschaften›, wie die Konzils- und Nachkonzilslehre bezeugt»? Mit anderen Worten heißt das etwa: Weil evangelische Christen den Papst nicht anerkennen und das Abendmahl «falsch» feiern, sind sie keine richtige Kirche?

Hinter den großen Worten zum Christentum, die man zur Abwehr des Fremden heute so gerne beschwört, steckt bei Lichte betrachtet nicht viel Substanz. Und noch erstaunlicher wird es, wenn gar vom jüdisch-christlichen Abendland die Rede ist. Zyniker verstehen unter dieser Aussage nämlich nur: «Ach, fast zweitausend Jahre Ausgrenzung, Verfolgung und Pogrome, die schließlich im Holocaust mündeten, gehören also mit zur abendländischen Kultur. Das ist ja sehr sympathisch.»

Die Bundeskanzlerin Angela Merkel hat 2015 auf einer Diskussionsveranstaltung in der Schweiz dazu Bemerkenswertes gesagt. Auf die typische Frage einer Zuhörerin, wie Angela Merkel denn gedenke, angesichts all der Flüchtlinge «unsere» Kultur vor der «Islamisierung» zu schützen, antwortete sie: «Angst war noch nie ein guter Ratgeber ... Kulturen und Gesellschaften, die von Angst geprägt sind, werden mit Sicherheit nicht die Zukunft meistern. Wir haben doch alle Chancen und alle Freiheiten, uns zu unserer Religion – sofern wir sie ausüben und an sie glauben – zu bekennen. Und wenn ich etwas vermisse, dann ist das nicht, dass ich irgendjemandem vorwerfe, dass er sich zu seinem muslimischen Glauben bekennt, sondern dann haben wir doch auch den Mut zu sagen, dass wir Christen sind. Dann haben wir doch auch bitte schön die Tradition, mal wieder in den Gottesdienst zu gehen oder ein bisschen bibelfest zu sein und vielleicht auch mal ein Bild in der Kirche noch erklären zu können. Wenn Sie mal Aufsätze in Deutschland schreiben lassen, was Pfingsten bedeutet, dann würde ich mal sagen, ist es mit der Kenntnis über das christliche Abendland nicht so weit her. Und sich dann anschließend zu beklagen, dass die Muslime sich im Koran besser auskennen, das finde ich irgendwie komisch.»

Dem kann ich nur zustimmen. Das Christentum ist nicht nur ein wichtiger Teil von Deutschland, selbstverständlich hat es große Teile der Kultur geprägt und wird auch in Zukunft immer eine erhebliche Bedeutung für unser Land einnehmen. Jeder, der in Deutschland lebt, sollte das Christentum in irgendeiner Form kennen. Und jeder, der gläubig ist, sich dazu aufgerufen fühlen, für diesen Glauben einzustehen und dafür zu werben – sofern er dabei die anderen nicht marginalisiert.

Aber die Existenz von gläubigen Muslimen im Land sollte nicht mit den vermeintlich weniger werdenden gläubigen Christen in Verbindung gebracht werden. Es gibt keine Wechselwirkungen dieser beiden Phänomene. Wir müssen lernen, für unsere Überzeugungen einzustehen, ohne dabei den andern schlecht zu machen. Nicht in der Abgrenzung von anderen liegt die Stärke einer Religion (oder einer Weltanschauung), sondern in ihrer Überzeugungskraft. Und wenn ich anfange, daran zu zweifeln, dann ist es meine Aufgabe, mich auf die Suche zu begeben. Die Schuld bei anderen zu suchen hat schon immer nur zu Gewalt und Tod geführt.

Nationalität?

Ganz gewiss ist Deutschsein nicht an die Reinheit des Blutes gebunden. Dieser fatale Blut-und-Boden-Gedanke, der seit einigen Jahrzehnten zwar nur noch von harten Neonazis verbalisiert wird, ist aber in seinen Rudimenten nach wie vor weit verbreitet. Viele wissen es selbst gar nicht, aber intuitiv sind auch sie von dem Gedanken geleitet, Herkunft wird vererbt: Deutsch ist der, der deutsche Eltern hat. Aber das ist komplett unrealistisch geworden. Und vor allem ist es eine irrationale Annahme.

Was sind deutsche Eltern? Selbstverständlich gibt es noch Menschen, die möglicherweise einen «sauberen» Stammbaum haben. Deren Eltern, Großeltern, Ur-Großeltern, Urur-Großeltern etc. sowohl väterlicherseits als auch mütterlicherseits immer nur Menschen geheiratet haben, die ihrerseits jeweils immer nur Menschen geheiratet haben, die aus ein und derselben Region stammen. Aber auf wie viele Menschen trifft das noch zu? Was ist, wenn im eigenen Stammbaum irgendwann mal Hugenotten gewesen sind, Ruhrpolen (viele germanisierten ihre Namen, um nicht aufzufallen), Sinti, Roma, Juden? Sind diese Menschen dann noch deutsch? Und wenn ja, bis zu welcher Generation zurück gilt das? Und wenn man dann feststellt, jemand ist nicht mehr deutsch, was machen wir mit ihm? Wenn der eigene Sohn eine Italienerin heiratet, sind die Kinder dann noch deutsch?

Diese Vererbungsüberlegungen sind pervers. Diese Vorstellungen vom Deutschsein sind eine Illusion. Zu glauben, im Europa des 21. Jahrhunderts könne man von der Reinheit einer «Volksgruppe» ausgehen, ist ein Selbstbetrug. Man folgt diesem Gedanken immer nur ansatzweise, nämlich nur so lange, wie er der Überzeugung nicht zuwiderläuft. Doch diese Illusion hält sich bis heute, und zwar vor allem aus einem Grund: Niemand spricht darüber.

Als Thilo Sarrazin 2010 diesen völkischen Themenkomplex öffentlich ansprach, haben sich die meisten Menschen angewidert von ihm abgewandt. Aber andere wiederum empfanden seine Thesen als Offenbarung. Auch wenn sie freilich alles andere als neu waren. In der «Frankfurter Allgemeinen Zeitung» hieß es schon am 2. Dezember 1982 in einem Beitrag mit dem Titel «Fremde und Allzufremde»: «Mit den Ost-, den Süd- und den Südosteuropäern in der Bundesrepublik geht es ziemlich gut; sogar ein paar italienische Mafiosi lassen sich noch verkraften ... In ein und demselben europäischen Kulturkreis ist ein stillschweigendes Wir-Gefühl entstanden. Aber ‹außen vor› sind vor allem die Turk-Völker geblieben – dazu Palästinenser, Maghrebinen und andere aus ganz und gar fremden Kulturkreisen Gekommene. Sie – und nur sie sind das ‹Ausländerproblem› der Bundesrepublik.»

Mich macht es nachdenklich, dass in der vielleicht intellektuellsten Zeitung Deutschlands eine solche Passage zu finden ist. Auch in den Achtzigern wurde der Rassismus hinter solchen Zeilen von der Politik wenig problematisiert, vielmehr formulierten führende Politiker aus verschiedenen politischen Spektren ganz genau so oder ähnlich und insinuierten damit, dass diese «Allzufremden» möglichst als Erste wieder aus dem Land müssten.

Solange wir solche gefährlichen Gedankenspiele nicht knallhart benennen, werden weiterhin Menschen so tun, als könne es diese Reinheit des Volkes auf wundersame Weise ja doch noch irgendwie geben. Sie sammeln Applaus, Geld und Wählerstimmen ein und lassen die Menschen in der Hoffnung, eine unbekannte Macht werde vielleicht dereinst alles wieder zum «Guten» wenden und die Deutschen wieder «deutsch» machen. Wenn man diesen irrigen Traum träumt, führt der Weg unausweichlich dorthin, wo wir vor achtzig Jahren schon einmal standen in Deutschland: Eugenik, Selektion, Rassenschande wären die bestimmenden Schlagwörter.

Das menschliche Genom als Grundlage für eine soziale Gemeinschaft zu wählen ist nichts anderes als eine Vorbereitung von künftigen Verbrechen. Man muss und sollte es so klar benennen, damit es uns endlich gelingt, diese bösen Geister aus den Köpfen der «Deutschomanen» zu vertreiben.

In meinem Erbgut gibt es einen Teil, der sich von einem «Ur-Hannoveraner» unterscheidet. Umgekehrt kann ich nicht in einer Gesellschaft aufwachsen, in ihr Kindergarten, Schule, Sportverein und Uni besuchen, ohne Teile meines Umfelds mitsamt seinen Werten und Vorstellungen kennenzulernen und zu verinnerlichen. Ich kann nicht in Deutschland leben und genauso arabisch sein wie meine Eltern, die in einem arabischen Land aufgewachsen sind. Die einzig gesunde Konsequenz kann also nur sein: Schluss mit dem künstlichen Zwang. Schluss mit der Frage: Bist du Deutsche oder Syrerin? Das klassische Verständnis von «Nationalität» passt nicht mehr in diese Welt. Die Spannbreite des Begriffs ist längst dabei, sich zu erweitern, und das wird fortschreiten.

Die gleiche Erweiterung braucht der Begriff «Heimat». Er lässt sich nicht mehr für jeden Menschen mit der Nationalität koppeln. «Heimat» ist für die meisten ein räumlicher Begriff und kennzeichnet einen Landstrich. Zugleich ist «Heimat» aber auch mit einem Gefühl von Geborgenheit, von Vertrautheit und Sicherheit verbunden: Wenn ich in der Heimat bin, weiß ich, wie ich mich zu verhalten habe. Ich kenne mich aus. Ich kenne die Leute, ihre Mentalität, weiß, wie sie ihren Zorn zum Ausdruck bringen, wie sie Freude zeigen, wann sie mürrisch sind, wann sie ihre Ruhe wollen, was ich mir an unangenehmem Verhalten gefallen lassen muss und wann ich mich dagegen zur Wehr setzen kann. Wenn man mich also fragt, was ist deine Heimat, dann ist die Antwort klar: Deutschland.

Das neue Deutschsein

Wenn also weder Bier noch Christentum, Abstammung und alte Heimat-Vorstellungen allein zur Leitkultur taugen – was denn dann? Unsere Gesellschaft wird noch viel bunter werden – das ist die unausweichliche Realität. Jeder Einzelne von uns muss sich damit befassen, dass es in Zukunft noch mehr Deutsche mit Migrationshintergrund geben wird, die sich aber genauso einbringen werden und wollen wie andere. Aber wollen wir das? Das sollten wir wollen!

Als Deutsche in einer modernen, globalisierten Welt sollten wir angesichts des Wegbrechens herkömmlicher Identifikationsmuster Verfassungspatrioten sein. Abstammung und Spracheigenschaften bleiben zwar weiter wichtige individuelle Identitätsbausteine, können aber nicht mehr allein zu einer kollektiven deutschen Identität determinieren. Deutschsein ist heute ein Mosaik, zu dem Elemente vom Bier bis zur Moschee gehören. Die einzige Konstante ist unser Grundgesetz.

Der Verfassungspatriot leitet seine Identität aus demokratischen Werten ab. Man denke hier an die Achtung der Menschenrechte, an den Schutz der Bürgerrechte, Meinungsfreiheit, Pressefreiheit, Religionsfreiheit und so weiter. All das ist deutsch. Und der Einsatz dafür schweißt uns zusammen. Und jeder, der dagegen verstößt, muss im Diskurs gestellt werden, und wenn das nicht reicht, dann mit Hilfe der rechtsstaatlichen Instrumente. Vor diesem Hintergrund ist es auch eine Selbstverständlichkeit, dass sich Menschen, die zu uns kommen, an diese Regeln zu halten haben. Wer dagegen verstößt, wird entsprechend gesetzlicher Bestimmungen sanktioniert.

Der permanente Hinweis der «Deutschomanen» darauf, dass hier nun einmal deutsche Gesetze gelten, kann angesichts der Selbstverständlichkeit dieser Aussagen nur als Ablenkungsmanöver verstanden werden. Letztlich zielen solche Aussagen nur darauf ab, auszugrenzen, bestimmte Gruppen von Menschen zu stigmatisieren und – das dürfte das Wunschziel sein – zum Verlassen von oder zum Garnicht-erst-nach-Deutschland-Kommen anzuregen. Nur: Mit der Überzeugungskraft von Worten allein wird jemand, der in Deutschland aufgewachsen und zur Schule gegangen ist und kein Land besser als dieses kennt, nicht so leicht zum Verlassen zu bewegen sein. Ergo beinhalten Rufe nach einer «deutschen Hausordnung» – wenn auch häufig unbewusst – immer

Ansätze für radikale Methoden. Ebenso wird jemand, der tagtäglich um das Überleben seiner Familie fürchten muss, sich nicht von bloßen Worten abhalten lassen, ins reiche Deutschland gehen zu wollen. «Deutschomanen» balancieren immer auf einem schmalen Grat, der sie allzu leicht in menschenfeindliches Verhalten abrutschen lässt.

Das Beherrschen der deutschen Sprache gehört natürlich auch zum Deutschsein dazu. Ebenso sollte uns eine gewisse Kenntnis von deutscher Geschichte und den politischen Zusammenhängen ausmachen. Denn wer zu einem Land gehört und dort lebt, muss es verstehen können, um zu partizipieren. Und zum Verstehen muss man die Grundlagen des Landes durchdringen. Den Zugang dazu bereitet die deutsche Geschichte – spätestens angefangen mit Karl dem Großen.

Man muss aber nicht immer den großen historischen, politischen oder philosophischen Bogen spannen. Im Gegenteil. Deutschsein findet vor allem im Kleinen statt. Für mich kommt zum Beispiel die Verantwortung für die gemeinsame Umwelt hinzu. Die Straßen, in denen wir leben, die Wälder und Parks, durch die wir spazieren gehen – darauf müssen wir achten. Wir sollten einen Sinn für die wunderschönen Landschaften zwischen den Alpen und der Nord- und Ostsee entwickeln.

Zum Deutschsein gehört sicher auch eine gewisse Kenntnis der großen Persönlichkeiten, die dieses Land in der Vergangenheit hervorgebracht hat: Bach, Kant, Goethe, Beethoven, Kleist, Heine, um nur einige wenige zu nennen. Man muss weder deren Biographie kennen noch deren Schriften, Gedichte oder Kompositionen zitieren und benennen können. Man muss nicht einmal Beethovens Neunte hören. Worum es mir geht, ist eher, eine emotionale Verbindung, ein Gefühl zu diesen bedeutenden, Deutschland prägenden Persönlichkeiten zu haben.

Auch das gemeinsame Einstehen für eine deutsche Nationalmannschaft gehört für mich zum neuen Deutschsein dazu. Bei allem Verständnis für die emotionale Distanz zu diesem Land, die Menschen mit Migrationshintergrund durch die permanenten rassistischen und fremdenfeindlichen Schwingungen in diesem Land spüren, aber ein Land braucht etwas, hinter das es sich gemeinsam stellen kann. Etwas, das greifbarer, spürbarer ist als das Grundgesetz und die gemeinsame Freiheit. Eine Fußball-, Basketball-, Handballnationalmannschaft, eine einzelne Persönlichkeit, die für eine Leistung von allen geschätzt wird, kann diese Gemeinsamkeit verkörpern. Als die Boxlegende Muhammad Ali starb, vereinten sich die unterschiedlichsten Menschen aus aller Welt hinter dieser einen Person. Zum Deutschsein gehört nicht nur etwas für den Verstand, sondern auch etwas fürs Herz. Wir müssen gemeinsam nach Dingen suchen, die unsere Gefühle ansprechen, ganz egal woher wir kommen. Das schafft Identität. Das ist der Kitt fürs neue Deutschsein.

Gemeinsame Feste können so einen Zusammenhalt befördern. Nehmen wir einfach das Weihnachtsfest. Natürlich ist es ein christliches Fest, und jeder Christ sollte bemüht sein, dieses Fest als religiöses Fest zu sehen und zu begehen. Aber ist es heute nur noch ein christliches Fest? Jedes Jahr aufs Neue zeigen uns Umfragen im Fernsehen, dass kaum noch einer weiß, was Jesus mit diesem Fest zu tun hat. Selbst die Kirchen sind an Heiligabend leerer als noch vor zwanzig Jahren. Trotzdem haben auch Atheisten, Juden und Muslime einen Christbaum im Haus und lassen abends für ihre Kinder das Christkind mit Geschenken kommen.

Egal ob man in Japan, China, Indien, Indonesien, Dubai oder anderen nicht christlichen Ländern unterwegs ist, überall stehen in der Weihnachtszeit geschmückte Tannenbäume,

Weihnachtsmänner ziehen ihre Runden, und Weihnachtslieder schallen durch die Einkaufszentren. Weihnachten ist längst ein Fest für die ganze Welt, und was es von anderen Festen unterscheidet: Es wird von den meisten Menschen bereits religions- und kulturübergreifend wahrgenommen. Auch in Deutschland ist Weihnachten für Muslime eine Zeit, in der sie drei Tage lang gezwungenermaßen ausgebremst werden: Geschäfte zu, öffentliche Unterhaltungsangebote reduziert, Freunde beschäftigt. Aber längst haben Muslime aus der Not eine Tugend gemacht. Auch sie treffen sich mit ihren Familien an Weihnachten, sie feiern natürlich nicht die Geburt Jesu, aber sie kommen zusammen und gedenken dieser Geburt.

Während ich diese Zeilen schreibe, weiß ich natürlich, dass manche Christen und ihre Vertreter ebenso wie manche Muslime und deren Vertreter an die Decke springen, meine Worte Gleichmacherei schimpfen oder sogar Ketzerei. Aber bei Ruhe betrachtet ist das, was ich hier tue, nur eine Beschreibung der Realität. Und ich prophezeie, dass sich daran nichts ändern wird, dass das wieder eine unaufhaltsame Entwicklung ist. Also warum sich nicht pragmatisch darauf einlassen?

Wer in seiner Religion gefestigt ist und weiß, was er tut, dem können drei Weihnachtsfeiertage wohl kaum etwas anhaben. Und immerhin können die Christen sich am Ende sagen: Wir haben der Welt dieses Fest geschenkt, und es erinnert an unseren Heiland; und ob die Nichtchristen nun an ihn denken oder nicht – es sei ihnen überlassen, was auch immer sie im Weihnachtsfest sehen wollen.

Um solche neuen deutschen Identitätsmerkmale umzusetzen und sich aneignen zu können, muss die Politik den Boden bereiten und bestimmte Fakten schaffen: Das geht schon in den KiTas los und führt über die Schulen bis in den tertiären

Bildungsbereich. Dort muss auf die neue Realität Deutschlands eingegangen werden. Bereits im Vorschulalter müssen Demokratieverständnis und die daraus abgeleiteten Werte vermittelt werden – und zwar allen Kindern, ob mit oder ohne Migrationshintergrund. Auch im Erwachsenenalter sind solche Angebote wichtig, sei es durch betriebsinterne Fortbildungen, durch Volkshochschulen oder andere Bildungsträger.

Einigen Mitbürgerinnen und Mitbürgern sind die demokratischen Spielregeln abhandengekommen. Für sie ist Demokratie immer nur dann gut, wenn sie die eigene Haltung stützt. Aber Rechtsstaat bedeutet nicht, dass jeder immer recht hat. Wir müssen lernen, sowohl Mehrheitsentscheidungen gegen uns besser akzeptieren als auch Opposition besser ertragen zu können beziehungsweise Minderheiten mehr wertzuschätzen. «Opposition ist Mist. Lasst das die anderen machen – wir wollen regieren», sagte 2004 der SPD-Bundestagsfraktionschef und spätere SPD-Vorsitzende Franz Müntefering. Ein ebenso berühmter wie fataler Satz. Müntefering mag das damals salopp in seiner Bewerbungsrede für den Parteivorsitz geäußert haben. Aber im tiefsten Inneren traf der Satz die Seele vieler Menschen im Volk.

Der Satz ist ähnlich gefährlich wie der Werbeslogan «Geiz ist geil», der uns alle dazu ermuntert hat, immer weniger bezahlen zu wollen, Qualität und gute Arbeit nicht mehr preislich wertzuschätzen. Am Ende trug diese Mentalität mit dazu bei, unsere Nahrungsmittelproduktion kaputt zu machen oder unser Verhalten im Internet zu befördern, immer alles kostenlos haben zu wollen. «Opposition ist Mist» bestätigt all die, die im Grunde ihres Herzens immer nur bestimmen wollen. Die zu Kompromissen nicht bereit sind. Die nur ganz oder gar nicht kennen.

Willst du dein Land verändern …

Ein arabisches Sprichwort sagt: «Willst du dein Land verändern, verändere deine Stadt. Willst du deine Stadt verändern, verändere deine Straße. Willst du deine Straße verändern, verändere dein Haus. Willst du dein Haus verändern, verändere dich selbst.»

Der Ruf nach der Politik entlässt uns selbst nicht aus der Pflicht. Während wir auf die Volksvertreter schauen, müssen wir auch selbst aktiv werden. Jeder Mensch, der Angst um diese Gesellschaft hat, kann in seinem Umfeld anfangen, etwas zu bewirken. Es muss nicht viel sein. Es reicht schon, zu widersprechen, wenn irgendwo gehetzt wird. Man muss keinen Streit anfangen, es reicht zu sagen: Nein, das sehe ich aber anders.

Ich weiß, dass das nicht immer einfach ist. Ich war jüngst bei meiner Ärztin. Im Wartezimmer hörte ich die Sprechstundenhilfe mit einer älteren Frau sprechen. Ich vernahm, wie die ältere Frau sagte: «Ach, dauernd fordern die Muslime hier irgendetwas, nie sind die zufrieden.» Worauf die Sprechstundenhilfe erwiderte: «Ach, die sollen sich anpassen oder gehen.»

Da saß ich also, hörte diese Worte. Und nun? Sollte ich was sagen? Immerhin handelte es sich hier um eine ältere Dame. Der fällt es bestimmt auch nicht so leicht, diese Veränderungen zu ertragen. Und die Sprechstundenhilfe will vermutlich keine Patientin ihrer Chefin verprellen. Mal abgesehen davon ist es für die Sprechstundenhilfe ja auch unangenehm, da zu widersprechen. Und so schlimm sind diese Äußerungen jetzt auch nicht gewesen. Und außerdem, sagte ich zu mir selbst, du legst dich in der Öffentlichkeit schon dauernd mit irgendwelchen Leuten an, da muss das doch hier nicht auch noch sein.

Am Ende sagte ich tatsächlich – nichts. Doch noch Tage später spukte mir die Situation im Kopf herum. Irgendwie knabberte ich noch daran. An so einer Kleinigkeit. Aber genau damit fängt es doch an! Was wäre das Problem gewesen zu sagen: «Entschuldigen Sie bitte, ich bin Muslimin, mir sind ihre Worte unangenehm.» Dann hätte ich mich wieder hingesetzt, denn ich will weder eine Diskussion anfangen noch einen Streit. Ich will nur zu einer öffentlich vernehmbaren Äußerung meine Meinung sagen. Oder wenn ich nicht selbst betroffen gewesen wäre und die Sprechstundenhilfe und die ältere Frau über Italiener herzgezogen hätten, hätte ich sagen können: «Entschuldigen Sie, ich musste Ihrem Gespräch zuhören. Ich habe nichts gegen Italiener. Das möchte ich Ihnen kurz mitteilen.» Das hätte schon gereicht. Vermutlich wären die beiden so perplex gewesen, dass sie gar nichts hätten erwidern können. Dafür hätten sie garantiert über die Situation nachgedacht. Es war eine ungefährliche Situation, es ging nicht um angetrunkene, kräftige, junge Männer, denen ich abends allein im menschenleeren Park begegnet bin. Die meisten Situationen sind völlig harmlos, aber trotzdem sind wir manchmal zu bequem, zu konfliktscheu, um zu handeln.

Umso mehr beeindruckte mich die Reaktion eines Bochumer Apothekers, der etwa zur selben Zeit, als ich bei der Ärztin saß, folgenden Schriftwechsel auf Facebook postete:

«Hallo zusammen!
Mal wieder etwas in eigener Sache.
Ich veröffentliche das mal anonym, damit sich jeder seine Meinung bilden kann!
Das erste ist eine Kundenbeschwerde, die mich heute morgen erreichte und das zweite Schreiben ist meine Antwort darauf!

Nachricht: Sehr geehrte Damen und Herren,
da ich mit Erschrecken fest stellen musste, dass Sie ein Mitarbeiterin mit muslischem Kopftuch beschäftigen, haben sie mich und meinen Mann als Kunden verloren. Wir können es definitiv nicht akzeptieren, dass mir durch diese Person nonverbal mitgeteilt wir, ich präsentiere mich als Sexualobjekt und dass meinen Mann unterstellt wird, dass er schon geil wird, sobald er ein paar Haare sieht. Integration läuft auf jeden Fall anders!
Leider muss ich noch ein bestelltes und bereits bezahltes Medikament abholen, aber danach werden mein und ich unsere benötigen Medikamente definitiv bei Ihrer Konkurrenz erwerben ...
Mit kopftuchlosen Grüßen
Xxxxxxxxx

Sehr geehrte Frau Xxxxxxx,
ich glaube zwar, dass wir uns noch aus gemeinsamen Schultagen an der Xxxxx-Schule (Sie noch als Xxxxxxxxx) kennen, allerdings ist es mir doch lieber, beim ‹Sie› zu bleiben. Das geehrte hätte ich mir auch sparen können, aber mir fiel keine passende Anrede ein.
Normalerweise erwarten Sie jetzt, dass ich als Geschäftsmann einen floskelhaften Brief schreibe, Sie um Verständ-

nis bitte oder mich für irgendetwas entschuldige, die Mitarbeiterin kündige oder Ihnen anbiete, zukünftig von jemand anderem bedient zu werden. Das ist aber nicht der Fall!!!
Das Leben ist zu kurz, um andere zu kritisieren, Druck auszuüben u.ä.
Ich beschäftige Christen, Muslime und Atheisten,
dicke, dünne, große und kleine Frauen und Männer, von jung bis alt, blond bis schwarzhaarig, lange, kurze und auch ohne Haare! Wir haben Autofahrer/innen, Motorradfahrer/innen und nichtmotorisierte Mitarbeiter/innen, tättowierte, gepiercte, hellhäutige und Menschen mit dunklerer Hautfarbe. Außerdem haben wir Mitarbeiter/innen, die Fleisch essen, Vegetarier und Veganer. Fußballfans vom VfL 1848, S04 und BVB 09 und nichtinteressierte! Ein Querschnitt aus der Bevölkerung!
Ich freue mich sehr, daß Sie selbst einsehen, beim nächsten mal in eine andere Apotheke zu gehen, da Sie bei uns definitiv nicht erwünscht sind. Da wir aber einen gesetzlichen Auftrag zur Versorgung der Bevölkerung mit Arzneimitteln haben, werden wir Sie im Notfall trotzdem fachgerecht und freundlich als Patientin begrüßen! Ist das nicht geil???
Ihr bestelltes Medikament dürfen Sie gerne bei uns abholen, wir erstatten Ihnen aber auch gerne den Betrag und geben Ihnen das Rezept zurück, falls Sie das Medikament lieber in einer ‹kopftuchlosen› Apotheke erwerben wollen. Und ja, Integration läuft anders, zumindest als Sie denken! Aber vielleicht möchten Sie sich ja noch selbst in Zukunft in die Gesellschaft integrieren und damit aufhören zu intrigieren!
Mit Ihrem Einverständnis schicke ich Ihren Brief und meine Antwort sehr gerne zusätzlich über facebook, dann kann sich jede/r Leserin/Leser ihre/seine eigene Meinung bilden!!!»

Das ist für mich Zivilcourage. Auch wenn ich den Mann nicht kenne und nur von außen urteilen kann. Ich weiß, dass er sich mit dieser Aktion viel Zuspruch, aber auch viel Hass eingehandelt hat – zumindest im Internet. Der Apotheker hat nicht nur Widerspruch deutlich gemacht und damit seinerseits Anfeindungen riskiert, sondern musste auch damit rechnen, dass noch weitere Kunden künftig seiner Apotheke fernbleiben. Er hat also auch ein gewisses geschäftliches Risiko auf sich genommen. Auch wenn mich die deutliche Positionierung des Mannes beeindruckt (genau das meine ich nämlich mit «klare Kante zeigen» gegen gruppenbezogene Menschenfeinde): Nicht jeder Privatmann muss so öffentlich und so forsch reagieren. Es tut auch eine freundliche, aber bestimmte Privatmail. Wichtig ist letztlich nur, dass Widerspruch erfolgt, sonst gehen die Urheber solcher Äußerungen von stillschweigender Zustimmung aus.

Mit Blick auf Politiker würde ich die Anforderungen höherschrauben. Um die Zerreißprobe für dieses Land zu bestehen, müssen sie öffentlich Stellung beziehen, auch wenn sie das die eine oder andere Wahlstimme kostet. Politiker müssen den Menschen in Deutschland endlich den gesellschaftlichen Wandel deutlich und unmissverständlich kommunizieren und ihnen die Angst davor nehmen. Leicht gesagt? Ja, aber auch schwere Aufgaben können und müssen angegangen werden. Und sie werden sich weder von heute auf morgen lösen lassen, noch wird das ohne Widerstand geschehen. Es ist wie bei einem kaputten Auto: Je länger man mit der Reparatur wartet, desto größer werden die Schäden sein und desto höher der Preis, der dafür zu zahlen ist.

Politiker und Wissenschaftler müssen Veränderungen erklären. Aus Bequemlichkeit oder aus Furcht bloß darüber hinwegzugehen trägt zur Radikalisierung bei. Es hilft auch nicht, die Veränderungen lediglich abzulehnen oder sie einfach nur laufenzulassen. Der Soziologie Wolfgang Lepenies warnte in seinem Essay «Profiteure der Angst» am 10. März 2016 in der Zeitung «Die Welt»: «Der Angst vor einem Wandel kultureller Selbstverständlichkeiten kann man nicht damit begegnen, dass man den Wandel emphatisch begrüßt und sich vor Freude nicht zu halten weiß, dass ‹unsere Welt eine andere werden wird›.» Genauso wenig ergibt es einen Sinn, Populismus mit Populismus zu begegnen. Das führt nur dazu, noch mehr Menschen in die Arme der anderen Seite zu treiben oder diejenigen, die schon in der Nähe stehen, noch weiterzutreiben – entweder aus einer Opferhaltung heraus, aus Wut oder Trotz.

Die gegenwärtigen Entwicklungen müssen vielmehr nüchtern aufgezeigt werden, emotional nähergebracht und erfahrbar gemacht werden. Aus meiner Anti-Radikalisierungsarbeit mit Jugendlichen habe ich gelernt: Reden allein hilft nicht. Wenn ich zum Antisemitismus arbeite, ist es wichtig, irgendwann auch die Fakten und Sachlagen zu schildern, aber wenn ich nicht Kontakte zu echten Menschen vermittele, dann komme ich nie zum Ziel. Wenn ich jungen Menschen immer nur die Bilder von ermordeten Juden zeige und sie nicht auch mit lebenden zusammenbringe, habe ich überhaupt keine Chance, den Antisemitismus bei einer Person aufzubrechen. Sich den Auseinandersetzungen zu entziehen, indem man aggressiv-feindlich oder naiv-exaltiert auftritt oder indem man nur sachlich oder nur emotional handelt, ist ineffektiv oder sogar kontraproduktiv. Lepenies führt aus: «Es schadet der AfD nicht, wenn man die Kommunikation mit ihr verweigert, im Gegenteil. Ihre Anhänger werden dadurch im Gefühl bestärkt, geächtet zu sein, weil sie eine unangenehme Wahrheit aussprechen. Der Lohn für eine Politik der Angst steigt, wenn man den Eindruck erweckt, Angst vor ihr zu haben.»

Alles deutet darauf hin, dass wir offen Probleme benennen müssen. Das heißt nicht, dass man dann auch mit jedem reden kann und sollte. Ehrlicher Meinungsaustausch setzt voraus, dass Menschen auch gewillt sind, zuzuhören und mitzumachen. Erzwingen kann man Deradikalisierung nur mit unlauteren Methoden. Nicht jeder Mensch wird am Ende dazu bereit sein, im Zweifelsfall auch Gegenargumente zuzulassen und diese zu bedenken. Nicht jedes Mitglied der AfD ist bereit, seine Position zur Debatte zu stellen. Nicht jedes Mitglied der NPD ist *nicht* bereit, seine Position zur Debatte zu stellen. Es muss also zunächst geklärt werden, ob jemand offen für Argumente ist. Erst dann sollte man reden oder verhandeln – gerne auch öffentlich, sodass andere Menschen an dem Austausch der Argumente teilhaben und davon lernen können.

Wir müssen akzeptieren, dass man nicht mit jedem reden kann: Wer sich einem ehrlichen Dialog entzieht, muss abgegrenzt werden. Wer mit einem geschlossenen Weltbild «argumentiert», dem darf man auch mal zu verstehen geben, dass man ihn einer Diskussion nicht für wert erachtet. Große Teile der Pegida-Anhänger müssen zum Beispiel abgegrenzt werden. Genauso wie wir es mit Salafisten, Neonazis und Autonomen machen. Sie sind zu verstockt, zu verbittert, zu radikal, als dass man bei ihnen mit weichen Instrumenten einer Zivilgesellschaft noch etwas erreichen könnte. Erst wenn sie die Ausgrenzung spüren, besteht eine gewisse Chance, dass sie sich von selbst wieder öffnen und damit die Grundvoraussetzung erfüllen, um wieder ein Teil der Gesellschaft zu werden. Wer sich dagegen entscheidet, bleibt isoliert. Und wer sich aus dieser Isolation mit zunehmender Radikalisierung zu befreien versucht, muss automatisch Teil der Sicherheitsstrukturen eines freiheitlichen Rechtsstaats werden.

Wenden wir uns nun aber all jenen zu, die reden wollen. Hier könnte man mit Erklärungen dazu beginnen, dass Zuwanderung und Wandel ein historisches Kontinuum sind, eine historisch-menschliche Selbstverständlichkeit. Zudem könnte man verdeutlichen, dass ein gesellschaftlicher Wandel auch nicht abrupt erfolgt und Menschen überfordert. Er vollzieht sich über Generationen, also über längere Zeiträume, die einem immer die Möglichkeit geben, sich darauf einzustellen. Solche Erklärungen können vielen schon einmal die Angst nehmen, vor etwas Außergewöhnlichem zu stehen, das noch nie ein Mensch erlebt hat. Dann kann man den Menschen erklären, dass größere Gruppen von Zuwanderern, von Flüchtlingen nie mit offenen Armen empfangen wurden, dass solche Bewegungen immer zu Abwehr und Ausgrenzung geführt haben. Allein das zu wissen hilft schon zu realisieren, dass man nicht vom anderen Stern kommt, wenn man sich angesichts vieler fremder Menschen unwohl fühlt.

Mit ökonomischem Erfolg, mit Wirtschaftswachstum und mit politischer Freiheit und gesellschaftlichem Aufschwung wird jedes Land, jede Region automatisch zu einem Anzugspunkt, zu einem Magneten für den Teil der Weltbevölkerung, der unter miserablen Lebensbedingungen leben muss. Wirtschaftlicher Aufschwung und politische Freiheit haben immer einen Preis. Unter anderem besteht er darin, dass sich die Gesellschaft, in der man lebt, verändert. Ich hebe das nicht deshalb hervor, um Menschen Angst zu machen, sondern um ihnen aufzuzeigen, dass Migration und Wandel einfach fest zum Menschen dazugehören, um ihnen somit die Ausweglosigkeit der Ideen vor Augen zu führen, die ihnen von

«Deutschomanen», flankiert von diversen Politikern auf Stimmenfang, suggeriert werden.

Schon immer mussten Menschen Wege finden, mit den «anderen» klarzukommen. Der berühmte Naturwissenschaftler Stephen Hawking prägte das Zitat: «Intelligenz ist die Fähigkeit, sich dem Wandel anzupassen.» Und dort, wo dies nicht gelungen ist, wo man nicht mit dem «anderen» klargekommen ist, folgten allzu oft Mord, Totschlag, Massenvernichtung und Völkermord. Wir müssen damit Schluss machen. Wir leben im 21. Jahrhundert. Wir haben die Aufklärung, haben Wissen und sind weiter, als alle Menschen vor uns jemals waren. Fortschritt und Wandel sind eine unauflösliche Verbindung – ganz egal, was Scharfmacher aus welchem politischen Spektrum auch immer dazu sagen –, das war schon immer so. Genau diese Erkenntnis hilft. Wenn man diesen Wandel erst einmal erkennt und zumindest als Realität akzeptiert hat, kann man sich auch an die Frage machen, warum man sich selbst dabei unwohl fühlt.

Parallel dazu muss die Gesellschaft mehr erfahren über Rassismus und gruppenbezogene Menschenfeindlichkeit. Gerade hier ist Wissensvermittlung enorm wichtig. Nicht hinsichtlich der Ausmaße, sondern hinsichtlich der Entstehungs- und Wirkungsweisen von Rassismus und gruppenbezogener Menschenfeindlichkeit. Wenn die Politik endlich erkennt, welch große Bedrohung für unser Land in diesen Entwicklungen steckt, sollte sie zunächst die Forschung in diesem Bereich unterstützen. Sie sollte die Rahmenbedingungen und die finanziellen Mittel bereitstellen, damit wir mehr über die Ursachen von Rassismus erfahren. Bis heute gibt es nämlich keine eindeutigen Erklärungen. Meines Erachtens brauchen wir mehr Lehrstühle an den Universitäten, um sich diesen Fragen zu widmen aus psychologischer, anthropologischer, soziologischer, politischer und historischer Sicht. Rassismusforschung hat es nach wie vor schwer. Zu oft wird sie fälschlicherweise mit linker Politik assoziiert. Zu oft werden ihre Vertreter als unverbesserliche Multikulti-Romantiker belächelt.

Darüber hinaus sollten die Angebote an Beratungsstellen ausgebaut und stärker unterstützt werden. Es gibt zwar bereits zahlreiche Beratungsangebote und Antidiskriminierungbüros, aber die kümmern sich vorwiegend um die Opfer von rechtsradikaler Gewalt und liefern vor allem Unterstützung dabei, solche Vorkommnisse zu verarbeiten und sich rechtlich dagegen zu wehren. Was ich jedoch meine, ist eine Beratungsstelle, die davor ansetzt, die präventiv arbeitet. Ähnlich wie man es inzwischen zum Thema Salafismus kennt und wie es zum Thema Rechtsradikalismus schon seit längerem üblich ist. Solche Anlaufstellen sollten zum Beispiel Betroffenen helfen, die selbst anonym Rat suchen, weil sie rassistische und menschenfeindliche Einstellungen bei sich erkennen und damit nicht umzugehen wissen. Zudem sollten sich Menschen dorthin wenden können, die merken, dass sich Leute aus ihrem Bekannten- und Freundeskreis plötzlich rassistisch, homophob, antisemitisch, islamfeindlich äußern.

Ich selbst habe es schon häufiger erlebt, dass sich jemand an mich gewandt hat mit der Bitte, ich solle ihm helfen, jemanden zu «kurieren», der sich zunehmend auf islamfeindlichen Hassseiten herumtreibe und sich immer häufiger radikal in diese Richtung äußere. Diese Menschen machen sich zum Teil Sorgen um beste Freunde und Freundinnen und sogar Ehe- oder Lebenspartner. In diesen Situationen bin ich überfragt und ganz sicher überfordert. Wir brauchen spezielle Anlaufstellen mit Sozialarbeitern oder Psychologen, an die sich solche Menschen in Sorge um andere wenden können.

Lehrer könnten dort Hilfe bekommen, Vereinsverantwortliche, Kommunalpolitiker, Polizisten etc. Mobile Beratungsteams könnten aufgestellt werden, die in Behörden gehen, zur Bundeswehr oder in Unternehmen der freien Wirtschaft, die ihre Mitarbeiter über Rassismus und gruppenbezogene Menschenfeindlichkeit besser aufklären wollen.

Im Falle einer gelungenen Sensibilisierung für das Thema liegt hier auch einiges an finanziellem Potenzial. Denn für Unternehmen ist es eine ökonomische Kosten-Nutzen-Rechnung, wenn sie in eine Belegschaft, bestehend aus Menschen mit ganz unterschiedlichen kulturellen Hintergründen, eine harmonische Zusammenarbeit bringen können.

Das Thema lässt sich auch ganz konkret angehen, indem wir flächendeckend eine Art Rassismuskunde beziehungsweise eine Art gruppenbezogene Menschenfeindlichkeitskunde im Curriculum entsprechend ausgewählter Fächer an allen Schulformen implementieren. Und im Zentrum dieser Unterrichtseinheiten muss die Thematisierung der Frage stehen: Wie entsteht gruppenbezogene Menschenfeindlichkeit? Warum entstehen Stereotype und Vorurteile? Didaktisch lässt sich das sowohl für höhere Klassen theoretisch als auch für untere Klassen praktisch und anschaulich umsetzen.

Reden wir über die Ursachen dieser Geißel der Menschheit, erklären wir, worum es geht – mit offenem Visier! Dass sich etwas bewegen lässt, zeigt das grün-rote Baden-Württemberg. Dort hat der frühere Kultusminister Andreas Stoch (SPD) eine Änderung des Bildungsplans erarbeitet. Diese Änderung sieht vor, eine Akzeptanz sexueller Vielfalt zu vermitteln. In der Schule soll nicht mehr nur die Beziehung von Mann und Frau thematisiert werden, sondern auch andere Formen des Zusammenlebens wie Regenbogenfamilien, Singles, Paarbeziehungen, Patchworkfamilien, Ein-Eltern-Familien, Großfamilien, Wahlfamilien ohne verwandtschaftliche Bande. Und es sollen schwule und lesbische Verbindungen angesprochen werden, über Transgender und Intersexualität.

Auch wenn es nach wie vor massive Diskriminierung gibt, de facto sind nicht heterosexuelle Beziehungen im Grunde längst gelebte Selbstverständlichkeit. Genauso selbstverständlich wird gesellschaftliche Vielfalt in Deutschland längst gelebt. Trotzdem erhob sich in Baden-Württemberg Volkes Zorn gegen die Pläne der grün-roten Landesregierung. Ein Aufschrei ging durch das Bundesland mit Massendemonstrationen, Petitionen und Stimmungsmache auf allen Kanälen. Aber solche Auseinandersetzungen müssen geführt werden. Denn sie schaffen Aufmerksamkeit, und das hilft, schwierige Themen zu normalisieren. Von daher ist es sehr lobenswert, wenn eine Landesregierung den Mut aufbringt, sich solchen umstrittenen Themen zu stellen.

Mut würde auch ein weiterer Schritt erfordern: die Bildung eines Einwanderungs- und Integrationsministeriums. In so einer Einrichtung sollte auch das derzeitige Bundesamt für Migration und Flüchtlinge (BAMF) mit allen seinen Aufgaben aufgehen. Die Kompetenzen des BAMF dürften dem neuen Haus dabei den Start erheblich vereinfachen.

In diesem Einwanderungsministerium könnten alle nötigen Ressourcen und Kräfte gebündelt werden. Von einem Einwanderungsministerium aus sollte die Auseinandersetzung mit den Ängsten der Bevölkerung vor den Veränderungen geführt werden, hier sollte der Kampf gegen den Rassismus koordiniert sein, von hier aus könnte die interkulturelle Ausrichtung von Studiengängen vorbereitet werden, von hier aus sollten die legalen Einwanderungsmöglichkeiten gesteuert werden, von hier aus sollten die Integrationskurse gesteuert werden; die erste Arbeits- und Ausbildungsvermittlung, die gerade für die Neuankömmlinge doch erheblich aufwendiger ist als die übliche Arbeitsvermittlung unter dem Dach der Bundesagentur für Arbeit, könnte von hier aus erfolgen.

Ein Einwanderungsministerium könnte federführend die Zusammenarbeit mit den anderen Ministerien gestalten, deren Aufgabenbereiche Berührungspunkte mit Einwanderung haben. Man denke zum Beispiel an das Bauministerium und die so wichtige Städte- und Raumplanung. Auch die nötigen bildungspolitischen Impulse könnten von dort ausgehen. Wir benötigen generell für die gesamte Gesellschaft weitere Bildungsreformen – mit mehr Stellen für die Jugend- und Sozialarbeit, mehr Lehrerstellen, besseren Förderungsmöglichkeiten. Das gilt allen Bildungsstudien zufolge immer ganz besonders für Zuwanderer und Neu-Deutsche. Hier muss die Politik weiter für größere Chancengleichheit an den Schulen und Kindergärten sorgen.

Auch die schnellere Anerkennung von ausländischen Bildungsabschlüssen wird immer dringlicher. Die hierzu nötigen spezifischen Akzente könnten aus einem Einwanderungs- und Integrationsministerium kommen und entsprechend unterstützend an die Bildungs- und Kultusministerien weitergegeben werden. Selbstverständlich muss dazu auch endlich das irrsinnige Kooperationsverbot zwischen Bund und Ländern bei der Bildung komplett aufgehoben werden. Bei dieser aus falschem Föderalismusgedanken entstandenen Grundgesetzänderung von 2006, die allein den Ländern die Hoheit über Bildungsaufgaben übertragen hat, ging es allein um Machtpolitik – auf Kosten von Schülern, Studenten, Lehrern und Wissenschaftlern.

Allein mit Blick auf die Finanzierung: Was kann inhaltlich so schlimm daran sein, dass der Bund finanzschwächeren

Bundesländern unter die Arme greift, wenn dort erhöhter Bedarf aufgrund der Sozialstruktur herrscht oder wenn gute bildungspolitische Ideen nur daran scheitern, weil das Land kein Geld für Experimente hat?

Mit einer weitgehenden Herauslösung der Einwanderungs- und Ausländerthematik aus dem Bundesinnenministerium, dem die Auseinandersetzung mit diesen Fragen derzeit weitgehend obliegt, ließe sich auch eine weitere Stigmatisierung beenden: Durch die Verankerung beim Innenminister wird das Thema Einwanderung immer unter dem Fokus der Sicherheitspolitik gesehen: Fremde sind gefährlich und müssen überwacht und kontrolliert werden. Leicht springt so eine Sichtweise im Laufe der Zeit auf die Gesellschaft über.

Die Forderungen nach einem Einwanderungsministerium sind nicht neu. Die «Türkische Gemeinde Deutschland» hat sie schon vor Jahren erhoben. Die Autorin und Frauenrechtlerin Seyran Ateş auch. Die Integrationsbeauftragte der schwarz-roten Bundesregierung, Aydan Özoğuz (SPD), bekräftigt die Forderung, auch der Vorsitzende des Auswärtigen Ausschusses im Bundestag, der CDU-Abgeordnete Norbert Röttgen. Und auch der katholische Weihbischof Dieter Geerlings sprach sich bereits ebenso dafür aus wie der Migrationsforscher Klaus Bade oder der Politikwissenschaftler Claus Leggewie. Die Vorbehalte gegen so ein Ministerium sind aber ebenfalls nicht neu. Der ehemalige Ministerpräsident von Thüringen, Bernhard Vogel (CDU), äußerte sich schon im Mai 2001 in einem Interview recht despektierlich: «Von einem eigenen Ministerium halte ich überhaupt nichts. Das ist eine deutsche Mode. Wenn es ein Problem gibt, wird sofort ein Ministerium dafür gefordert. Die Namen deutscher Bundes- und Länderministerien werden ohnehin schon immer länger, weil man meint, jeden Begriff im Briefkopf des Ministeriums verwenden zu müssen.»

Ich wage die Prognose, dass wir über kurz oder lang so ein Ministerium bekommen werden. Aber je mehr Zeit verstreicht, bis sich auch der Letzte von der Idee überzeugt hat, desto mehr Probleme werden aufgeworfen. Eine zentrale Forderung ist ja, aus den Fehlern im Umgang mit den «Gastarbeitern» zu lernen. Und der größte Fehler ist, dass wir erst Jahrzehnte warten mussten, bis auch im konservativen Parteienspektrum endlich eine Mehrheit erkannt hatte, dass wir ein Einwanderungsland sind, und uns darauf entsprechend einstellen müssen. Heute, Anfang 2016, führt die OECD (Organisation für wirtschaftliche Zusammenarbeit und Entwicklung) Deutschland bereits als zweitbeliebtestes Einwanderungsland nach den USA. Deutschland liegt bei der dauerhaften Zuwanderung deutlich vor klassischen Einwanderungsländern wie Kanada oder Australien.

Vor einem Einwanderungsministerium sollte aber möglichst ein Einwanderungsgesetz stehen. Aber: «Es findet im Moment ein großes Geschrei um ein Einwanderungsgesetz statt. Ich sehe nicht den geringsten Anlass für ein solches Gesetz», betonte Bayerns Innenminister Joachim Herrmann im Herbst 2015. Mit dieser Einstellung scheint die CSU dieselben Fehler zu machen wie bei der «Gastarbeiter»-Frage: Realitätsverweigerung, bis noch größerer Schaden angerichtet ist. Dabei soll es bei so einem Gesetz nicht darum gehen, Einwanderung zu erleichtern oder zu beschleunigen, sondern darum, sie zu steuern. Einwanderung ist ein Perpetuum mobile, sie wird niemals aufhören.

Man muss sich nur einmal die Geschichten von Menschen anhören, die sich in Afrika auf den Weg nach Europa gemacht haben. Zum Teil sind sie jahrelang auf der Reise. Sie erfahren in den Ländern, durch die sie ziehen, Hunger, Durst, Folter, Ausweisung. Sie werden belogen, betrogen. Selbst korrupte Polizisten nehmen ihnen das mühsam erarbeitete Geld immer wieder ab. Bis sie nur noch das besitzen, was sie am Leib tragen. Sie schlafen auf Pappkartons im Matsch – bei Eiseskälte. Sie erleben, wie Freunde neben ihnen einfach sterben. Und nichts davon hält sie ab, den langen Weg nach Europa weiterzugehen. Umkehr steht für die meisten absolut außer Frage. Nichts ist schlimmer als die Schmach, mit leeren Händen zur Familie zurückzukehren – als Versager, der dann womöglich auch noch durchgefüttert werden muss, statt ihnen mit dem Geld aus Europa ein besseres Leben zu verschaffen. Viele junge Männer und Frauen würden lieber sterben.

Der einzige Antrieb, der sie so unvorstellbare Situationen in Kauf nehmen lässt, ist die Armut und die Perspektivlosigkeit im eigenen Land. Sie bauen eine so ungeheure Kraft auf, die sie nach Europa treibt – keine innenpolitische Maßnahme in Deutschland wird diese Kraft aufhalten können. Solange Deutschland ein reiches Land ist, werden Menschen, die vor der Armut weglaufen, weiterhin kommen, irgendwie.

Migration ist eine Konstante im 21. Jahrhundert. Nur: Ohne Einwanderungsgesetz kommen meistens Menschen ohne Qualifikation. Gewillt zwar zur harten Arbeit, aber nur für unqualifizierte Tätigkeiten geeignet, von denen es im Hochtechnisierungsland Deutschland auch nicht mehr so viele gibt. Wenn es aber eine realistische Perspektive geben würde, dass Afrikaner und andere sich beispielsweise nach einem Sprachstudium und einer Ausbildung ganz offiziell um die Einwanderung in die europäischen Länder bewerben könnten, statt nur das Tor der Asylregelungen einen Spalt offen zu halten, ließe sich der Migrationsdrang der Flüchtlinge besser kanalisieren. Die SPD kündigte im Frühjahr 2016 an, bis zum Herbst einen Gesetzentwurf vorzulegen: «Für Flüchtlinge, die Arbeit und ein besseres Leben suchen, ist das Asylverfahren nicht der richtige Weg», sagte SPD-Fraktionschef Thomas Oppermann der «Rheinischen Post».

Stoppen wird der Wunsch nach Zuwanderung allerdings erst, wenn die weltweite Armut nachlässt und es in den Ländern jenseits der G20-Staaten Arbeitsplätze gibt, von deren Lohn sich leben lässt. Es ist nicht die Gier, die die Menschen nach Europa treibt, sondern die nackte Existenzangst und der Wunsch nach einem normalen Leben mit Dach über dem Kopf und kleinen Annehmlichkeiten.

Heute ist die Flüchtlingskrise bereits größer als in den neunziger Jahren. Wenn die Entwicklungspolitik nicht deutlich mehr Aufmerksamkeit erfährt, wird die nächste Flüchtlingskrise noch größer werden.

Willkommen! Was dürfen wir hoffen?

Wir müssen zu einer echten «Willkommenskultur» gelangen. Damit ist nicht gemeint, allen, die kommen wollen, die Türe zu öffnen. Selbstverständlich können wir nicht die Tore Deutschlands beziehungsweise Europas sperrangelweit offen stehen lassen und jeden, der will, aus der ganzen Welt hineinströmen lassen. Solche Entwicklungen müssen gebremst werden, schon allein deshalb, um dem Rest der Bevölkerung die Chance zu geben, sich auf die neue Welt einzustellen. Das geht nicht auf Zuruf. Das geht auch nicht binnen einiger Monate oder Jahre. Das braucht Zeit. Menschen sind Gewohnheitstiere. Deshalb sind Einwanderungsbeschränkungen natürlich wichtig.

Alle zu uns kommen zu lassen, das ist eine Idee, die nicht funktioniert beziehungsweise nur zu dem Preis, dass sich der Lebensstandard aller nach unten bewegt und sich eine soziale Entropie für alle entwickelt. Es gibt zwar Aktivisten wie die No-Border-Bewegung oder die Open-border-Bewegung, die sich für Abschaffung von Grenzen und eine vollständige Niederlassungsfreiheit einsetzen, doch das ist de facto ebenso unvereinbar mit der Wirklichkeit wie manch andere Gedanken, etwa die Idee des Wiederaufbaus starrer Grenzen.

Aber eine echte «Willkommenskultur» gibt den Neuankömmlingen, denen wir über ein Einwanderungsgesetz einen legalen Weg eröffnet haben, zu verstehen, dass sie hier gewünscht sind. So wie wir heute geflüchtete Menschen behandeln, indem wir sie in Massenunterkünfte zwängen, wochenlang, monatelang im Ungewissen lassen, immer mit der Angst im Kopf, doch abgeschoben zu werden, muss man sich nicht wundern, dass viele alsbald nach ihrer Ankunft keinen positiven Bezug zu Deutschland aufbauen können. Kommen dann auch noch Diskriminierung und Ausgrenzung dazu, verstärkt sich das Bild, und die Abkehr in die innere Migration ist nahezu natürlich.

Soll das Zusammenleben gelingen, müssen wir das geregelt bekommen. Denn unfreundliches Verhalten gegenüber Neuankömmlingen wird in der Regel nicht dazu führen, dass die Menschen Deutschland wieder verlassen werden, da zumeist der Ort, von dem sie kommen, noch viel schlimmer ist. Und wenn Unfreundlichkeit doch dazu führt, dass eine Handvoll Menschen wieder geht, bleiben zigfach mehr Menschen mit schlechten Gedanken über Deutschland im Land.

Hilfreich können hier Integrationskurse für Neudeutsche

sein. Diese Idee sollte von der Politik weitergeführt werden. Diese Kurse sollten vermitteln, wie die behördlichen Abläufe sind. Wie das Land tickt. Welche beruflichen Perspektiven geboten werden.

Wer Menschen derart fördert, der kann danach auch ruhigen Gewissens Forderungen erheben. Zum Beispiel, dass diejenigen, die zu uns kommen, sich klarmachen müssen, dass sie im Alltag nicht einfach alles so weitermachen können, wie sie es in ihrer Heimat gewöhnt waren. Ob freiwillig ausgewandert oder gezwungenermaßen. So ein Schritt bedeutet einen Bruch mit der Vergangenheit. Er bedeutet, dass sich die eigene Familie im neuen Land verändern wird. Es geht nicht mehr so weiter wie bisher. Zwar wird es Zuwanderern und Flüchtlingen nicht immer gelingen, ihre sozialisierten Eigenarten völlig abzulegen. Aber sie müssen aufgefordert werden, diese zu kontrollieren. Man muss sich gewahr werden, dass man hier in Schwierigkeiten gerät, wenn man als Mann oder als Frau dem jeweils anderen Geschlecht den Handschlag zur Begrüßung verweigert. Und muslimische Flüchtlinge müssen lernen, dass Islam in Deutschland nicht mehr so gelebt wird, wie sie es aus ihren Stadtteilen in Syrien oder im Irak kennen. In Deutschland gibt es Gemeinden, in denen Frauen und Männer gemeinsam beten und in denen Homosexuelle willkommen sind. In Deutschland erheben Frauen auch öffentlich ihre Stimme in religiösen Angelegenheiten – und dabei sind ihre Äußerungen nicht weniger wert als die eines Mannes. Es sind nicht mehr allein Männer mit langen Bärten und langen Gewändern, die hier das Bild von der Religion bestimmen. All das gilt es zumindest zu dulden. Niemand muss das für sich annehmen. Aber es hat gefälligst auch niemand das Recht, einem anderen zu sagen: «Was du tust, ist unislamisch.» Auch dann nicht, wenn man in einem islamischen Land groß geworden ist.

Gibt es gute und schlechte Einwanderer? Ja. Lassen sie sich nach Nationen aufteilen? Nein. Aber ich habe versprochen, dieses Buch über die Forderungen an die Mehrheitsgesellschaft zu schreiben, nicht über die nötigen Forderungen an die Einwanderer und deren Nachkommen, denn darüber wird derzeit schon ausführlich genug gesprochen.

Reden wir über unsere eigene Verantwortung

Deutschland hat ein Rassismusproblem. Und unser Land muss sich ernsthaft überlegen, was es dagegen tun kann. Dazu gehört – neben der offenen Ansprache des Problems –, dass wir uns auf unsere demokratischen Verantwortlichkeiten besinnen, diese ganz klar abstecken und von jedem Mitglied der Gesellschaft einfordern.

Mit der permanenten Verhandlung darüber, was man von Minderheiten in diesem Land fordern darf und muss, gelangen wir nicht zum Ziel. Es besteht längst Einigkeit, dass die Sprache gelernt und die Gesetze dieses Landes von Neuankömmlingen eingehalten werden müssen. Niemand bestreitet das. Nein, wir müssen endlich darüber sprechen, was unsere Bringschuld ausmacht. Und eine solche haben wir de facto. Es ist deutsche Politik gewesen, «Gastarbeiter» ins Land zu holen. Sie und ihre Nachkommen arbeiten nun hier und zahlen Steuern. Sie sind keine Gäste mehr. Sie sind es ebenso wenig, wie es die Übersiedler aus der ehemaligen DDR sind. Ferner tragen wir als Gesellschaft Verantwortung für die Menschen, die bei uns in Deutschland Schutz suchen, denn wir sind nun einmal nicht gänzlich unschuldig an der Misere in vielen Ländern.

Unsere Politik hat jahrelang mit Staaten verhandelt und zusammengearbeitet, die später dann in Ungnade gefallen sind.

Kurz vor dem Arabischen Frühling 2011 gab es in fast allen europäischen Hauptstädten sehr ähnliche Bilder zu sehen: Die Diktatorenschaft von Syriens Assad, Ägyptens Mubarak bis hin zu Libyens Gaddafi lag sich mit europäischen und amerikanischen Staats- und Regierungschefs in den Armen. Sie wurden im Élysée, in der Downing Street, im Kanzleramt und im Weißen Haus wie gute, alte Freunde empfangen. Umso verdutzter schauten all die europäischen Staatenlenker drein, als der Arabische Frühling begann. Was auch das völlige Versagen der Europäischen Union angesichts dieser Umbrüche erklärt. Die runzelnden Stirnen in Brüssel waren förmlich zu sehen: Was denn nun? Was sollen wir denn jetzt machen? Was kommt denn nach den Mubaraks und Gaddafis? Alle waren vollkommen überrascht. Niemand hatte – und wollte es wohl auch nicht – ernsthaft darüber nachgedacht, wie man die Diktaturen jenseits des Mittelmeeres beseitigen konnte.

Heute macht man den gleichen Fehler noch einmal: Aus Angst vor Flüchtlingen und aus Angst vor Islamisten gibt man sich eiligst damit zufrieden, dass in Ägypten mit Al-Sisi jemand noch Schlimmeres als Mubarak ans Ruder zurückgekehrt ist. Der Zorn über die erneute Unterdrückung in Ägypten wird sich in einigen Jahren oder Jahrzehnten wieder Bahn brechen. Noch immer sehen wir beispielsweise Saudi-Arabien als Verbündeten im Kampf gegen den Terrorismus und übersehen bewusst, wie gerade von dort aus seit Jahrzehnten ideologische Grundlagen für ebenjenen Terrorismus exportiert werden. Wir beliefern ein Unrechtsregime mit Waffen, Panzern und anderen militärischen Ausrüstungen. Wir wollen keinen EU-Beitritt der Türkei, tun aber einiges, um den NATO-Bündnispartner milde zu stimmen, damit er geflüchtete Menschen davon abhält, in Richtung Mitteleuropa weiterzuziehen. Es ist uns sogar mehrere Milliarden Euro wert. Wir drücken beide Augen zu, wenn Menschenrechte verletzt und demokratische Prinzipien ausgehebelt werden.

Die neuen Deutschen, die derzeit kommen, werden uns tatsächlich einiges kosten. Wir müssen in Bildung, Integration, Soziales und Arbeit investieren. Experten rechnen mit einem Betrag von über fünfzehn Milliarden Euro, um diese Aufgaben zu stemmen. Und doch stehen diese Zahlen noch immer im Schatten derer, die bei der Bankenrettung genannt wurden.

Auch wenn es andere stabile Demokratien auf dieser Welt gibt, so ist Deutschland doch einzigartig. Unsere Werte speisen sich vor allem aus der Aufklärung im 17. und 18. Jahrhundert und aus den Lehren aus der Barbarei des 20. Jahrhunderts. Sie wurzeln in der Philosophie und in der Moral und der Ethik des Judentums, des Christentums und auch des Islam. Die Zutaten für die Renaissance und die Rezepturen dazu haben wir bekanntlich von den Arabern, Persern und Osmanen erhalten.

Wenn wir in der Welt beweisen und auch vorführen wollen, dass wir Wort halten, und uns diese Werte tatsächlich etwas wert und keine hohlen Worthülsen sind, dann müssen wir uns dieser Zerreißprobe, vor der wir stehen, stellen. Denn dass eine gesamte Gesellschaft die Werte von Freiheit, Gleichheit und Brüderlichkeit annimmt, ist eine Utopie. So wie die Vorstellung, dass alle Menschen irgendwann einmal gut sein werden. Es wird immer Quertreiber geben, die aus persönlichem Antrieb oder aus Machtgelüsten heraus handeln.

Es ist die immerwährende Aufgabe einer Gesellschaft, sich damit auseinanderzusetzen. Dazu ist Mut erforderlich, um klare Kante gegen die Unverbesserlichen zu zeigen und um Anfeindungen zu ertragen. Statt immer auf die anderen zu gucken und von ihnen etwas zu verlangen, müssen wir wieder mehr auf uns selbst schauen. Unsere Gesellschaft benötigt mehr Respekt, Wertschätzung und Empathie für Minderheiten und muss wieder lernen, Mehrheitsentscheidungen zu respektieren. Wenn sie nicht in unserem Sinne ausgefallen sind, kennen demokratische Gesellschaften genügend Instrumente, um dagegen anzugehen. Gesellschaften sind einem kontinuierlichen Wandel unterworfen. Wir können ihn gestalten und dabei für das Wohl aller sorgen.

Wir leben in Zeiten, in denen alles möglich ist. Wirklich alles.

Wer hätte noch vor einigen Jahren gedacht, dass eine nennenswerte Anzahl von Bürgern in Europa bereit wäre, die europäische Wertegemeinschaft mitsamt ihren Vorteilen für jeden Einzelnen abzuschreiben und zu verlassen? In diesem Sinne gab in Großbritannien am 23. Juni 2016 ein Referendum über den Verbleib Großbritanniens in der EU eine deutliche Antwort. Wochenlang hatten Rechtspopulisten getrommelt und Gegner verunglimpft. Es kam zum Brexit und damit auch ein Stück zum Demokr-exit. Nicht der Frust über die Brüsseler Bürokratie oder die Intransparenz europäischer Institutionen haben das Votum möglich gemacht, wie viele politische Beobachter behaupten. Der Brexit ist vor allem das Ergebnis einer Verweigerungshaltung zu den Rechten von fremdstämmigen Minderheiten. Und er ist Ergebnis der Angst vor Wandel, insbesondere bei den mittleren und älteren Generationen. Die Wahlanalysen sprechen hier eine deutliche Sprache. Vor allem ältere Menschen haben für den Brexit gestimmt – weil sie ihr «altes» England wiederhaben wollten. Und das heißt für sie vor allem: weniger Ausländer. Wissenschaftskollegen mit ausländischen Wurzeln berichteten, unmittelbar nach dem Brexit habe sich die Stimmung in England deutlich gewandelt. Manche wurden auf offener Straße bedroht und zum Verlassen des Landes aufgefordert. Ausländische Einrichtungen wurden mit Parolen beschmiert. Ein Hauptversprechen der Brexit-Befürworter war es nämlich: Wir setzen die Migranten vor die Tür.

Im Grunde kulminieren viele meiner Thesen in diesem Brexit. Der Brexit ist für mich ein mahnendes Beispiel dafür, was passieren kann, wenn wir der Angstmacherei weiter freien Lauf lassen. Manchmal brauchen wir mahnende Beispiele, um zu begreifen, dass wir auf eine Gesellschaft zusteuern, die vor einer Zerreißprobe steht. Der Brexit ist in jeder Hinsicht ein Supergau. Vermutlich hat wirklich kaum jemand damit gerechnet, dass das passieren könnte. Es ist die Absage an ein gemeinsames Europa der Vielfalt – ein Europa ohne Grenzen. Es ist ein lautstarkes Nein zu einer multireligiösen, multikulturellen, offenen und freiheitlichen Gesellschaft.

Wir sollten uns ernsthaft Sorgen machen – jetzt erst recht. Wir dürfen unsere Zukunft nicht denen überlassen, die am schrillsten rufen und mit ihrem völkischen Anliegen unsere Demokratie systematisch aushöhlen, mit ihrem organisierten Hass die Basis eines friedlichen Zusammenlebens aushebeln. Nach ihren Vorstellungen finden demokratische Werte nur gegenüber von ihnen ausgewählten Bürgern Anwendung. Dass so schrittweise Grundrechte und mithin eben die Demokratie geschwächt werden, ist eine Wahrheit, die jedem bekannt sein muss.

Die wichtigsten Fragen, die wir uns stellen müssen und auf die wir dringend Antworten benötigen, sind: Wer sind wir? Wo steht unsere Gesellschaft? Mit welchen moralischen Werten wollen wir künftig miteinander leben?

Wir leben in Zeiten, in denen alles möglich ist. Wirklich alles.

MIX
Papier aus verantwortungsvollen Quellen
FSC® C083411

Das für dieses Buch verwendete Papier ist FSC®-zertifiziert.